Anonymous

Bericht über den Stand und die Verwaltung der Gemeinde-Angelegenheiten

der Stadt Halle a.S. pro 1881/82

Anonymous

Bericht über den Stand und die Verwaltung der Gemeinde-Angelegenheiten
der Stadt Halle a.S. pro 1881/82

ISBN/EAN: 9783743602304

Hergestellt in Europa, USA, Kanada, Australien, Japan

Cover: Foto ©ninafisch / pixelio.de

Weitere Bücher finden Sie auf **www.hansebooks.com**

Bericht

über den

Stand und die Verwaltung der Gemeinde-Angelegenheiten

der

Stadt Halle a. S.

pro 1881/82.

Halle a. S.,
Plötz'sche Buchdruckerei, R. Nietschmann,
1882.

Inhalt.

I. Allgemeine Bemerkungen.

Der nachstehende Bericht umfaßt das letzte Geschäftsjahr, vom 1. April 1881 bis 31. März 1882. Dasselbe brachte uns einen schweren Verlust: am 25. Mai v. J. starb nach mehrwöchentlichen unsäglichen Leiden unser erster Bürgermeister Bertram*), nachdem er erst am 3. März v. J. sein Amt übernommen hatte. Wir betrauern in ihm einen hochbegabten Beamten, ausgezeichnet durch einen ehrenwerthen, zuverlässigen Charakter, feste Willenskraft und strengste Unparteilichkeit. Für alle Zeit wird ihm unter uns ein ehrendes Andenken bewahrt bleiben.

Die Erndte des vorigen Jahres war für unsern Stadtbezirk wie für die Umgegend günstig: Roggen, Kartoffeln und Klee brachten einen guten Ertrag; Raps, Erbsen und Hafer mehr als eine Mittelernbte; alle übrigen Fruchtgattungen mindestens eine solche.

Handel und Industrie haben während der Berichtsperiode auf verschiedenen Gebieten einen unverkennbaren Aufschwung genommen. Namentlich gilt dies von der Maschinenfabrikation, der Rübenzucker-Industrie und der Spritfabrikation. Die Braun-kohlen- und Briquettes-Industrie hat sich trotz etwas niedrigerer Preise gut behauptet und vermochte ihren Absatz auszudehnen. Dagegen gestalteten sich die Conjunkturen der Mineralöl- und Paraffin-Industrie sehr ungünstig. Der früher so bedeutende Export von Paraffinölen ist durch Tariferhöhungen mehrerer Länder so namentlich nach Oesterreich und Italien stark beeinträchtigt. Noch trauriger waren die Verhältnisse der Mühlen- und Stärke-Industrie sowie des Getreidehandels.

Die vorjährige Gewerbe- und Industrie-Ausstellung befriedigte ebensosehr durch ihr Arrangement wie durch ihren In-halt und veranlaßte im Juni und Juli einen bedeutenden Fremden-Zufluß. Das finanzielle Resultat derselben wurde leider durch die ungünstige Witterung im August und September v. J. geschädigt; gleichwohl dürfen wir mit dem Resultat zufrieden sein, denn unser Gewerbestand verdankt der Ausstellung mancherlei nützliche Anregung, und nach Außen hin hat sie dem Auf-schwunge von Halle Anerkennung verschafft. Die Verstaatlichung der Thüringer und Berlin-Anhalter Eisenbahnen hat leider nicht die Verlegung einer königl. Eisenbahn-Direction nach Halle zur Folge gehabt. Das Projekt des Umbaues des hiesigen Personenbahnhofes ist wenig gefördert, hauptsächlich weil die Vertreter der nun an den Staat übergegangenen Privatbahnen sich ablehnend verhielten. Hoffentlich wird nach Beseitigung dieses Hindernisses das für die Verkehrsbeziehungen unserer Stadt hoch-wichtige Projekt nun bald zur Ausführung kommen.

Die Bauthätigkeit war im vorigen Jahre wieder recht bedeutend; sie entsprach der Zunahme der Bevölkerung.

*) Richard Wilhelm Bertram, geboren zu Halle am 4. März 1828, war ein Sohn unseres früheren Oberbürgermeisters, des Geh. Regierungsrathes Bertram. Er studirte die Rechte in seiner Vaterstadt und absolvirte die praktische Vorbereitung für den Justizdienst in Halber-stadt, Naumburg und Berlin. Im Jahre 1856 zum Gerichts-Assessor ernannt, wurde er 1858 Hülfsrichter zu Langensalza, 1861 Kreisrichter daselbst. Von 1862—66 vertrat er den dortigen Wahlkreis im Abgeordnetenhause. Im Jahre 1869 nach Halle versetzt, wurde er hier 1871 zum Kreisgerichts-rath ernannt, 1876 zum Appellationsgerichtsrath in Naumburg befördert. Bei der Justiz-Reorganisation im Jahre 1879 trat er in das Collegium des Ober-Landesgerichts zu Cassel über. Am 29. November 1880 erfolgte seine Wahl zum ersten Bürgermeister unserer Stadt. —

II. Gemeindegebiet.

Veränderungen sind in der Berichtsperiode nicht vorgekommen. Der Flächeninhalt des Stadtkreises beträgt 2431 Hectar.

III. Bevölkerung.

Die Hauptergebnisse der am 1. December 1880 stattgefundenen Volkszählung, welche wir in unserem vorigen Bericht nur auszugsweise mittheilen konnten, sind inzwischen im königl. statistischen Bureau folgendermaßen festgestellt:

1. Abschnitt: Haushaltungen.

Spalten No.	A. Einzel-Haushaltungen	Zahl der Haushaltungen	Personen m.	w.	Spalten No.	C. Oeffentl. Haushaltungen (Anstalten).	Anstalten	Zahl der Gäste, Pflegl. u. s. w. m.	w.
1.	mit 1 Person männl. Geschlechts . . .	444	444	—	11.	Für Beherbergung	106	1006	75
2.	„ 1 „ weibl.	898	—		12.	„ Heilung und Pflege	10	216	233
	B. Familien-Haushaltungen.				13.	„ Erziehung und Unterricht . . .	32	642	85
3.	Familien-Haushaltungen	14233			14.	„ religiöse Zwecke	—	—	—
4.	Mitglieder derselben	—	32107	34325	15.	„ Invaliden und Altersversorgung	2	18	35
5.	Davon sind Dienstboten und andere Dienstrode	—	264	3293	16.	„ Armenpflege und Wohlthätigkeit	1	20	29
6.	Gewerbe- und Arbeitsgehülfen . . .	—	2288	281	17.	„ Besserungs- und Strafzwecke .	4	863	37
7.	Pfleglinge oder Pensionäre	—	640	345	18.	„ militairische und Kriegsmarinezwecke aller Art	7	451	—
8.	Zimmermiether	—	1316	109	19.	sonstige, unter 11—18 nicht zu klassificirende Anstalten	—	—	—
9.	Schlafgänger	—	1401	187		**Summa**	162	3216	494
10.	Einquartierte Soldaten	—	24	—					

II. Abschnitt: Bewohner (Ortsanwesende).

Spalten No.	A. Alter und Geschlecht.	Zahl der Personen m.	w.	Spalten No.		Zahl der Personen m.	w.
1.	Geboren 1880	1000	949	20.	Geboren 1850—1841	4808	4949
2.	„ 1879	922	976	21.	„ 1840—1831	3450	3575
3.	„ 1878	894	935	22.	„ 1830—1821	2204	2599
4.	„ 1877	886	872	23.	„ 1820—1811	1110	1578
5.	„ 1876	897	982	24.	„ 1810—1801	425	710
6.	„ 1875	798	804	25.	„ 1800—1791	74	113
7.	„ 1874	778	794	26.	„ 1790—1781	3	1
8.	„ 1873	725	695	27.	„ 1780 und früher	—	—
9.	„ 1872	738	734	28.	Personen ohne angegebenes und auch nicht zu ermittelndes Geburtsjahr . .	37	44
10.	„ 1871	580	578	29.	**Summa A.**	35,767	35,717
11.	Zusammen 1880—1871 . .	8208	8319			**71484**	
12.	Geboren 1870	707	654		**B. Familienstand und Geschlecht.**		
13.	„ 1869	715	658	30.	Personen unter 15 Jahre alt	11929	11705
14.	„ 1868	764	682	31.	„ über 15 „	23838	24012
15.	„ 1867	714	693	32.	„ davon: ledig	11126	9022
16.	„ 1866	821	699	33.	„ „ verheirathet	11822	11525
17.	Zusammen 1870—1866 . .	3721	3386	34.	„ „ verwittwet	803	3289
18.	Geboren 1865—1861	3919	3513	35.	„ „ geschieden	87	176
19.	„ 1860—1851	7808	7030	36.	**Summa B.**	35,767	35,717

II. Abschnitt: Bewohner (Ortsanwesende).

Spalten Nr.	C. Religionsbekenntniß.	Zahl der Personen überhaupt.
	I. Christen.	
37.	Evangelische	68217
38.	Römisch-Katholische	2517
39.	Griechisch-Katholische	5
40.	Mitglieder freier Gemeinden . .	33
41. 42.	Angehörige anderer christl. Religionsgemeinschaften	86
	Zusammen Christen	70858
43.	II. Israeliten	623
44.	III. Bekenner anderer Religionen .	3
45.	IV. Ohne Religionsangabe . .	—
46.	Summa C.	71484

Spalten Nr.	D. Geburtsort und Geburtsland.	Zahl der Personen m.	w.
	Personen geboren:		
47.	in der Zählungsgemeinde	15973	17557
48.	nicht in der Gemeinde, aber im Zählungskreise	—	—
49.	nicht im Kreise, aber in der Zählungsprovinz	12370	13097
50.	nicht in der Zählungsprovinz, aber im Preußischen Staate	4206	2323

Spalten Nr.		Zahl der Personen m.	w.
51.	nicht im Preußischen Staate, aber im Deutschen Reiche	2945	2550
52.	nicht im Deutschen Reiche, sondern außerhalb desselben	272	190
53.	Geburtsort unbekannt	1	—
54.	Summa D.	35767	35717
	davon sind Militairpersonen . . .	633	—
	E. Staatsangehörigkeit.		
55.	Preußen	34338	35076
56.	nicht Preußen, aber Reichsinländer . .	1259	591
57.	nicht Reichsinländer, sondern Reichsausländer	170	50
58.	von unbekannter Staatsangehörigkeit . .	—	—
59.	Summa E.	35767	35717
	F. Körperliche und geistige Mängel einzelner Personen.		
60.	I. Blinde	28	22
61.	II. Taubstumme	40	38
62.	III. Blödsinnige	22	9
63.	IV. Andere Geisteskranke	15	11
64.	Summa F.	105	80

Die im October vorigen Jahres von uns veranlaßte Personen-Aufnahme ergab 72719 Einwohner, darunter 638 Militairpersonen.

Bei dem Standesamte sind im Jahre 1881 angemeldet:

Geburten.

Monat.	männlich.	weiblich.	Summa.	Mehrgeburten.	Monat.	männlich.	weiblich.	Summa.	Mehrgeburten.
Januar . . .	138	96	234	3	September . .	127	101	228	5
Februar . . .	120	128	248	5	October . . .	96	104	200	3
März	121	118	239	4	November . .	116	112	228	1
April	118	101	219	2	December . . .	120	116	236	2
Mai	112	98	210	3	Summa	1409	1304	2713	42
Juni	117	103	220	5	1880 wurden geboren	1364	1263	2627	33
Juli	110	97	207	4	1881 mehr	45	41	86	9
August . .	114	130	244	5					

Religion der Eltern.

evangelisch.	katholisch.	mosaisch.	diss.	verschieden.
2541	38	16	1	117

1*

Eheschließungen.

Monat Januar	. . .	45		Monat August	. . .	38
„ Februar	. . .	29		„ September	. .	41
„ März	. . .	23		„ October	. . .	102
„ April	. . .	88		„ November	. .	37
„ Mai	. . .	50		„ December	. .	64
„ Juni	. . .	41			Summa	610
„ Juli	. . .	52			1890 ebenfalls	610

Religion der Eheschließenden.

Evangelische Männer mit evangelischen Frauen	. . .	566
Katholische „ „ katholischen „	. . .	7
Mosaische „ „ mosaischen „	. . .	2
Männer und Frauen verschiedener Confession	. . .	35

Es verheiratheten sich:

Männer von 20 — 30 Jahren mit Frauen unter 20 Jahren						. . . .	38
„ „ „ „ „ „				von 20 — 30 „		. . . .	433
„ „ „ „ „ „				„ 31 — 40 „		. . . .	22
„ „ „ „ „ „				„ 41 — 50 „		. . . .	2
„ „ 31 — 40 „ „ „				unter 20 „		. . . .	1
„ „ „ „ „ „				von 20 — 30 „		. . . .	60
„ „ „ „ „ „				„ 31 — 40 „		. . . .	10
„ „ „ „ „ „				„ 41 — 50 „		. . . .	3
„ „ 41 — 50 „ „ „				„ 20 — 30 „		. . . .	8
„ „ „ „ „ „				„ 31 — 40 „		. . . .	12
„ „ „ „ „ „				„ 41 — 50 „		. . . .	7
„ „ 51 — 60 „ „ „				unter 20 „		. . . .	1
„ „ „ „ „ „				von 20 — 30 „		. . . .	2
„ „ „ „ „ „				„ 31 — 40 „		. . . .	1
„ „ „ „ „ „				„ 41 — 50 „		. . . .	6
„ „ „ „ „ „				„ 51 — 60 „		. . . .	2
„ über 60 „ „ „				„ 41 — 50 „		. . . .	1
„ „ „ „ „ „				„ 51 — 60 „		. . . .	1
						Summa	610

Ledige Männer mit ledigen Frauen	. . . .	504
„ „ „ Wittwen	. . . .	24
„ „ „ geschiedenen Frauen	. . . .	3
Wittwer mit ledigen Frauen	. . . .	45
„ „ Wittwen	. . . .	18
„ „ geschiedenen Frauen	. . . .	3
Geschiedene Männer mit ledigen Frauen	. . . .	9
„ „ „ Wittwen	. . . .	4
	Summa	610

Todesfälle incl. Todtgeburten.

Monat.	männl.	weibl.	todtgeboren männl.	todtgeboren weibl.	Zusammen	Monat	männl.	weibl.	todtgeboren männl.	todtgeboren weibl.	Zusammen
Januar . .	76	78	13	3	170	September .	69	50	6	5	130
Februar . . .	80	53	5	1	139	October .	63	53	3	4	123
März . . .	65	85	3	3	156	November .	61	45	5	1	112
April .	74	74	3	2	153	December . . .	65	54	2	3	124
Mai . .	67	45	3	5	140	Summa	912	777	58	39	1916
Juni	88	74	4	5	171	Dagegen 1880 . .	1076	821	43	36	1976
Juli	114	90	5	3	212	mithin p. 81 weniger	131	44	—	—	160
August	100	76	6	1	186	mehr	—	—	15	3	—

Alter der Gestorbenen.

	1 Jahr	2—5 Jahr	6—15 Jahr	16—20 Jahr	21—30 Jahr	31—40 Jahr	41—60 Jahr	61—80 Jahr	81 und darüber
ehelich	391	230	97	29	117	128	308	247	44
außerehelich	108	20							

Familienstand der Gestorbenen.

ledig männl.	ledig weibl.	verheirathet männl.	verheirathet weibl.	verwittwet männl.	verwittwet weibl.	geschieden männl.	geschieden weibl.
572	472	297	166	69	134	4	5

Religion der Gestorbenen.

evangel.	kathol.	mos.	diss.
1663	44	10	2

Außerdem ist über die Bewegung der Bevölkerung Folgendes anzuführen:

Im Jahre	Zuzug von: Familien.	Zuzug von: Familienglieder.	Zuzug von: einzelnstehenden Personen.	Summa.	Abgang durch Wegzug von: Familien.	Abgang durch Wegzug von: Familienglieder.	Abgang durch Wegzug von: einzelnstehenden Personen.	Summa.
1881	850	2784	9872	12656	562	1124	9724	10848
1880	831	2196	5970	8166	520	1187	5240	6427

Mithin 1881 Zuzug mehr 4490. Abgang mehr 4421.

Die Vermehrung der Bevölkerung durch Zuzug betrug:

1881 — 1808 Personen, 1880 — 1739 Personen.

Ueberhaupt stieg der Verkehr im Einwohner-Meldeamte.

Einschließlich des Wohnungswechsels fanden

im Jahre 1881   29373 An- und 25905 Abmeldungen statt.

während 1880 nur 28262 _ _ 24313 _ zu expediren waren.

IV. Bauwesen.

Aus der Baucommission schieden am 31. December v. J. die Stadtverordneten Gräb und Kyritz aus; an deren Stelle traten die Stadtverordneten Kilburger und Lutze. Die Commission hielt 55 Sitzungen ab, in welcher 568 Sachen verhandelt wurden. Ihren Geschäftskreis haben wir dadurch erweitert, daß wir ihr die Zuschlags-Ertheilung bei Submissionen von Arbeiten und Lieferungen der städtischen Bauverwaltung überwiesen.

Für öffentliche Bauten sind während der Berichtsperiode folgende Beträge verausgabt:

Lau- fende No.	Bezeichnung.	Soll- Ausgabe. Anschlags-Su. ℳ	₰	Ist- Ausgabe. 1881/82. ℳ	₰	Bemerkungen.
	A. Hochbauten.					Die Posten der Colonne „Soll-Ausgabe" sind nur ausgeworfen, um einen Ueberblick über die Gesammtkosten der betr. Ausführung zu gestatten, was durch die bloßen Ist-Ausgabe-posten in vielen Fällen nicht möglich gewesen wäre.
1.	Für Erbauung einer neuen 36-klassigen Volksschule auf dem städtischen Grundstücke Taubengasse Nr. 10	260 000	—	162 835	74	
2.	„ den Erweiterungsbau der Bürgermädchenschule in der großen Steinstraße Nr. 42a	65 000	—	48 885	32	
3.	„ den Bau einer Verkaufshalle auf dem städtischen Terrain zwischen Lauffer und Lehmann in der Leipzigerstraße Nr. 105—107 . .	790	—	790	—	
	Summa	—		212 511	06	
	B. Straßenbauten.					
	I. Für Unterhaltung der Verkehrswege.					
1.	Für Unterhaltung der gepflasterten Straßen	—		6008	24	
2.	„ des Böllbergerweges	—		240	—	feststehender Beitrag
3.	„ Nebenkosten (Fracht, Anfuhr pp.) bei Beschaffung von Pflaster-steinen	—		4502	35	
4.	„ Unterhaltung der ungepflasterten Wege	—		18 979	89	
5.	Verwendung des Beitrags von der Provinzial-Haupt-Kasse zu Merse-burg zum chausseebaumäßigen Ausbau der verlängerten Thurm-straße	1868	66	1868	66	
	Summa	—		31 599	14	
	II. Für Neu- und Umpflasterungen.					
1.	Für Verbesserung des Pflasters in der Gütchenstraße	775	40	775	40	
2.	„ Herstellung von Mauerstein-Abzugsrinnen neben den Promenaden-wegen	2280	27	2280	27	
3.	„ Neupflasterung des Bechershofs	1270	86	1270	86	
4.	„ „ eines Ueberganges in der Louisenstraße . . .	175	56	175	56	
5.	„ „ des Unterplanes	1450	—	1450	—	
6.	„ „ des kanalisirten Theiles der Bahnhofstraße . .	5580	71	5580	71	
7.	„ Umpflasterung einer Strecke vom Moritzthor Nr. 6 bis Glauchsche Kirche Nr. 4, sowie Herstellung einer Uebergangspflasterung an der Mittelwache	2884	38	2884	38	
8.	„ Umpflasterung eines Theiles der Königsstraße, von der Land-wehrstraße aufwärts bis an die Häuser Nr. 21/25	14 800	—	12 517	85	
9.	„ Herstellung von 6 Trottoir-Uebergängen in der Rathhausgasse und Neupflasterung eines Theils der Fahrbahn vor dem Barzerplan	746	14	746	14	
10.	Desgl. von 7 Trottoir-Uebergängen in der Herrenstraße . . .	353	93	353	93	
11.	Desgl. von 2 Trottoir-Uebergängen an der Schieferbrücke und an der Einmündung der Ankergasse in die Klausthorstraße . . .	446	01	446	01	
12.	Desgl. von 2 Trottoir-Uebergängen in der großen Steinstraße . .	625	42	625	42	

Laufende No.	Bezeichnung.	Soll-Ausgabe. Anschlags-No. M / S	Ist-Ausgabe. 1881/82. M / S	Bemerkungen.
13.	Für Herstellung von 4 Trottoir-Uebergängen in der Leipzigerstraße .	456 10	456 10	
14.	Desgl. von 5 Uebergängen in der Ramuilchenstraße .	457 90	457 90	
15.	„ „ 2 „ am Hospitalplatze .	329 48	329 48	
16.	„ „ 4 „ in der Bernburgerstraße .	948 55	948 55	
17.	„ „ 4 „ in der Königsstraße .	996 98	996 98	
18.	„ „ 3 „ in der oberen Leipzigerstraße .	897 89	897 89	
19.	„ „ 2 „ am Leipzigerplatz .	548 60	548 60	
20.	„ „ 5 „ in der großen Ulrichsstraße .	458 59	458 59	
21.	„ „ 5 „ auf dem alten Markte .	448 93	448 93	
22.	„ „ 3 „ in der großen Steinstraße .	358 92	358 92	
23.	„ „ 6 „ in der kleinen Ulrichsstraße .	347 13	347 13	
24.	„ „ 2 „ in Oberglaucha .	318 76	318 76	
25.	Für Neupflasterung eines Theils der Sophienstraße von Nr. 1 bis zur Ludengasse, sowie Herstellung von 5 Trottoir-Uebergängen	3687 04	3687 04	
26.	„ Neu- resp. Umpflasterung der Schmeerstraße, sowie Herstellung v. Schlackenpflaster-Uebergängen vor der Ruhgasse u. Zapfnstraße	4245 55	4245 55	
27.	„ Umpflasterung eines Theils der Jahrbahn im Moritzzwinger, vom Moritzthor bis Moritzzwinger 1a	1758 72	1758 72	
28.	„ Neupflasterung eines Theils des Harzes, von der Georgestraße bis zur Geiststraße	2193 05	2193 05	
29.	„ Herstellung von Schlacken-Uebergängen auf dem Harze	224 09	224 09	
30.	„ Neupflasterung der Mittelfahrstraße des Marktplatzes, von der Schmeerstraße bis zum rothen Thurme	4992 91	4992 91	
31.	„ Umpflasterung der kleinen Wallstraße	458 70	458 70	
32.	„ Neupflasterung der Martinsgasse, vom Leipzigerthor-Thurme bis zur Augustastraße	4398 26	4398 26	ad. 34.
33.	„ Pflasterung eines Theils der Raffineriestraße und Herstellung eines Fußweges daselbst	2442 72	2442 72	a. für anderthalbbrücke 1000 M. b. für die Spitze b. zur Kellnergasse 11,000 „
34.	„ Pflasterung der Straßen auf dem Strohhofe	22000 —	20563 42	c. für die Kellnergasse 9000 „ d. „ „ Kuf- und Abträge p. p. 1000 „
35.	„ Pflasterung des Fahrdammes in der Marienstraße	1899 83	1899 83	Summa: 22,000 M.
36.	„ Pflasterung vor den Häusern Charlottenstraße Nr. 8 und 8a bis zur Gottesackergasse Nr. 6	546 75	546 75	
37.	„ Pflasterung und Gasbeleuchtung der Zinkgartenstraße	3514 —	151 29	ad 37. Diese Kosten sind in voller Höhe von Lehmanns Erben erstattet.
38.	„ Herstellung von Mosaik-Pflaster vor den Kliniken in der Magdeburgerstraße, von der Schimmelgasse bis zum Triangel vor dem Steinthore	4728 75	4728 75	ad 38. Die Universität hat zu diesen Kosten 2000 M. beigetragen.
39.	„ Mosaik-Pflasterung vor dem Stadtgottesacker in der Magdeburgerstraße	2053 09	2053 99	
40.	„ Pflasterung der verlängerten Krausenstraße, zwischen der Magdeburgerstraße und dem Steinthor	10583 92	10583 92	ad III.
	Summa	—	100603 35	Behufs Regulirung des Jägerplatzes sind von dem Maurermeister Friedrich noch eingezahlt:
	III. Für Straßen-Regulirungen.			1. Beitrag zur Pflasterung 1496.85 M.
1.	Für Ankauf von Straßenterrain zu Fluchtlinien-Regulirungen	14905 40	14905 40	2. Beitrag für die Steine z. Pflasterung 1728,36 „
2.	„ Verbreiterung der unteren Leipzigerstraße am Lauffer'schen Grundstück	35000 —	31652 44	3. Beitrag für Verlängerung des Wasserrohrbtrg. der Gasrohranlage p. p. 1143,38 „
3.	„ Regulirung des Weges an der Französenmauer . . . . Rest	2500 —	1083 03	
4.	„ Desgl. der Marienstraße am Grundstück der Wwe. Beyer, Magdeburgerstraße Nr. 1 (Bürgergarten)	2000 —	1472 07	

Laufende No.	Bezeichnung.	Soll-Ausgabe. Anschlags No. ℳ ₰	Ist-Ausgabe. 1881/82. ℳ ₰	Bemerkungen.
5.	Für Straßen-Regulirung am Götze'schen Hause, Ecke der II. Klausstraße und des Tomplatzes . . . . Rest	602 —	440 79	
6.	„ Regulirung der Fußwege an der Schwemme zwischen der schwarzen und der Schifferbrücke	994 63	994 63	
7.	„ Abtragung des Walles in der Lindenstraße	5600 —	228 59	ad 7, 8 und 10. Die Arbeiten haben erst im Frühjahr 188.. begonnen.
8.	„ Durchbruch und Ausbau der Friedrichstraße	31500 —	3000 —	
9.	„ Regulirung des Platzes vor der neuen Anatomie vor dem Steinthore	395 25	395 25	
10.	„ Regulirung des Friedrichsplatzes	2250 —	59 25	
11.	„ Regulirung der verlängerten Wilhelmstraße, Entschädigung für 354 qm. Straßen-Terrain an Rentier Spiegel	1497 30	1497 30	
	Summa	—	55 628 75	
	IV. Für Trottoir-Anlagen.			
1.	Zuschuß zur Trottoir-Kasse für Anlegung von Trottoirs	—	6000 —	
2.	Für Trottoirisirung der Bürgersteige vor der städt. Arbeitsanstalt und dem Steinlagerplatz in der Margarethenstraße	1375 63	1375 63	
3.	„ Trottoirisirung des Fußweges an der Südseite der obern Königstraße, zwischen Einmündung der Thurm- und Lindenstraße .	911 40	911 40	
4.	„ Trottoirisirung des Bürgersteiges an der Glauchaischen Schule .	946 86	946 86	
	Summa	—	9233 89	
	Summa Straßenbauten	—	197 085 13	

C. Brückenbauten.

1.	Laufende Unterhaltung der Brücken und Uebergänge	—	115 22	
2.	Bau einer neuen Brücke über die Gerbersaale am Moritzthor (Moritzbrücke) . . . . Rest	53 776 39	4797 68	
3.	Bau einer Fußgängerbrücke über den Mühlgraben am Ende der Jahrbahn des Jägerplatzes . . . . Rest	15 747 56	232 36	
	Summa		4745 26	

D. Canalbauten.

			Beiträge der Adjacenten und sonstige Einnahmen. 1881/82. ℳ ₰	Bemerkungen.
	I. Für Unterhaltung, Reparatur und Veränderung, sowie Reinigung älterer Kanäle.			
1.	Für laufende Unterhaltung der Kanäle	—	4833 68	—
2.	„ Verlegung von Sandfängen	—	4495 63	—
3.	„ Umänderung von Kanal-Einmündungen bei Legung von Trottoirs	—	160 65	—
4.	„ Reparatur des gemauerten Kanals von der Kreuzung der Augusta- und Charlottenstraße bis zur Martinsgasse und durch die Schlippe nach der Leipzigerstraße bis zur Promenade . . . . . . Rest	8763 96	1753 75	363 96

Lau-fende No.	Bezeichnung.	Coll. Ausgabe. Anschlags-No.		Ist-Ausgabe. 1881/82.		Beiträge der Adjacenten und sonstige Einnahmen. 1881/82.		Bemerkungen.
		ℳ	₰	ℳ	₰	ℳ	₰	
5.	Für Reinigung der Kanäle	—	—	3308	61	—	—	
6.	„ Reinigung der Gerbersaele und des Mühlgrabens an den Mündungen der Kanäle	—	—	1892	06	—	—	
7.	„ Gebühren für Anschluß von Häusern an bereits früher gebaute Kanäle	—	—	—	—	13725	11	
	Summa ad I	—	—	16444	38	14089	07	
	II. Für Erbauung neuer Kanäle.							
1.	Thonrohr-Kanal vor den neu gebauten Häusern der Bauunternehmer Hildebrandt, Klappsilber und Kyritz in der Charlottenstraße, zum Anschluß an den noch nicht übernommenen Kanal des Bauunternehmers R. Löst . . . . Rest	450	—	279	98	301	74	
2.	Thonrohr-Kanal in der Mauergasse, vom Steinweg bis zum Schacht vor dem Hause No. 7 . . . Rest	2500	—	1022	91	94	05	
3.	Besteigbarer Kanal in der Lindenstraße, von der Merseburgerstraße bis zum Steinweg	67000	—	44674	30	2855	18	
4.	Thonrohr-Kanal vom Einsteigeschacht im Oberglauchaer Kanal vor dem Hause No. 31 bis in die Hirtentriv. Schützengasse . . . . Rest	1350	—	559	16	846	—	
5.	Besteigbarer Kanal in der Merseburgerstraße . .	72800	—	21451	36	3785	20	
6.	Thonrohr-Kanal im großen Schlamm, einem Theile der kleinen Klausstraße und in der Flathgasse auf der Strecke von Kleinschmieden bis zu dem besteigbaren Kanal in der großen Klausstraße	5476	05	5476	05	3625	68	
7.	Thonrohr-Kanal im Töpferplan, vom Hause No. 1 bis zur Martinsgasse und einen theilweis gemauerten Kanal von der Martinsgasse bis an den besteigbaren Kanal in der Leipzigerstraße	1428	78	1428	78	—	—	
8.	Thonrohr-Kanal in der Gottesackergasse	2295	28	2295	28	1360	70	
9.	Thonrohr-Kanal in der Klosterstraße, längs der städt. Familienhäuser	3916	68	3916	68	—	—	
10.	Thonrohr-Kanal in der Brunnswarte von No. 11—1 a.	2676	09	2676	09	1942	80	
11.	Besteigbarer Kanal in der oberen Leipzigerstraße, von der Schlippe zwischen No. 35 und 36 bis zum Leipzigerplatz	28000	—	18043	42	5528	65	
12.	Thonrohr-Kanal auf der Ostseite der Bernburgerstraße, vom Lochner'schen Hause bis zum Blumenstraßen-Kanal	1939	88	1854	61	1939	88	
13.	Thonrohr-Kanal in der Klausthor-Vorstadt, von dem Grundstücke No. 6 bis zu dem Zimmerplatz von R. Löst No. 6 c	2165	87	2079	63	1542	94	
14.	Thonrohr-Kanal in der Landwehrstraße, von der Lindenstraße bis zur Königstraße	2457	58	2457	58	1356	40	
15.	Thonrohr-Kanal in der Schulgasse	2752	38	2752	38	1534	45	
16.	Thonrohr-Kanal in der Mittelstraße	2493	07	2493	07	1926	20	
17.	Thonrohr-Kanal in der Breitestraße und vor dem Kirchthore	4307	72	4307	72	1732	20	

Laufende No.	Bezeichnung.	Soll-Ausgabe. Anschlags-Sa.		Ist-Ausgabe. 1881/82.		Beiträge der Adjacenten und sonstige Einnahmen. 1881/82.		Bemerkungen.
		ℳ	₰	ℳ	₰	ℳ	₰	
18.	Thonrohr-Kanal in der Kurzegasse	962	55	962	55	960	30	
19.	Thonrohr-Kanal in der verlängerten Friedrichsstraße, zwischen Wilhelmstraße und Weidenplan	740	—	740	—	740	—	
20.	Thonrohr-Kanal in der Riemeyerstraße, vom Hause No. 12 bis zur Blücherstraße	1800	—	1800	—	1800	—	
21.	Thonrohr-Kanal auf der Ostseite der Magdeburgerstraße von No. 27 bis 31a	1550	65	1550	65	1216	70	
22.	Thonrohr-Kanal in der Schlippe zwischen den Grundstücken alter Markt No. 18 und 20	350	—	350	—	350	—	
	Summa ad II	—		123172	20	35439	07	
	Summa Kanalbauten	—		139616	58	49528	14	

Laufende No.	Bezeichnung.	Soll-Ausgabe. Anschlags-Sa.		Ist-Ausgabe. 1881/82.	
		ℳ	₰	ℳ	₰

E. Wasserwerksbauten.

I. Wassergewinnungs-Anlage in Beesen.
(Sammelrohrleitungen und Brunnen.)

1.	Tieferlegung der Leitung vom Brunnen diesseits der Elster bis zum Verwischebrunnen (bis Ende des Rechnungsjahres 1880/81 sind verausgabt 18519,42 Mk.)	24000	—	64	69
2.	Ausführung von Bohrversuchen, behufs Neuanlage einer Sammelrohrleitung	—	—	330	80

II. Wasserhebungs-Anlage in Beesen.
a. Gebäude.

1.	Maschinenhaus-Anbau (bis ult. März 1881 sind verausgabt 9796,56 Mk.)	20400	—	11801	—
2.	Errichtung einer Einfriedigungsmauer do. 580,30 „	3500	—	1011	86

b. Maschinen und Dampfkessel.

1.	Beschaffung eines neuen Dampfkessels zu 5 Atm. Ueberdruck (bis ult. März 1881 sind verausgabt 9725,11 Mk.)	13000	—	3105	84
2.	Beschaffung einer 4. Maschine (bis ult. März 1881 sind verausgabt 190,30 Mk.)	55000	—	43953	89

III. Reservoir-Anlage.

1.	Bau eines neuen Wasserthurmes, Ecke der Magdeburger- und Schimmelstraße (bis Ende des Rechnungsjahres 1880/81 sind verausgabt 49443,78 Mk.	203000	—	71560	75
2.	Lieferung eines schmiedeeisernen Hochreservoirs von 1200 cbm. Inhalt (bis ult. 1881 sind verausgabt 8302,65 Mk.	30000	—	18440	90
3.	Anlage electrischer Wasserstandsanzeiger	—	—	3425	94
4.	Anlage eines Spülschachtes im Entwässerungskanale der alten Reservoir-Anlage	—	—	112	73

Lau- fende No.	Bezeichnung.	Soll- Ausgabe. Anschlags-Sa. ℳ ₰	Ist- Ausgabe. 1881/82. ℳ ₰
	IV. Rohrnetz.		
1.	Merseburgerstraße bis zum Grundstücke Nr. 24	— —	1114 60
2.	Buchererstraße Nr. 41—42	— —	249 86
3.	Göllbergerweg Nr. 32—33	— —	102 58
4.	Einschaltung von Schiebern Riemeyer-, Landwehr- und Blücherstraße	— —	212 42
5.	Verbindung der Rohrleitung in der Schulgasse mit der auf dem Schulberge	— —	191 74
6.	Wilhelmstraße bis zum Grundstücke Nr. 36 von der Buchererstraße aus	— —	737 08
7.	Adersstraße von der Dessauerstraße aus	— —	716 87
8.	Klosterstraße Verbindung mit Albrechtstraße . . .	— —	71 30
9.	Beschaffung eines Auslaufständers Ecke neue Promenade und Leipzigerstraße . . .	— —	153 —
10.	Weiterführung des auf dem Leipzigerplatze endenden 400mm. Rohrstranges bis zur neuen Hochreservoir-Anlage, Ecke Magdeburger- und Schimmelstraße (verausgabt sind bis ult. März 1881 12567,49 Mk.)	19000 —	7283 88
	V. Insgemein.		
	Bau-Zinsen von dem zu den Erweiterungsbauten aus der Kämmerei erhaltenen Darlehn von 180000 Mark	— —	4503 75
	Summa	— —	169205 48
	F. Sonstige Aufwendungen.		
1.	Für Warnungstafeln, Barrikren, Straßenschilder, Schuttabladeplätze ꝛc. . . .	— —	1770 —
2.	„ Beschaffung und Unterhaltung von Geräthschaften zur Wegebesserung ꝛc. . . .	— —	398 89
3.	„ Beaufsichtigung und Instandhaltung der städt. Baumaterial-Lagerplätze	— —	996 67
	Summa	— —	3165 56

Lau- fende No.	Bezeichnung.	Ist-Ausgabe. 1881/82. ℳ ₰	1880/81. ℳ ₰	Bemerkungen.
	Wiederholung. **Aufwendung für öffentliche Bauten.**			
A.	Hochbauten	212511 06	9701 34	An Canalanschlußgebühren ꝛc. sind vereinnahmt: 1881/82: 49526,14 Mk. 1880/81: 80300,54 „
B.	Straßenbauten	197065 13	102716 07	
C.	Brückenbauten	4745 26	42728 94	
D.	Kanalbauten	139616 58	140549 93	
E.	Wasserwerksbauten	169205 48	99123 02	
F.	Sonstige Aufwendungen	3165 56	4438 15	
	Summa	726309 07	399257 45	

Die Privat-Bauthätigkeit war, wie bereits erwähnt, recht bedeutend.

Es wurden Bauerlaubnißscheine ertheilt:

	1881/82.	1880/81.
zu Wohngebäuden	95	99
„ Wirthschafts- und Fabrikgebäuden	191	207
„ Zweig-Kanal-Anlagen	420	229
„ größeren Veränderungsbauten	63	76
„ kleineren baulichen Veränderungen	200	217
„ gewerblichen Anlagen (§ 16 und 24 Gew.-O.)	37	33
Summa	1006	861

V. Straßen- und Verbindungswesen.

Bebauungspläne wurden festgestellt:

a. für das Terrain nördlich vom Mühlwege, zwischen Advocatenweg, Bernburgerstraße und dem Dorfe Giebichenstein.
b. für das Terrain zwischen Thorstraße, Oberglaucha, Langegasse, Taubengasse und Steinweg.

Baufluchtlinien wurden regulirt für folgende Straßen:

Ackerstraße,	Am Kirchthor,	Schützengasse,
Bernburgerstraße,	Krausenstraße,	gr. Steinstraße,
Bockshörner,	Leipzigerstraße,	Steinthor,
Brunnengasse,	Martinsgasse,	Sterngasse,
Brunnenplatz,	Moritzthor,	Strohhofspitze,
Dessauerstraße,	Moritzzwinger,	Thorstraße,
Fleischergasse,	Mühlberg,	Gr. Ulrichstraße,
Geiststraße,	Poststraße,	Unterberg,
Grafeweg,	Alte Promenade,	Weidenplan
Hasenstraße,	Neue Promenade,	Wilhelmstraße und
Kapellengasse,	Scharrngasse.	Zinksgartenstraße.

Die nördlich vom Mühlwege und parallel mit demselben angelegte, den Advocatenweg mit der Bernburgerstraße verbindende Straße hat die Bezeichnung Händelstraße erhalten.

Für Reinigung, Besprengung und Beleuchtung der Straßen mußten nachstehende Kosten aufgewendet werden:

Lau- fende No.	Bezeichnung.	Kosten. 1881/82. ℳ	₰	Bemerkungen.
	I. Straßen-Reinigung.			
1.	An die Arbeitsanstalt, Lohn für das Kehren x.	13 590	84	
	Hiervon ab: Die Einnahme für die in vorstehender Summe mit verrechnete Reinigung der Straßen und Plätze bei Privaten	2 682	07	
	Bleiben wirkliche Kosten	10 908	77	
2.	Für Reinigung mittelst der Kehrmaschine	673	80	
3.	„ Abfuhr des Kehrichts x., contractlich	3 200	—	ad 3. Die Entschädigung umfaßt auch die Kosten für Reinigung der städtischen Müllgruben pp.
	Summa	14 782	57	ad II. Das verwendete Wasser ist hier nicht mit berechnet. Die Entschädigung hierfür wie für das den Einwohnern kostenfrei gewahrte Wirthschaftswasser wird dem Wasserwerk in einer Summe gewährt.
	1880/81	14 184	09	
	II. Straßen-Besprengung.			
1.	Für Unterhaltung der Sprengwagen, Schläuche x.	596	74	
2.	„ Bespannung der Wagen	2 907		

Lau-fende No.	Bezeichnung.	Kosten. 1881/82. ℳ / ₰	Bemerkungen.
3.	Für Bedienung derselben	800	38	
4.	„ Beschaffung eines 6. Sprengwagens	720	—	
	Summa	5 024	12	
	1880/81	4 254	03	
	III. Straßen-Beleuchtung.			
1.	An die Gasanstaltskasse für geliefertes Gas	48 830	18	
2.	„ dieselbe für Löhnung der Laternenwärter, Unterhaltung u. Reinigung der Laternen ꝛc. .	12 052	73	
3.	„ die Billet-Kasse der Magdeburg-Halberstädter Eisenbahn für Beleuchtung der verlegten Telschherstraße	266	—	
4.	Für die Beleuchtung der verläng. Wilhelmstraße pro 25./1. bis 31./3. 82	36	96	
	Summa	61 185	87	
	1880/81	58 369	53	

Bemerkungen:

ad. III. Auf die Kammereikasse sind neu übernommen die Beleuchtungskosten:

1. Für die Wallroderbreite v. 1./4. 81 ab.
2. Für die Laurentinstraße v. 1./9. 81 ab.

Am Ende der Berichtsperiode betrug die Zahl der öffentlichen Straßenlaternen 1222.

Für die Straßen-Besprengung war die Stadt in fünf Sprengbezirke getheilt:

I. Bezirk.

1. Rathhausgasse, 1 Tour . . . . 260 m
2. Kleinschmieden, 2 Touren . . . . . . 120 „
3. Große Ulrichstraße,
   von Kleinschmieden bis Jägergasse, 1 Tour 350 m} von Jägergasse bis alte Promenade, 2 Touren 240 „} 590 „
4. Scharrngasse, 1 Tour . . . . . . 130 „
5. Alte Promenade, nordöstlicher Theil,
   von Harz bis Unterberg 1 Tour . . 120 „
6. Geiststraße, 2 Touren . . . . . . 900 „
7. Harz, 1 Tour . . . . 460 „
8. Karlstraße, 2 Touren . . . . . 980 „
9. Harzgasse, 1 Tour . . . . . . 90 „
10. Bernburgerstraße, 3 Touren . . 1260 „
11. Blumenstraße bis Bettinerstraße, 2 Touren . 240 „
12. Mühlweg,
    von Bernburger bis Wucherstraße 1 Tour 200 m} „ „ Kirchthor 2 Touren 1160 „} 1360 „
13. Am Kirchthor bis zur Giebichensteiner Grenze, 2 T. 1300 „
14. Breitestraße, westlich 1 Tour 80 m} östlich 2 Touren 360 „} 440 „
15. Fleischergasse, 1 Tour . . . . . 250 „
16. Große Wallstraße, 1 Tour. . . . . . . 360 „
17. Jägerplatz, östlicher Theil 50 m} westlicher „ 300 „} . . 350 „

Summa 9210 m

II. Bezirk.

1. Große Steinstraße 2 Touren . . . . . . 1300 m
2. Alte Promenade,
   von der gr. Steinstraße bis Brunnenplatz 1 T. 160 m} vom Brunnenplatz bis Geiststraße 2 Touren 1320 „} 1480 „

3. Brunnenplatz, 1 Tour . . . . 100 m
4. Sophienstraße, 2 Touren . . . . . . 1100 „
5. Weidenplan, 2 Touren . . . . . . 660 „
6. Louisenstraße, 2 Touren . . . . . . 560 „
7. Hedwigstraße, 2 Touren . . . . . . 560 „
8. Margarethenstraße, 2 Touren . . . 340 „
9. Vor dem Steinthore, 2 Touren . . . 680 „
10. Dessauerstraße, 2 Touren . . . . . 800 „
11. Berlinerstraße bis zur Turnhalle, 2 Touren . 380 „
12. Wucherstraße,
    vom Steinthor bis Albrechtstraße, 2 Touren . 1130 „

Summa 9090 m

III. Bezirk.

1. Marktplatz, östlicher Theil 3 Touren 540 m} westlicher „ 2 „ 550 „} . 1090 m
2. Große Mäckerstraße, 1 Tour . . . . . 330 „
3. Großer Berlin, 1 Tour . . . . 220 „
4. Schmeerstraße, 1 Tour . . . . . . 190 „
5. Alter Markt, 2 Touren . . . . . . 600 „
6. Rannischestraße, 2 Touren . . . . . 400 „
7. Neue Promenade, nördliche, tiefer liegende Seite 3 Touren . . . . 1350 „
8. Moritzzwinger, 2 Touren . . . . . . 660 „
9. Blauengasse, 1 Tour . . . . 300 „
10. Mittelwoche, 2 Touren . . . . . . 240 „
11. Herrenstraße, 2 Touren . . . . . . 400 „
12. An der Schwemme, 2 Touren . . . . . 660 „
13. Kleinschorstraße, 2 Touren . . . . . 600 „
14. Klausthor-Vorstadt bis Elisabethbrücke, 2 Touren 840 „
15. Große Klausstraße, 1 Tour . . . . . . 300 „
16. Domgasse mit Domplatz 1 Tour 90 m} 3 Touren 180 „} . 270 „

17. Kleine Klausstraße, 1 Tour . . . . . . 220 m
18. Kleine Ulrichstraße, 1 Tour . . . . . 370 „
19. Großer Schlamm, 1 Tour . . . . . . 150 „

Summa 9190 m

IV. Bezirk.

1. Leipzigerstraße vom Markt bis Poststraße, 2 Touren 760 m
2. Königstraße, 3 Touren . . . . 2250 „
3. Merseburgerstraße,
   von der Königstraße bis Pfännerhöhe, 3 Touren 990 „
4. Neue Promenade, südlicher höher liegender Theil, 2 T. 760 „
5. Königplatz, 3 Touren . . . . 720 „
6. Franckenstraße, 2 Touren . . . . . . 240 „
7. Landwehrstraße, 2 „ . . . . 720 „
8. Franckenplatz, 2 „ . . . . . . 380 „
9. Steinweg, 2 „ . . . . . 900 „
10. Taubengasse, 1 Tour . . . . 300 „
11. Langegasse, 1 Tour . . . . 350 „
12. Oberglaucha,
   vom Hospital bis Saalberg, 2 Touren 300 m |
   vom Saalberg bis Thorstraße, 1 Tour 200 " | 500 „
   (ev. bis Ludwigstraße 280 m mehr.)

13. Am Hospital, 1 Tour . . . . 150 m
14. Hospitalplatz, 2 Touren . . . . 240 „
15. An der Glauchaischen Kirche, 1 Tour . . . 120 „

Summa 9380 m

NB. Die Ludenstraße ist wegen Kanalisirung derselben nicht aufgenommen.

V. Bezirk.

1. Magdeburgerstraße, 3 Touren . . . . . 3750 „
2. Schimmelstraße, 1 Tour . . . . . . 560 „
3. Leipzigerplatz, 2 Touren . . . . 280 „
4. Merseburgerstraße,
   bis zur Königstraße 3 Touren . . . . 960 „
5. Leipzigerstraße,
   vom Leipzigerplatz bis Poststraße 2 Touren . . 1000 „
6. Poststraße, 3 Touren . . . . 1650 „
7. Martinsgasse,
   von der Leipzigerstraße bis Augustastraße, 1 Tour 100 „
8. Augustastraße, 2 Touren . . . . . . 420 „
9. Charlottenstraße,
   von Augustastraße bis Marienstraße, 2 Touren . 160 „
10. Marienstraße, 2 Touren . . . . 440 „

Summa 9320 m

Die Gesammtlänge der besprengten Straßenstrecken beträgt demnach rund 46200 m, welche, soweit es nöthig erschien, täglich zweimal besprengt wurden, so daß sich die durchschnittliche Leistung aller fünf Wagen auf 924000 m resp. eines Wagens auf rund 184500 m Länge pro Tag beziffert.

Die gesammte Arbeitszeit der fünf Wagen betrug:

im April v. J.	. . . .	47	Tage
„ Mai	„	50½	„
„ Juni	„	49	„
„ Juli	„	82	„
„ August	„	45½	„
„ September	„	18½	„
„ October	„	— ½	„
„ März d. J.	. . . . . .	30	„

Summa: 323 Tage.

Die tägliche Arbeitszeit erstreckte sich für die Monate Mai bis einschließlich August auf 5 bis 11 Uhr Vormittags und 1 bis 6 Uhr Nachmittags, sowie während der Monate März, April, September und October auf 6 bis 11 Uhr Vormittags und 1 bis 6 Uhr Nachmittags.

Die Pferde nebst Geschirr und Führer wurden wie im Jahre 1880 durch den hiesigen Fuhrherrn R. Pfannenberg für den Preis von 9,00 Mark pro Tag und Gespann gestellt; ebenso hatte die städtische Wasserwerks-Verwaltung wiederum die Gestellung der Mannschaften zur Bedienung der Straßen-Hydranten übernommen.

Behufs weiterer Ausdehnung des Besprengungsgebietes sowie zur gleichzeitigen Verkleinerung der einzelnen Bezirke wurde die Beschaffung eines sechsten Sprengwagens beschlossen, mit dessen Herstellung nach Muster der übrigen die hiesige Firma J. E. Gebhardt für den Preis von 720,00 Mark beauftragt wurde. Der neue Wagen ist am 1. März d. J. in Betrieb genommen, die zu besprengenden Straßenstrecken sind für das laufende Verwaltungsjahr vermehrt und der Anzahl der Sprengwagen entsprechend in sechs Bezirke getheilt worden.

Die Regulirung der Bürgersteige, deren Einfassung mit Granit-Bordschwellen und Belegung mit Granit-Platten, ist in dem verflossenen Jahre stetig fortgesetzt.

Die Trottoirisirung erstreckte sich auf 36 Neubauten und folgende Straßen:

beide Seiten der Paradiesgasse, die Ostseite von Oberglaucha, vom Hospitalplatz bis zum Hamfterthore, die Südseite der Taubengasse, die Südseite der Langegasse, beide Seiten der Tepboldsgasse, die Nordseite der Sterngasse, die Nordseite der Harzgasse, die Ostseite der Bernburgerstraße, die Nordseite der Verbindungsstrecke zwischen Breitestraße und Kirchthor, die Südseite der Verbindungsstrecke zwischen gr. Wallstraße und Jägerplatz, die Schweerstraße, Strohhofspitze und Kellnergasse sowie Theile der König-, Charlotten-, Karl-, Albrecht-, Merseburger- und Magdeburgerstraße.

Material wurde verwendet:	Granit-Platten □ m.	Bord-schwellen lfd. m.
1. Zur Trottoirisirung	3480,44	2818,20
2. Durch Abgabe an Bau-Unternehmer, welche die Belegung des Bürgersteiges mit Platten ꝛc. selbst in die Hand nahmen	126,48	393,85
Summa	3606,92	3212,05

Kassen-Abschluß der Trottoir-Commission.

Einnahme.

1. Kassenbestand aus dem Vorjahre	875,56	Mk.
2. Zahlungen auf Forderungen für Trottoir-Anlagen pro 1881/82	37 188,65	„
3. Dergl. auf Forderungen aus den früheren Jahren	13 176,03	„
4. Kämmerei-Zuschuß aus dem Ertrage der Hundesteuer	6 000,00	„
5. Disconto für frühere Zahlungen an Lieferanten	133,23	„
6. Sonstige Einnahmen (Frachterstattung und Zahlung auf bereits abgeschriebene Forderungen)	27,00	„
Summa	**57 400,47**	**Mk.**

Ausgabe.

1. Für Ankauf von Platten und Bordschwellen	26 267,36	Mk.
2. „ Fracht, Wagenmiethe ꝛc.	9 714,00	„
3. „ Fuhrlohn und damit verbundene Arbeiten	2 461,11	„
4. „ das Legen der Platten und Schwellen, Pflasterungsarbeiten ꝛc.	19 161,60	„
5. „ Büreaubedürfnisse, Gasbeleuchtung an Baustellen, Portovorläge und sonstige Ausgaben	504,20	„
Summa	**57 108,27**	**Mk.**
Kassen-Bestand am 31 März d. Js.	292,20	„

Den bedürftigen Besitzern älterer Häuser wurden zu den Trottoirisirungskosten, wie in den Vorjahren, Beiträge gewährt, welche pro 1881/82 in Summa 10 000,25 Mk. betrugen, gegen 6 312,70 Mk. in 1880/81.

Das Vermögen der Kasse stellte sich Ende März d. Js. auf:

1. Kassenbestand	292,20	Mk.
2. Vorräthe an Platten und Schwellen	3 571,30	„
3. Außenstände an Trottoirisirungskosten:		
a. aus früheren Jahren . . . . . 8 024,10 Mk.		
b. „ dem letzten Jahre . . . . . 13 683,82 „		
Summa	21 707,92	„
Summa	25 571,42	Mk.
abzüglich der Forderung von Lieferanten mit 3 744,42		„
Summa	21 827,00	Mk.
Ende März 1881 betrug dasselbe	25 333,41	Mk.
mithin jetzt weniger	3 506,41	Mk.

VI. Oeffentliche Anlagen.

Die Verschönerungs-Commission, welcher längere Zeit ein Mitglied gefehlt hatte, wurde im Januar d. J. durch die Wahl des Stadtverordneten Simon ergänzt. Sie stand auch während der Berichtsperiode mit dem Verschönerungs-Verein in Verbindung, welcher, so lange er einen Beitrag zur Kämmereikasse leistet, berechtigt ist, 4 Mitglieder in diese Commission zu deputiren.

Ihre Thätigkeit erstreckte sich hauptsächlich auf die Unterhaltung und Ergänzung der immer umfangreicher werdenden städtischen Promenaden-Anlagen. — Neue Anpflanzungen wurden auf dem Triangel vor dem Steinthor und am neuen Wasserthurm angelegt. Es wurden verausgabt:

		1881/82.
Für Unterhaltung der städtischen Verschönerungs-Anlagen, Anpflanzungen, Fontainen ꝛc.		8005 Mk. 61 Pf.
„ neue Anlagen auf der Würfelwiese		1087 „ 17 „
„ Freilegung der Alleen auf der Nord-, Ost- und Südseite des Stadtgottesackers sowie eine schmiedeeiserne Umfriedigung desselben		8780 „ 02 „
„ Promenaden-Anlagen auf dem Triangel vor dem Steinthore		2854 „ 28 „
		Summa 20727 Mk. 08 Pf.

Im Jahre 1880/81 betrugen die Ausgaben 7137 Mk. 12 Pf.

Von dem Verschönerungs-Verein wurden die Bepflanzungen auf der Würfelwiese vervollständigt, so daß dieselben nunmehr als vollendet angesehen werden können. Verwendet wurden hierzu hauptsächlich die von dem Rittergutsbesitzer Dr. Tied in Jöschen dem Verein überwiesenen werthvollen Bäume und Sträucher, welche sich auf der vorjährigen Ausstellung befunden hatten.

Auf der Ziegelwiese wurden in die Eschen- und Pappelalleen, welche die Liste der Wiese allseitig umziehen, Bäume mit hellerer Laubfarbe, wie Birken, Eschahorn, Weiden und Silberpappeln eingepflanzt und damit den einförmig aussehenden Alleen ein mannigfaltigerer und lebhafterer Baumschlag gegeben. Durch Anbringung von Unterholz und Strauchgruppen ist dafür gesorgt worden, daß der unschöne Durchblick zwischen den Baumstämmen möglichst verdeckt wurde.

Auch der Uferrand der Mühlsaale ist theilweise mit Strauchwerk bepflanzt worden. Bedeutende Kosten erforderte die Unterhaltung der Wege auf der Ziegelwiese, da dieselben durch Ueberschwemmungen häufig zerstört worden.

VII. Feuerversicherungs- und Feuerlöschwesen.

Ueber den Versicherungsstand der Provinzial-Städte-Feuer-Societät ist folgendes zu berichten:

		Zahl der Versicherungs-Objecte.	Werth. ℳ.	Versicherungs-Summe. ℳ.	Beiträge-Verhältniß pro Halbjahr. ℳ. ₰
	Ende 1881	1654	4 840 903	4 768 760	4160 70
	„ 1880	1643	5 625 533	5 025 800	4131 60
Ende 1881	{ mehr	11	—	—	—
	{ weniger	—	784 630	257 040	28 90

Das auffällige Herabgehen der Versicherungssumme ist hauptsächlich dem Ausscheiden der hiesigen Kgl. Strafanstalt zuzuschreiben. Diese Anstalt ist jetzt überhaupt nicht mehr versichert.

An Beiträgen wurden, wie im Vorjahr, nur ⁹/₁₀ des Beitrags-Verhältnisses erhoben.

Von den hier durch 93 Agenten vertretenen 33 Feuer-Versicherungs-Gesellschaften wurden
  1535 Gebäude-Versicherungen und
  3715 Mobiliar-Versicherungen
in Sa. 5250 beantragt und von der Polizei-Verwaltung genehmigt.

Vom städtischen Eigenthum waren am 31. März d. J. versichert: bei:

	Immobilien. ℳ	Mobilien. ℳ
1. bei Provinzial-Städte-Feuer-Societät der Provinz Sachsen	244 390	29 980
2. der vaterländischen Versicherungs-Gesellschaft zu Elberfeld	1 456 726½	351 103
3. der Aachener und Münchener Feuer-Versicherungs-Gesellschaft	340 081⅔	237 566
4. der Gothaer Versicherungs-Bank für Teutschland	820 923½	105 440
5. der Thüringia zu Erfurt	6906	—
6. der Berlinischen Feuer-Versicherungs-Anstalt	—	210 000
Summa	2 869 028	934 089
	3 803 117 Mk.	

Am 31. März v. J. betrug die Versicherungssumme 3 403 681 Mk.

Ueber die Thätigkeit der hiesigen Feuerwehr ist Folgendes zu berichten:

Aus der Feuer-Commission schied am 31. December v. J. der Stadtverordnete Grüb aus; an seine Stelle trat der Stadtverordnete Camnitius.

Die Gesammt-Feuerwehr wurde im Berichtsjahre 18 mal zu Bränden alarmirt: 5 mal durch die Sturmglocke, 13 mal durch Meldung.

Bei der allgemeinen städtischen Feuerwehr, welche 7 Offiziere und 111 Mannschaften zählte, fanden 17 Uebungen der Steiger-Compagnie und 8 gemeinschaftliche Uebungen sämmtlicher Compagnien statt. Bei dem Brande der Spritzfabrik von Jordemann & La Barre am 12. Januar d. J. wurden 4 Feuerwehrleute beschädigt, von denen Einer zur Zeit noch arbeitsunfähig ist.

Die freiwillige Turner-Feuerwehr hatte durchschnittlich 90 Mitglieder; ihre Uebungen fanden regelmäßig aller 14 Tage statt; außerdem wurden für die neu aufgenommenen Mitglieder Instructionsstunden abgehalten. Bei sämmtlichen Bränden war die freiwillige Feuerwehr zur Stelle. Bei dem vorerwähnten Feuer erlitten ein Oberfeuermann leichte und ein Steiger erhebliche Verletzungen. Beide wurden von uns während ihrer Krankheit durch Zahlung ihres bisherigen Wochenlohnes unterstützt und sind wieder hergestellt.

Bei der vorjährigen Ausstellung hatte die freiwillige Feuerwehr den Feuerwehrdienst allein übernommen. Die Feuerwache wurde am Tage mit 6, des Nachts mit 12 Mann bezogen. Der Dienst war durch eine besondere Instruction geregelt. Zweimal wurden Brände in der Ausstellung im Keime erstickt.

Die freiwillige Rettungs-Compagnie zählte 34 Mitglieder. Die Zahl und Art der während der Berichtsperiode zur Anzeige gekommenen Brände ergiebt sich aus der nachstehenden Uebersicht.

Laufende No.	Bezeichnung der Brände.	April	Mai	Juni	Juli	August	September	October	November	December	Januar	Februar	März	Summa.
1.	Bedeutende Feuerbrünste . . .	—	—	—	1	—	—	—	—	1	—	—	1	3
2.	Unbedeutende Gebäude-Brände . . .	—	—	2	—	—	3	—	1	1	1	—	4	12
3.	Schornstein-Brände . . .	1	—	—	1	—	—	—	—	—	—	—	—	2
4.	Düngergruben-Brände . .	—	—	—	—	—	—	—	—	—	—	—	—	—
5.	Aschengruben-Brände . . .	—	—	—	—	—	1	—	—	—	—	—	—	1
6.	Mobiliar-Brände . . .	3	4	1	—	1	—	2	5	1	1	1	4	23
7.	Gardinen-Brände . . .	3	—	2	—	1	1	—	1	4	—	—	—	16
8.	Schaufenster-Brände . . .													
9.	Ofen-Brände													
10.	Petroleumbrande auf Keller-Lager													
													Summa	57

Für das Feuerlöschwesen wurden im Jahre 1881/82 von der Kämmereikasse verausgabt:

1. für laufende Unterhaltung der Löschgeräthe und Ausrüstungs-Gegenstände der städt. Feuerwehr	1876	Mk.	51 Pf.
2. „ dergl. der freiwilligen Turnerfeuerwehr	295	„	67 „
3. „ sonstige laufende Ausgaben	920	„	48 „
4. „ Löhnung der Feuerwehr bei Wachen, Uebungen und Dienst bei Bränden, für Fuhrlöhne ꝛc.	4780	„	75 „
5. „ Beschaffung von Spritzenschlauch-Verschraubungen und Saugschläuchen	512	„	63 „
6. „ dergl. von Blousen für die freiwillige Turnerfeuerwehr	300	„	— „
	Summa	8686 Mk.	04 Pf.
	Im Jahre 1880/81 betrugen die Ausgaben	7522 Mk.	40 Pf.

VIII. Hauswirthschaftspflege.

1. Die städtische Gasanstalt.

Zum Mitgliede des Curatoriums wurde im Januar ds. Js. anstatt des Stadtverordneten Dr. Schraber der Stadtverordnete Begelin gewählt.

Die Gasproduction betrug	im Jahre 1881/82	
bei der Anstalt I	1393050	cbm
„ „ II	1303220	„
zusammen	2696270	cbm
hierzu trat der Bestand am 1./7. 81	4650	„
	2700920	cbm
im Bestande blieben am 30./6. 82	4850	„

so daß sich ein Jahresconsum von 2696070 cbm ergab, gegen das Vorjahr mehr 215420 cbm oder 8,68 %.

Der Gasverlust stellte sich im Jahre 1881/82 auf 306660,64 cbm oder ca. 11,37 % des Consums.

gegen im Jahre 1880/81 auf 251565,60 „ oder ca. 10,14 % „ „

Wirklich verwerthet wurde an Gas pro 1881/82 2389409,34 cbm

pro 1880/81 2229084,40 „

Im Betriebsjahre 1881/82 mehr 160324,96 cbm.

Der Jahresmehrconsum wurde herbeigeführt:

a. bei der öffentlichen Straßenerleuchtung mit	. .	40947,83 cbm
b. durch Privatconsumenten u.	. . . .	119377,73 „
c. durch Mehrverlust	. . . .	55095,04 „
	Summa	215420,— cbm.

Die verwertheten Gasmengen vertheilen sich auf:

1. Oeffentliche Straßenbeleuchtung und Illumination	368659,97 cbm	=	15,43 %
2. Privatconsum	1953094,39	„ =	81,74 „
3. rathhäusliche Lokale u.	21741,—	„ =	0,91 „
4. städtisches Schauspielhaus	16050,—	„ =	0,67 „
5. beide Gasanstalten	29964,—	„ =	1,25 „
zusammen	2389409,36 cbm	=	100 %.

Die stärkste Tagesabgabe fand am 23. Dezember 1881 mit 13510 cbm gegen 13270 cbm am 31. Dezember 1880, die schwächste Abgabe am 22. Juli 1881 mit 3290 cbm gegen 2860 cbm am 5. Juni 1881 statt. Die durchschnittliche Tagesabgabe an Gas betrug im Jahre 1881/82 = 7386 cbm gegen 6796,3 cbm im Vorjahre. Der Gasverlust betrug im letzten Jahre durchschnittlich 840,17 cbm gegen 689,22 cbm im Jahre 1880/81.

Der Geldertrag für die im Jahre 1881/82 verkauften und im Bestande gebliebenen 2389609,34 cbm Gas belief sich auf 377782,49 Mk. gegen das Vorjahr 21142 Mk. mehr.

Rabatt auf Gasconsum wurde an 216 Consumenten.

im Jahre 1881/82 zusammen	34158,06 Mk.	gegen
„ „ 1880/81	30636,01 „	
mithin mehr	3522,05 Mk.	bezahlt.

An Gaskohlen wurden verarbeitet im Jahre 1881/82:

bei Anstalt I 49516 hl westfälische		
8596 „ englische		
zusammen 58112 hl	im Werthe von	90621,63 Mk.
bei Anstalt II 54011 „ westf.	„ „	81360,80 „
zusammen 112123 hl	im Werthe von	171982,43 Mk.
gegen 1880/81 104968 „	„ „	161779,50 „
Steigerung 7155 hl		10202,93 Mk.

Der Kohlenpreis betrug im Jahre 1881/82:

    a. für westfälische

        auf der Zeche pro 1 hl 0,54 Mk. oder pro 1000 kg 6,07 Mk.

        an Fracht   „   1 „ 0,93 „   „   „   „   „ 10,34 „

        zusammen pro 1 hl 1,47 Mk. oder pro 1000 kg 16,41 Mk.

        gegen 1880/81   1,46 „   „   „   „   „ 17,13 „

    b. für englische Kohlen bis auf Lager:

        ab Hamburg, pro 1 hl 0,98 Mk. oder pro 1000 kg 11,90 Mk.

        Fracht   „   1 „ 0,47 „   „   „   „   „ 5,78 „

        zusammen pro 1 hl 1,45 Mk. oder pro 1000 kg 17,68 Mk.

        gegen 1880/81   1,42 „   „   „   „   „ 17,29 „

Zur Verstärkung der Leuchtkraft des aus der Kohle gewonnenen Gases wurde bei beiden Anstalten 57350 kg Paraffinöl im Geldbetrage von 4278,14 Mk. verwendet.

Das Verbrauchsverhältniß an Paraffin gegen Kohle war

        bei Anstalt I = 0,52 kg pro 1 hl

         „   „   II = 0,50 „   1 „

Die Gasausbeute betrug unter Zuhülfenahme dieses Zusatzmittels im Jahre 1881/82

        bei Anstalt I pro 1 hl Kohle 23,97 cbm oder pro 1000 kg Kohle 267,43 cbm

        1880/81   „   1 „   „   23,43 „   „   „   „   „   „ 264,70 „

        bei Anstalt II   „   1 „   „   24,13 „   „   „   „   „   „ 273,69 „

        1880/81   „   1 „   „   23,82 „   „   „   „   „   „ 284,91 „

An Coals wurde producirt im Betriebsjahr 1881/82

        bei Anstalt I 74393 hl für 60920,78 Mk.

         „   „   II 63352 „   „ 50532,81 „

        zusammen 137745 hl für 111453,59 Mk. gegen

        1880/81 122873 „ „ 98248,29 „   also 1881/82

        mehr   14872 hl für 13205,30 Mk.

Ein Hektoliter verarbeiteter Kohlen ergab:

        bei Anstalt I   128,02 % oder pro 1000 kg Kohlen 14,28 hl Coals

         „   „   II 117,29 „   „   „   „   „ 13,30 „   „

Die Retortenunterfeuerung an Coals betrug bei

        Anstalt I 30,58 % der gesammten Coalsproduction,

        4,31   hl Coals pro 1000 kg vergaster Kohle

        0,389   „   „   „   1 hl   „   „

        Anstalt II 33,90 % der gesammten Coalsproduction,

        4,42   hl Coals pro 1000 kg vergaster Kohle

        0,389   „   „   „   1 hl   „   „

Theer wurde gewonnen pro 1881/82 auf beiden Anstalten

        443854   kg für 20158,53 Mk.

        gegen 1880/81 416838,5 „   „ 17769,91 „

        mehr   27015,5 kg für 2388,62 Mk.

Die Ausbeute an Theer betrug

        bei Anstalt I pro 1 hl Kohlen 3,89 kg pro 1000 kg Kohlen 43,26 kg

         „   „   II „ 1 „ · 4,04 „   „   „   „   „ 45,80 „

Für Ammoniakwasser wurden eingenommen

        1881/82 . . . . . . 2093,90 Mk.

        1880/81 . . . . . . 1716,75 „

        mithin im letzten Betriebsjahre mehr   377,15 Mk.

24

Das Gewinn- und Verlust-Conto pro 1881/82 weist nach:

an Einnahmen . . . . 522314,37 Mk.
an Ausgaben . . . . 316475,54 „

also ergab sich ein Jahresgewinn von 205838,83 Mk.
im Vorjahre betrug der Gewinn . . . . . . 180215,60 „

somit pro 1881/82 mehr 25623,23 Mk.

und zwar traten ein:

Mehrgewinn in diversen Posten . . . . 38275,99 Mk.
weniger Verlust . . . . 11268,69 „

= 49544,68 Mk.

dagegen Mehrverlust . . . 17549,66 Mk.
weniger Gewinn . . . . 6371,79 „ = 23921,45 Mk.

Es verbleibt obiger Mehrgewinn von 25623,23 Mk.

Vermögens- und Schuldenstand.

Laufende No.	Bezeichnung	am 30. Juni 1881.		am 30. Juni 1882.	
		ℳ	₰	ℳ	₰
	a. Activa.				
1.	Baarbestand	13293	73	16947	89
2.	Außenstände	39029	12	86730	94
3.	Gebäude bei Anstalt I	216496	61	214331	64
4.	Apparate bei Anstalt I und Rohrnetz	635978	89	637751	82
5.	Fabrikate pp. bei beiden Anstalten	44682	25	39409	93
6.	Grund und Boden, Gebäude, Gasometer-Bassin bei Anstalt II	446999	05	440016	72
7.	Apparate und Gasometerglocke bei Anstalt II	63478	74	64482	90
	Activa Summa	1459958	39	1499571	84
	b. Passiva.				
1.	Anleihe zu Lasten der Anstalt I	142200	—	116100	—
2.	„ „ „ Anstalt II	170775	—	170775	—
3.	Diverse Buchschulden	50674	45	56865	17
	Passiva Summa	363649	45	343740	17
	Vergleichung.				
1.	a. Activa	1459958	39	1499571	84
2.	b. Passiva	363649	45	343740	17
	es verbleiben Activa	1096308	94	1155831	67
	mithin am 30. Juni 1882 gegen das Vorjahr mehr	59522	73	—	—
	und zwar durch Activa mehr	—	—	67337	82
	„ Passiva weniger	—	—	27524	57
				94862	39
	„ Activa weniger	27724	37		
	„ Passiva mehr	7615	29	35339	66
	es verbleibt als Vermögenszuwachs	—	—	59522	73
	unter Zurechnung der im Jahre 1881/82 aus dem Gasanstaltsvermögen zur Stadtkasse gezahlten	—	—	146316	10
	stellt sich der oben angegebene Gesammt-Jahresgewinn auf	—	—	205839	83

2. Das städtische Wasserwerk.

An Stelle des ausgeschiedenen Curatorial-Mitgliedes, Stadtverordneten Gräb, ist der Stadtverordnete Wegelin auf die Zeit vom 16./1. 1882 bis 31./12. 1885 gewählt worden. Am 1. Februar d. J. starb der Kunstmeister Meinel, welcher seit der Erbauung des Wasserwerkes (1867) in städtischem Dienste stand.

Die Geschäfte der städtischen Kunstmeisterstelle sind seit 23. Januar d. J. dem Ingenieur Weber provisorisch übertragen worden.

Ueber das Werk selbst ist Folgendes zu berichten:

A. Erweiterungsbauten und Neubeschaffungen einzelner Theile des Werkes.

Die im October 1880 in Angriff genommenen Erweiterungsbauten der Wasserwerks-Anlagen sind sämmtlich, im Laufe des Rechnungsjahres 1881/82, fertiggestellt und dem Betriebe übergeben.

Wassergewinnungs-Anlage in Bersen.

Seit der letzten Erweiterung der Sammelrohrleitungen (1878 79) ist der durchschnittliche Tagesconsum um 457 cbm. gestiegen. Sowohl diese Thatsache als auch die in der Zeit vom 1. October v. J. bis 1. April d. J. im Hauptsammelbrunnen vorgefundenen niedrigen Wasserstände, gaben Veranlassung, rechtzeitig auf die Erschließung weiterer Wassergebiete, Bedacht zu nehmen.

Zu diesem Behufe sind im vorigen Winter umfangreiche Bohrungen zwischen Gerwische und Saale resp. jenseits der Saale, zur Entnahme von Wasserproben, welche einer eingehenden mikroskopischen und analytischen Untersuchung unterworfen worden, vorgenommen worden. Das Gutachten des mit der Untersuchung der Probewässer beauftragten Chemikers, war ein sehr günstiges und beschloß das Curatorium in der Sitzung am 31. März d. J., die Anlage einer neuen Sammelrohrleitung von 800 lfd. Meter Länge, in der Richtung südlich nach der Saale zu, längs der Gerwische, auszuführen.

Wasserhebungs-Anlage in Bersen.

a. Gebäude.

Der im Januar v. J. in Angriff genommene Maschinenhausanbau, sowie die Maschinenfundamente, waren Ende April desselben Jahres soweit fertig gestellt, daß mit dem Aufstellen der neuen 4ten Maschine begonnen werden konnte.

Die Kosten des Anbaues stellen sich auf 21597,56 Mark.

b. Maschinen und Dampfkessel.

Mit dem Aufstellen und Montiren der von der Borsig'schen Maschinenbauanstalt und Eisengießerei zu Berlin gelieferten neuen 4ten Wasserhebemaschine (Compound-Maschine), wurde im April v. J. begonnen und konnte die definitive Inbetriebnahme dieser Maschine am 14. August desselben Jahres erfolgen.

Die Kosten incl. der zur Maschine gehörigen Dampfleitungsrohre, der Druck- und Saugrohrleitung pp., belaufen sich auf 69444,19 Mark.

Reservoir-Anlage.

Der neue Wasserthurm mit seinen Vorhallen, den Terrassen und dem Aussichtsthurme, Ecke Magdeburger- und Schimmelstraße, ist mit einem Kostenaufwande von 122633,51 Mark fertiggestellt.

Das darin befindliche schmiedeeiserne Reservoir von 1202 cbm. Fassungsraum, konnte am 21. Juni v. J. mit Wasser gefüllt und in Bezug auf Dichtigkeit geprüft und abgenommen worden.

Die definitive Inbetriebnahme des Reservoirs erfolgte, nachdem dasselbe innen und außen einen dauerhaften Anstrich mit Rathjen'scher Composition erhalten hatte, am 22. August v. J.

Das Gewicht des Reservoirs incl. des eisernen Daches und des Rundganges, beträgt 76130 klg; die Gesammtkosten stellen sich auf 26743,55 Mark.

Rohrnetz.

a. Hauptrohrleitungen.

Es sind folgende Erweiterungen des Rohrnetzes zu verzeichnen:

Verlängerung des Rohrstranges in der Merseburgerstraße bis zum Grundstücke Nr. 24 (Schlachtviehhof), Bäckereistraße von Nr. 41 bis 42, Bölbergerweg von 32 bis 33, Wilhelmstraße bis Nr. 36 von der Bäckereistraße aus, Ackerstraße bis Nr. 4 von der Dessauerstraße aus, Verbindung der Rohrleitung in der Schulgasse mit der auf dem Schulberge, Verbindung der Rohrleitung in der Klosterstraße mit der in der Albrechtstraße, Herstellung einer directen Rohrleitung von den Maschinen nach dem neuen Wasserthurme, Ecke Magdeburger- und Schimmelstraße durch Verbindung des 45 cm Druckrohrstranges mit der 40 cm Zuführungsleitung für die obere Stadt, am alten Wasserthurme in der Thurmstraße.

Das gesammte Rohrnetz incl. der beiden Druckrohrstränge, jedoch excl. der Anschlußleitungen, hatte

ult. März d. J.

eine Länge von 67133,20 Meter oder 67,13 Kilometer oder 8,92 preuß. Meilen, mit 271 Stück Absperrschiebern verschiedener Dimensionen und 516 Stück Hydranten.

ult. März v. J.

eine Länge von 66416,12 Meter oder 66,42 Kilometer oder 8,82 preuß. Meilen, mit 247 Stück Absperrschiebern und 507 Stück Hydranten.

b. Anschlußleitungen.

1881/82 89 Anschlußleitungen von 80 resp. 20 mm. Weite hergestellt und hierzu 986 m Bleirohr und 26,6 m Eisenrohr verwendet.
1880/81 82 „ 25 „ 20 „ „ „ 558 „ „ „ 72 „ „ „

c. Sonstige Anlagen.

Die ult. März v. J. vorhandenen 5 Stück Auslaufständer sind um einen vermehrt worden. Für den Droschkenhalteplatz Ecke neue Promenade und Leipzigerstraße ist ein neuer Auslaufständer beschafft und im October v. J. in der neuen Promenade aufgestellt worden. Eine Vermehrung der öffentlichen Pissoirs und Fontainen fand nicht statt.

Es sind wie ult. März v. J. vorhanden 5 Stück öffentliche Pissoirs, 6 Stück öffentliche Fontainen.

Die zur Versorgung der Gewerbe- und Industrie-Ausstellung mit Wasser, Seitens des Wasserwerkes gelegte provisorische 785 Meter lange 6" Rohrleitung, ist im October v. J. wieder aufgenommen worden.

B. Betrieb.

1. Wasserförderung.

mit Maschine	In Stunden	bei Hüben	cbm Wasser gefördert.	mit Maschine	In Stunden	bei Hüben	cbm Wasser gefördert.
		Im Jahre 1881/82 wurden				**Im Jahre 1880/81 wurden**	
I.	1961 1/2	2 139 380	331 603,900	I.	1678	1 788 219	260 999,830
II.	6183	6 740 622	1 044 796,410	II.	7121 1/4	7 989 635	1 252 791,394
III.	3104 1/4	2 729 410	1 195 406,940	III.	3437 1/4	3 056 465	1 331 563,432
IV.	1193	1 311 457	366 041,400				
Summa	12 442 1/4	12 920 869	10 678 cbm*) 2 937 848,650 mehr gegen das Vorjahr. 82 711,344	Summa	12 237	12 832 319	2 865 354,656

*) Zum Reinigen der Druckrohrstränge und Sammelrohrleitungen verwendet.

Die höchste Wasserförderung pro Monat fand statt im Juli mit 315433,610 cbm gegen 291347,496 cbm des Vorjahres.
„ geringste „ „ „ Februar „ 198420,490 „ „ 191371,880 „ im December d. J.
„ höchste „ „ Tag „ am 20. Juli „ 11971,330 „ „ 10843,205 „ am 16./7. 80.
„ geringste „ „ „ „ 9. Jan. „ 7883,400 „ „ 4261,725 „ „ 26./12. 80.
„ durchschnittliche Tagesförderung beträgt . . . . 8252,38 „ „ 7754,331 „ im Vorjahr.
Also jetzt pro Tag mehr . . . . 498,020 „

Nach dem Jahresdurchschnitte sind unter Zugrundelegung einer Wasserförderung

von 2 947 927 cbm gegen 2 865 354 656 cbm des Vorjahres.

a) pro Stunde Arbeitszeit der Maschinen verfeuert Braunkohlen . . . . . . 8,71 hl oder 644,85 kg | 8,77 hl oder 649,20 kg
b) um 100 cbm Wasser zu heben sind verfeuert . . . . 3,68 „ „ 272,17 „ | 3,75 „ „ 277,25 „
c) mit 1 hl Kohlen sind gehoben . . . . 27,19 cbm Wasser | 26,69 cbm Wasser
d) 1 cbm Wasser zu heben kostet an Brennmaterial . . . . 0,97 Pf. | 1,01 Pf.

2. Wasserabgabe.

Wasser nach Wassermesser ist abgegeben 1014 957,5146 cbm gegen 910 734,2044 cbm im Vorjahre. Mithin jetzt 104 223,3102 cbm mehr.

Hiervon sind an Industrielle, Anstalten pp abgegeben:

a) Anstalten und Institute . . . . 113 650 cbm gegen 77 247 cbm im Vorjahre.
b) Brennereien und Spritfabriken . . . . 106 510 „ „ 112 331 „ „ „
c) Bierbrauereien . . . . 116 873 „ „ 115 960 „ „ „
d) Eisenbahnen . . . . 349 510 „ „ 290 789 „ „ „
e) Maschinen-, Kessel- und Armaturen-Fabriken . . . . 66 122 „ „ 53 620 „ „ „
f) Maschinenöl-, Mineralöl- pp. Fabriken . . . . 13 719 „ „ 17 775 „ „ „
g) Stärkefabriken . . . . 35 811 „ „ 26 945 „ „ „
h) Zucker- und Cichorienfabriken . . . . 129 053 „ „ 189 996 „ „ „

Nach Wassermesser haben verbraucht:

```
1 Consument    über 220 000 cbm
1      „    „   110 000  „
1      „    „    90 000  „
2      „  je „   60 000  „
1      „    „    50 000  „
2      „  je „   40 000  „
1      „    „    30 000  „
4      „  je „   20 000  „
8      „    „    10 000  „
12     „    „     5 000  „
```

Mit den Maschinen sind nach der Stadt gefördert worden: 2 937 948,6500 cbm gegen 2 830 338,1930 cbm im Vorjahre.

Hiervon sind abgegeben:

a) Nach Wassermesser . . . . 1 014 957,5146 cbm   910 734,2044 cbm
b) „ Pauschalsätzen . . . . 517 500,0000 „   507 500,0000 „
c) Für Spülen des städtischen Rohrnetzes, als
   Endhydranten, außergewöhnliche Spülungen
   beim Reinigen der Reservoire, bei Rohrschluß-
   leitungen, Reparaturen pp. . . . . . ca. 24 000,0000 „   24 000,0000 „
   Für öffentliche Zwecke als:
d) Spülen der städtischen Kanäle ca. . . . . 24 000,0000 „   24 000,0000 „
e) Straßenbesprengung . . . . 16 700,0000 „   18 300,0000 „
f) Bewässern der Promenaden-Anlagen . . . 8 000,0000 „   8 700,0000 „
g) Fontainen . . . . 57 000,0000 „   58 500,0000 „
h) Auslaufständer, Feuerlöschzwecke, öffentliche
   Pissoirs pp. . . . . 37 000,0000 „ 1 699 157,5146 „   31 800,0000 „ 1 583 534,2044 „ „

Bleiben für Wasser z. Haus- u. Wirthschaftsbedarfe   1 238 691,1354 cbm   1 246 803,0896 cbm „
Unter Zugrundelegung einer Einwohnerzahl von   72 719 Köpfe   71 484 Köpfe
sind pro Tag und Kopf . . . . . .   46,47 Liter Wasser   47,79 Liter Wasser
verbraucht.

3. Wassermesser.

Von Wassermessern waren im Betriebe:

im Jahre	6" oder 150 mm	5" oder 125 mm	4" oder 100 mm	3" oder 75 mm	2½" oder 65 mm	2" oder 50 mm	1½" oder 40 mm	1¼" oder 30 mm	1" oder 25 mm	¾" oder 20 mm	½" oder 13 mm	Summa.
1881/82	3	2	4	14	2	17	14	4	73	65	18	216
1880/81	2	1	4	13	—	15	9	3	63	49	14	173

C. Finanzielles.

Die Betriebs-Einnahmen und Ausgaben des Wasserwerks stellen sich wie folgt:

Bezeichnung.	1881/82. ℳ	₰	1880/81. ℳ	₰
I. Einnahmen.				
Von Grundstücken	312	—	312	—
„ Anschlußleitungen	5 095	15	3 695	05
Für Wassermesser	3 006	50	1 381	70
„ geliefertes Wasser.	190 426	77	187 664	26
Sonstige Einnahmen	3 283	12	4 429	61
Zinsen zeitweise belegter Bestände	356	45	971	18
Summa	202 479	90	198 452	80
Hierzu Bestand ult. März 1881 bezw. 1880	20 536	33	25 116	03
Summa	223 016	32	223 568	83
Zu den Erweiterungsbauten der Wasserwerksanlagen ist verwendet, 2. bis 6. Rate des Darlehns von 235 000 Mk. mit je 30 000 Mk.	150 000	—	62 172	25
Summa	373 016	32	285 741	08
II. Ausgaben.				
Allgemeine Verwaltungskosten	10 187	40	9 820	38
Unterhaltung der Anlagen	11 873	03	10 240	55
Betrieb des Werkes	41 295	44	43 279	32
Anschlußleitungen	5 014	21	3 703	68
Wassermesser	3 243	60	2 385	85
Verzinsung und Amortisation der Schulden	94 196	64	94 196	64
Insgemein	251	20	242	55
Erweiterungen und Erneuerungen der Anlagen	189 677	41	101 335	78
Summa	355 738	93	265 204	75

Nach Wassermesser sind abgegeben:

1881/82: 1014 957,5140 cbm und dafür 84 176,86 Mk. eingenommen oder im Durchschnitt pro cbm 8,29 Pf.

1880/81: 910 734,2044 „ „ „ 79 794,17 „ „ „ „ „ „ „ „ 8,76 „

Die rechnungsmäßige Soll-Einnahme pro 1881/82. 1880/81.

für die nach der Stadt geförderten . . . 2937849,65 cbm 2830338,193 cbm Wasser

beträgt . . . . 194790,15 Mk. gegen 185814,95 Mk.

was auf dem cbm . . . . 6,63 Pfg. „ 6,57 Pfg. macht.

Die Kosten der Wasserförderung berechnen sich für den cbm Wasser wie folgt:

Verausgabt sind für den Betrieb in Berßen: 1881/82. gegen 1880/81.

a) an Heizmaterial . . . . 28651,40 Mk. pro cbm 0,975 Pf. 29738,77 Mk. pro cbm 1,050 Pf.

b) „ Schmieröl, Talg, Putzwolle und Petroleum . . . 1659,53 „ „ „ 0,056 „ 1650,04 „ „ „ 0,058 „

c) „ Arbeitslöhnen . . . . 4685,47 „ „ „ 0,159 „ 4615,92 „ „ „ 0,163 „

d) „ Instandhaltung der Maschinen und Kessel . . . 4981,02 „ „ „ 0,169 „ 5236,44 „ „ „ 0,185 „

e) „ Unterhaltung der Sammelrohrleitungen und Brunnen 295,21 „ „ „ 0,010 „ 132,65 „ „ „ 0,004 „

Summa pro cbm 1,369 Pf. pro cbm 1,400 Pf.

Hierzu kommen ferner:	1881/82.		1880/81.	
f) an Besoldungen, Schreib-, Zeichen-Hülfe, geometrische Arbeiten, sachliche Kosten	10187,40 Mt. pro cbm 0,346 Pf.		9420,38 Mt. pro cbm 0,346 Pf.	
g) Steuern und Feuerversicherung	306,82 „ „ „ 0,010 „		447,13 „ „ „ 0,015 „
h) Bauliche Unterhaltung der Gebäude	755,97 „ „ „ 0,025 „		1619,19 „ „ „ 0,057 „
i) Unterhaltung des Rohrnetzes und der Reservoir-Anlage .	11227,11 „ „ „ 0,382 „		9937,57 „ „ „ 0,351 „
k) Unterhaltung der Telegraphen	603,10 „ „ „ 0,020 „		558,10 „ „ „ 0,019 „
l) Verzinsung und Amortisation der Anleihen . . .	94196,64 „ „ „ 3,204 „		94196,64 „ „ „ 3,228 „
m) Verzinsung und Amortisation der aus eigenen Mitteln zu Erweiterungen verwendeten Kapitalien	20398,02 „ „ „ 0,694 „		19341,89 „ „ „ 0,683 „
Summa der Selbstkosten pro cbm	6,052 Pf.		6,359 Pf.	
Für den cbm Wasser beträgt der Durchschnittspreis der Soll-Einnahme	6,63 „		6,570 „	
mithin gegen den Selbstkostenpreis mehr.	0,578 „		0,311 „	

Die Kosten der Anlage des Wasserwerkes und der Erweiterungen, sowie das Vermögen des Wasserwerkes stellen sich wie folgt:

Jahr.	Bezeichnung.	Grund-Erwerb in Wiesen und Reservoir-Anlage.		Wasserge-winnungs-anlage. Sammel-rohr-leitungen u. Brunnen.		Wasserhebungsanlage												Insgemein.		Summa.	
						Maschinen und Kesselhaus, Dampf-schornstein. Maschinen-meister-Wohnhaus.		Maschinen und Dampfkessel		Reservoir-Anlagen.		Rohrnetz incl. Druckrohr-strange.									
		M.	S.	M.	S.	M.	S.	M.	S.	M.	S.	M.	S.			M.	S.	M.	S.	
ult. März 1881	Anlage-Kosten incl. Kosten der Erweiterungsbauten	34429	73	246681	69	125359	09	192316	79	259999	20	1196052	96	39293	83	2094333	29
1881/82.	Erweiterungsbauten . .			395	49	12812	86	47059	73	93540	32	10833	33	4563	75	169205	48
Summa ult. März 1882		34429	73	247277	18	138171	95	239376	52	353539	52	1206886	29	43857	58	2263538	77

Anmerkung: Die ersten Anlagekosten betrugen 1267495,46 Mt.

Vermögens-Uebersicht.

Gesammtkosten des Werkes ult. März 1882 .	2263538,77 Mt.,	ult. März 1881	2094333,29 Mt.
Hierzu:			
Cassenbestand	17277,39 „	„	20536,33 „
Erneuerungsfonds	15051,00 „	„	— „
Summa Vermögen	2295867,16 Mt.	ult. März 1882	2114869,62 Mt.
Hiervon ab:			
Schulden (Forderung der Kämmerei)	1892666,20 „	„	1742666,20 „
Bleibt Vermögen	403200,96 Mt.,	ult. März 1881	372203,42 Mt.

IX. Handel und Gewerbe.

In der Organisation der hiesigen Handelskammer hat sich nichts geändert. Am Schlusse des vorigen Jahres schieden an ordnungsmäßigen Mitgliedern derselben die Kaufleute Brandt und Mulertt aus; der Erstere wurde wieder —, die Kaufleute Bode und Braune hier sind neu gewählt. Ebenso erfolgte die Wiederwahl des Vorstandes: der Stadt- und Commerzienrath Werther wurde zum Vorsitzenden, der Stadt- und Commerzienrath Steckner zu dessen Stellvertreter wiedergewählt.

Die gewerblichen Etablissements in unserer Stadt haben während der Berichtsperiode eine erfreuliche Zunahme erfahren.

4

Es entstanden neu bezw. wurden in Betrieb gesetzt:

die Dampfkesselfabrik von Seiffert & Melzer,
„ Mühlen- und Maschinenbauanstalt von Bergmann & Schlee,
„ Teigtheilmaschinen-Fabrik von Krüger & Kaufmann,
„ Essigspritfabrik von Bloßfeld,
„ Lackfabrik von C. Augustin,
„ Maschinenöl-Fabrik von Pauly,
„ Dampf-Marmor-Schneiderei und Schleiferei von Grolhum,
„ Holz-Sägewerk von Dönitz,
„ die Cigarren-Fabrik von Neumann & Kutscher.

Erweitert wurden:

die Fabrik für Eisenbauconstruktionen von Reisch,
„ Aufbereitungs-Anstalt des Bruckdorf-Nietlebener Bergbauvereins,
„ Schuhfabrik von König.

Im Ganzen bestanden hier 160 verschiedene fabrikmäßig betriebene industrielle Anlagen, darunter befanden sich namentlich 25 Maschinenbauanstalten, 13 Metallwaaren-Fabriken, 20 Stärkefabriken, 10 Buchdruckereien, 13 Farben-, Oel- pp. Fabriken, 14 Bierbrauereien, 4 Spritfabriken, 4 Mühlen-Etablissements, 2 Zuckerfabriken, 6 Ziegeleien u. s. w.

Die Zahl der hier beschäftigten Fabrikarbeiter betrug im vorigen Jahre durchschnittlich 5296
im Jahre 1880 „ 4785
also mehr 511

Die Zahl der steuerpflichtigen Gewerbetreibenden hat im Berichtsjahre nach den Veranlagungs-Rollen betragen:

a) in Klasse A I. Fabrikanten, Banquiers und Großhändler 33
b) „ „ II. Kaufleute, Fleischer und Bäcker 708
c) „ „ B Kleinhändler, Trödler, Höker und denen hinsichtlich des Geschäftsumfanges
gleichzuachtenden Fleischer und Bäcker 1625
d) „ „ C Wirthe und Conditoren 309
e) „ „ H Handwerker 504
f) „ „ K Schiffer und Fuhrleute 95
g) „ „ L Hausirer 296
Zusammen 3560

Im Jahre 1880/81 belief sich die Gesammtzahl der Gewerbetreibenden auf 3365 und es hat mithin eine Vermehrung derselben um 195 stattgefunden. Außerdem waren hier am Schlusse der Berichtsperiode noch ca. 1820 steuerfreie Gewerbetreibende vorhanden. Gewerbelegitimationsscheine resp. Karten zum Aufsuchen von Waarenbestellungen und zum Ankauf von Waaren sind im Jahre 1880 321 Stück — Legitimationsscheine auf Grund des § 58 1 u. 2 der Reichsgewerbeordnung (15 Kilometerscheine) 11 Stück ausgefertigt worden, gegen 326 Stück resp. 14 im Jahre 1880.

Ferner haben im Jahre 1881, 15 Kilometerscheine sowie von dem Herrn Finanzminister bewilligte steuerfreie Gewerbescheine zum Musiciren (Drehorgelspieler pp.) zusammen 56 Personen erhalten, gegen 50 im Vorjahre.

Die vorjährige Gewerbe- und Industrie-Ausstellung, deren wir schon am Eingange dieses Berichts Erwähnung thaten, verdient wegen des vielseitigen Interesses, welches sie in commerziellen und industriellen Kreisen hervorgerufen, hier noch einen kurzen Rückblick.

Die Anregung zu derselben ging im Sommer 1878 von dem hiesigen Handwerkermeister-Vereine aus und mit dem Projecte beschäftigten sich alsbald auch der Thüringer Bezirks-Verein deutscher Ingenieure und die polytechnische Gesellschaft hier. Diese Vereine wählten Delegirte, welche, vermehrt durch eine Anzahl von Vertretern der Halleschen Gewerke, untersuchen sollten, ob mit Aussicht auf Erfolg eine größere Ausstellung in Halle durchgeführt werden könnte und eventuell die vorbereitenden Schritte zu thun den Auftrag hatten.

In Erfüllung der ihnen gewordenen Aufgabe, luden die Delegirten durch Circular vom 1. April 1879 die Gewerbetreibenden des Königreichs und der Provinz Sachsen, Anhalts und der Thüringischen Staaten zur Betheiligung an einer für 1880 projectirten Ausstellung ein.

Die Zusagen liefen jedoch, namentlich von Seiten der Großindustriellen spärlich ein, was die Vorstände des Thüringer Bezirksvereins deutscher Ingenieure und des Zweigvereins für Rübenzucker-Industrie von Halle und Umgegend im Juli 1879 veranlaßte, eine größere Anzahl von Großindustriellen zu einer Berathung über die Ausführbarkeit des Projekts einzuladen. Die Versammlung fand am 24. Juli 1879 statt und erklärte einstimmig das Projekt für ein aussichtsvolles, hielt jedoch das Jahr 1881 für geeigneter und wählte ein Comité zur Durchführung der gefaßten Beschlüsse.

Es gelang, die Delegirten der vorhin genannten Vereine hierfür zu gewinnen, aber sehr bald entstand dem Unternehmen eine Schwierigkeit dadurch, daß in Dessau für dasselbe Jahr und fast dasselbe Gebiet eine Ausstellung geplant wurde, eine Schwierigkeit, welche das hiesige Comité fast 4 Monate lang am Weiterarbeiten hinderte und, da zwei so nahe gelegene Ausstellungen nebeneinander unmöglich bestehen konnten, durch Schiedsspruch, welcher zu Gunsten Halle's ausfiel, erst beseitigt werden mußte.

Nur sehr schwer war nun das inzwischen geschwundene Interesse wieder zu beleben und erst am 1. Mai 1880 gelang die Vollzeichnung des auf 300 000 Mk. festgesetzten Garantiefonds.

Von diesem Zeitpunkte ab entfaltete das Comité eine energische Thätigkeit, es gewann vor Allem die Mitwirkung zahlreicher Kräfte und seine Mitgliederzahl wuchs mit der Zeit auf über 140, deren Mehrzahl sich an den Arbeiten lebhaft betheiligte. An der Spitze stand ein Ehrenpräsidium bestehend aus den Herren:

Oberpräsidenten von Patow, Excellenz in Magdeburg,   Oberbürgermeister Dr. Georgi, in Leipzig,
Regierungspräsidenten von Tiest, zu Merseburg,   Oberbürgermeister von Voß, hier.
Berghauptmann Dr. Huyssen, hier.

Die Arbeiten führten aus:
1. der Vorstand, bestehend aus 6 einheimischen und 4 auswärtigen Mitgliedern:
   Fabrikbesitzer Victor Lwowski, hier, Vorsitzender,
   Gewerbeschuldirector z. D. Dr. Plettner, 1. Stellvertreter desselben,
   Fabrikbesitzer Albert Ernst, hier, 2. Stellvertreter,
   Director Julius Kuhlow, hier,
   Banquier Heinrich Lehmann,   „
   Stadtrath Jernial, hier,
   Director Dr. Langbein in Leopoldshall,
   Geh. Bergrath Lenschner in Eisleben,
   Bürgermeister Dr. Schild in Wittenberg,
   Director Otto Duvigneau in Magdeburg.
2. ein Finanzausschuß,
3. die Bau-Commission,
4. eine Commission, bestehend aus den Vorsitzenden der Ausstellungsgruppen,
5. eine Restaurations-Commission,
6. eine Musik-Commission,
7. die Gruppenvorstände,
8. ein Gartenbau-Ausschuß.

Das Comité nahm dann Bedacht darauf, daß die Bauten in würdiger Weise rechtzeitig fertiggestellt würden und veranstaltete zur Gewinnung eines Bauplanes eine öffentliche Concurrenz, bei welcher der Architect Aug. Hartel von Crefeld, dem dann auch die Bauleitung übertragen wurde, den Sieg davon trug. Die bauliche Ausführung übernahmen im Wege der Submission die hiesigen Firmen R. Höber und Schay & Nordmann, während der Gärtner Spindler hier in Gemeinschaft mit dem Gartenbauausschusse die wohlgelungenen Gartenanlagen in's Leben rief.

Als Ausstellungsplatz diente die sogenannte Maillen-Breite, ca. 100 000 Quadratmeter groß; — die comitéseitig hergestellten Bauten bedeckten über 20 000 Quadratmeter Fläche und Privatbauten sowie die Restaurationslocalitäten nahmen noch ca. 8000 Quadratmeter Grundfläche ein.

Ein milder Winter machte es möglich, die baulichen Arbeiten fast ungestört zu betreiben, ein Umstand, der dem Comité bei der Kürze der zur Ausführung übrig gebliebenen Zeit außerordentlich zu Statten kam; es wäre sonst nicht möglich gewesen, die Ausstellung bis zum Eröffnungstage fertig zu stellen, obgleich viele Hunderte von rührigen Männern bei Ausführung der Bauten und Gartenanlagen sowie Aufstellung der Objecte betheiligt waren.

Am 15. Mai fand die feierliche Eröffnung der von ca. 1700 Ausstellern beschickten Ausstellung durch den Herrn Regierungspräsidenten von Tiest statt, bei welcher Ihre Excellenzen die Herren Staatsminister von Krosigk aus Dessau und von Leipziger aus Altenburg, sowie die Spitzen der hiesigen Behörden anwesend waren.

Im Laufe des Sommers geruhten die Ausstellung zu besichtigen Ihre Hoheiten der Herzog, die Herzogin, Prinz Aribert und Prinzessin Alexandra von Anhalt, Seine Hoheit der Herzog von Altenburg, Ihre Hoheit die verw. Herzogin von Anhalt-Bernburg, Seine Durchlaucht der Fürst von Reuß j. L.; auch erschienen Ihre Excellenzen die Herren Staatsminister von Puttkamer, Dr. Lucius, von Bötticher, Staatssecretair Dr. Stephan und der Oberpräsident der Provinz Sachsen Herr von Wolff.

Am 9. Juli fand die Verkündigung der von Seiten eines durch die Aussteller gewählten Preisgerichtes erkannten Auszeichnungen statt. Dieselben bestanden in Vorschlägen für Ertheilung von goldenen, silbernen oder bronzenen Staatsmedaillen oder in Zuerkennung der vom Comité gestifteten goldenen, silbernen oder bronzenen Medaillen oder ehrenden Anerkennungen. Auf Antrag des Ausstellungs-Vorstandes bewilligte das preußische Ministerium für Handel und Gewerbe 7 goldene, 21 silberne und 42 bronzene Staats-Medaillen,

4*

das preußische Ministerium für Land- und Forstwirthschaft 1 große, 4 kleine silberne und 5 bronzene, das Herzoglich Sachsen-Altenburgische Staatsministerium 2 silberne und 6 bronzene Medaillen und das Fürstlich Schwarzburgische Staatsministerium zu Rudolstadt 1 bronzene Medaille, während die Königlich Sächsische und Herzoglich Anhaltische Regierung 900 Mk. bez. 99,50 Mk. zur Herstellung von Ausstellungs-Medaillen für deren bez. Staatsangehörigen, die städtischen Collegien her 300 Mk. zur Prämiirung hervorragender Erzeugnisse des Gartenbaues und die öffentlichen Feuer-Versicherungsanstalten der Provinz Sachsen 600 Mk. zu Geldpreisen an Aussteller von Feuer-löschgeräthschaften beitrugen.

Außer den von den genannten Regierungen ertheilten Medaillen vertheilte das Comité an die betreffenden prämiirten Aussteller

29 goldene Medaillen,
108 silberne   „
168 bronzene   „
238 ehrende Anerkennungen.

Halleschen Ausstellern, die zum Theil allerdings mit Auswärtigen zu Collectiv-Ausstellungen sich vereinigt hatten (also zum Theil in Gemeinschaft mit Auswärtigen) wurden zuerkannt:

1 goldene Staatsmedaille
9 silberne   „
19 bronzene   „
1 große silberne und 1 bronzene Medaille
    des Ministeriums für Land- und Forstwirthschaft
3 goldene Ausstellungsmedaillen
18 silberne   „
22 bronzene   „
64 ehrende Anerkennungen.

Die Eintrittsgelder betrugen Anfangs für Sonntag und Donnerstag 50 Pf., für die übrigen Tage 1 Mk.; Elementar-Schulklassen unter Führung ihrer Lehrer zahlten für die Person 20 Pf. (Bedürftigen wurde auf Empfehlung der Lehrer das Eintrittsgeld erlassen), Bürger-, Real- und Gymnasial-Klassen hatten 30 Pf. und Militairs ohne Charge den halben Eintrittspreis zu entrichten.

Solchen, welche die Ausstellung wiederholt zu sehen beabsichtigten, wurden Dauerkarten

zu 15,— Mk. für eine Person
„ 22,50 „ „ eine Familie von 2 Personen
„ 30,— „ „ eine Familie bis zu 7 Personen

ertheilt. Später traten in Bezug auf den Eintrittspreis Concessionen ein:

Derselbe wurde:

1. auswärtigen Corporationen von gewisser Zahl auf die Hälfte ermäßigt, da die in Halle einmündenden Eisenbahnen, die auf Antrag des Ausstellungs-Vorstandes Fahrpreisermäßigungen gewährt hatten, eine Eintritts-Erleichterung forderten,

2. auch für den Montag auf 50 Pfg. herabgesetzt, da sich zeigte, daß der billigere Donnerstag einen höheren Ertrag lieferte,

3. auch hiesigen Arbeiter-Corporationen auf die Hälfte ermäßigt und

4. wurde Studenten und Elementarlehrern die Dauerkarte zu 5,— Mk. pro Person abgegeben.

Der Besuch nahm mit Eintritt wärmerer Witterung bis Ende Juli stetig zu und das Comité suchte den Aufenthalt durch Pflege der Gartenanlagen, denen der Teich mit seiner mächtigen Fontaine zu nicht geringer Zierde diente, durch Concerte und electrische Beleuchtung möglichst angenehm zu machen; — auch führten die Gemälde-Ausstellung des hiesigen Kunstvereins, der ein besonderes Gebäude zugewiesen war und die temporären Gartenbau-Ausstellungen eine größere Zahl von Besuchern zu. Anfang August ging jedoch in Folge beispiellos kalter und nasser Witterung der Besuch erheblich zurück und während derselbe z. B. auf der Berliner Ausstellung

von 241 588 Personen im Juli
auf 373 300 „   im September

sich hob, ging derselbe in Halle

von 159 496 Personen im Juli
auf 82 836 „   im September

zurück.

Im Ganzen entnahmen 9266 Personen, theils einzeln, theils in Familien Dauerkarten, darunter 646 Studenten und 597 Angehörige von Mitgliedern des hiesigen Kunstvereins; wofür im Ganzen 36 330,— Mk. vereinnahmt wurden.

Außer von den Inhabern von Dauerkarten wurde die Ausstellung besucht von 467 490 zahlenden Personen, von 1015 unentgeltlich eingelassenen Schulkindern und den Vertretern der Presse, welchen Frei-Karten zur Benutzung zugesandt waren; die Bediensteten der Ausstellung und der Aussteller sind hierbei nicht mitgerechnet.

Am stärksten besucht war der 17. Juli durch 18 746 Personen incl. Dauerkarten-Inhaber, am schwächsten der 23. September durch 342 Personen.

Anfangs September ließ sich bereits voraussehen, daß das Unternehmen mit einem Deficit abschließen würde; — das letztere ist jedoch nicht so erheblich geworden, daß man nicht den Vortheil eines regeren Verkehrs, eines im Allgemeinen größeren Umsatzes und eines stärker gewordenen Selbstvertrauens höher anschlagen dürfte und Halle hat den Wunsch nach einer größeren Ausstellung zwar theuer, aber nicht zu hoch bezahlen müssen.

Das finanzielle Resultat steht noch nicht genau fest, indessen sind folgende Einnahme- und Ausgabe-Posten annähernd richtig.

Die Einnahmen betrugen ca. . . . . 550 000 Mk.

davon die Platzmiethe . . . . 132 331 Mk. 29 Pf.
der Ertrag aus den Restaurationen . . . . . 46 801 . 03 .
„ der Lotterie . . . . . . 50 130 . 86 .
„ Eintrittsgeldern . . . . 291 540 . 05 .
„ Diversen . . . . 28 294 . 80 .

Die Ausgaben ca. . . . . 660 000 Mk.

in welcher Summe die Kosten für den Bau resp. Einrichtung des Platzes und der Gartenanlagen mit ungefähr 380 000 Mark die erste Stelle einnehmen.

Somit ist von dem Garantiefonds, der zum größten Theil in Halle gezeichnet und schließlich auf eine Höhe von 350 000 Mk. gebracht worden ist, ungefähr der dritte Theil verloren gegangen. Die Stadt ist bei diesem Garantiefonds mit 20 000 Mk. betheiligt und hat außerdem für ungefähr 3000 Mk. Wasser aus der städtischen Leitung kostenfrei hergegeben.

Im Marktwesen sind wesentliche Veränderungen nicht vorgekommen. Die Aufstellung der Marktpreise erfolgte, wie bisher, durch eine Markt-Commission. Die Ergebnisse ihrer Ermittelungen (Durchschnitts-Preise) sind in der nachstehenden Tabelle zusammengestellt.

Monat	Pro 100 Kilogramm.												Pro Kilogramm.									100 Std.
	Getreide				Hülsenfrüchte			Kartoffeln	Rauchfourage			Fleisch							Eped.	Eß-butter	Eier
	Weizen	Rogg.	Gerste	Hafer	Koch-erbsen	Speise-bohnen	Linsen		Heu	Nicht Stroh	Krumm Stroh	Rind-Keule	Rind-Bauch	Kalb	Ham-mel	Schw.					
	M. S.	M. S.	M. S.	M. S.	M. S.	M. S.	M. S.	M. S.	M. S.	M. S.	M. S.	M. S.	M. S.	M. S.	M. S.	M. S.	M. S.	M. S.	M. S.	M. S.	M. S.
April 1881	20 09	21 72	17 40	16 91	22 50	22 —	36 —	6 25	7 50	6 63	4 50	1 25	1 10	1 02	1 15	1 20	1 60	2 68	3 —
Mai	20 78	22 03	17 40	17 50	23 50	—	6 50	7 50	6 50	4 50	1 25	1 10	1 03	1 15	1 20	1 60	2 76	2 88
Juni	20 90	22 31	16 —	17 80	22 50	22 —	*48 50	6 33	9 75	7 —	4 80	1 25	1 10	1 03	1 15	1 20	1 60	2 75	2 80
Juli	20 96	21 28	—	17 45	*35 —	*32 —	*48 —	7 56	8 39	6 75	5 50	1 25	1 10	1 03	1 15	1 20	1 60	2 61	2 73
August	21 52	18 64	17 47	16 24	23 37	*35 —	*48 —	6 78	8 11	5 64	4 14	1 25	1 10	1 03	1 15	1 20	1 60	2 90	3 37
September	21 44	19 14	18 43	15 72	24 10	—	42 —	5 79	8 19	4 91	3 44	1 25	1 10	1 03	1 15	1 20	1 60	2 91	3 71
October	21 72	19 67	17 98	16 72	24 83	22 —	42 —	5 43	8 40	5 43	3 75	1 25	1 10	1 03	1 15	1 20	1 60	2 79	3 60
November	21 75	19 55	17 47	16 75	24 75	23 54	42 —	4 63	8 50	5 25	3 75	1 25	1 10	1 —	1 15	1 20	1 60	2 65	4 —
December	21 91	19 01	18 02	16 75	22 79	22 74	42 —	4 87	8 50	5 75	4 —	1 25	1 10	95	1 15	1 20	1 60	2 71	4 —
Januar 1882	21 87	18 53	18 02	16 94	21 75	21 50	37 89	4 91	8 50	6 15	4 42	1 25	1 10	95	1 15	1 20	1 60	2 52	4 —
Februar	21 84	18 30	18 —	16 87	21 31	21 50	34 76	4 88	8 75	6 37	4 75	1 25	1 10	97	1 15	1 20	1 60	2 50	3 68
März	21 74	17 76	17 81	16 13	20 53	21 25	33 —	4 88	8 83	6 35	4 67	1 25	1 10	98	1 15	1 20	1 60	2 57	2 70
Michaelispreise	21 82	19 73	18 14	16 07	—														
Martinipreise	21 78	19 59	17 43	16 75	—														

*) Detailpreise.

Der Verkehr des städtischen Aich- und Waageamtes gestaltete sich im vorigen Jahre wie folgt: Die Anzahl der geaichten Gegenstände betrug:

Längenmaaße . . . . 81 Stück
Flüssigkeitsmaaße . . . . 2633 „
Fässer geaicht . . . . 2693 „
„ tarirt . . . . 1893 „
Hohlmaaße zu trocknen Körpern — aus Metall . . . . . 16 „
„ „ „ „ — Holz . . . . 2743 „
Gewichte von Eisen . . . . 111 756 „
„ „ Messing . . . . 85 491 „
Einsatzgewichte . . . . 3672 „
Waagen, gleicharmige . . . . 516 „
„ ungleicharmige . . . . 30 „
Decimal- und Centesimal-Brückenwaagen . . . . . 419 „
Setzmesser . . . . 4 „

Meßapparate, Karten, Kasten . . . . 18 Stück
Anzahl der nur geprüften Gegenstände . . . . 601 „
„ „ ausgestellten Waagescheine . . . . 111 „

Summa 212 677 Stück
im Jahre 1880 174 222 „

mithin 1881 mehr 38 455 Stück

Die Einnahme betrug:

Uebertrag aus dem Vorjahr . . . . 32 826 Mk. 89 Pf.
Gebühren für Richung und Prüfung . . . . 23 148 „ 80 „
Erlös aus dem Handelslager . . . . 10 620 „ 59 „
Gebühren für Extraarbeiten pp. . . . . 1 337 „ 76 „
„ des Waageamts . . . . 57 „ 35 „
Insgemein . . . . 1 082 „ 61 „

Summa 69 074 Mk. — Pf.
im Jahre 1880 55 841 „ 23 „

mithin 1881 mehr 13 232 Mk. 77 Pf.

Die Ausgabe beträgt:

Besoldungen, Löhne pp. . . . . 11 236 Mk. 82 Pf.
Miethe . . . . 675 „ — „
Sonstige sachliche Ausgaben . . . . 555 „ 52 „
Für das Handelsgeschäft . . . . 13 206 „ 09 „
„ „ Waageamt . . . . — „ — „
Insgemein . . . . 910 „ 21 „
Abgeliefert an die Kämmerei . . . . 3 000 „ — „

Summa 29 583 Mk. 64 Pf.
im Jahre 1880 23 014 „ 34 „

mithin 1881 mehr 6 569 Mk. 30 Pf.

Das Gesammtvermögen betrug Ende 1881:

Für Normale, Apparate pp. . . . . 3 006 Mk. 85 Pf.
„ Handelsartikel . . . . 1 669 „ 80 „
Baarbestand incl. der bei der Sparkasse angelegten Gelder . . 39 490 „ 36 „

Summa 44 167 Mk. 01 Pf.
im Jahre 1880 37 883 „ 04 „

Die Zunahme des Vermögens im vorigen Jahre beträgt also 6 283 Mk. 97 Pf.

Da das bisherige Lokal des Rich- und Waageamts nicht mehr ausreicht, haben wir für dasselbe das Grundstück des Schmiedemeister Kempiat am gr. Berlin zum Preise von 37 500 Mk. angekauft. Die vorhandenen Gebäulichkeiten sind abgebrochen und nach endgültiger Feststellung der Fluchtlinie soll daselbst ein Neubau zur Ausführung kommen.

X. Verkehrswesen.

Eisenbahn-Verkehr.

Personen- und Fracht-Verkehr.

Specielle Mittheilungen über den Personenverkehr auf den hiesigen Bahnstationen konnten wir nicht erlangen; soviel steht indessen fest, daß derselbe in erfreulicher Weise zugenommen hat.

Post-Verkehr.

Jahr	Briefsendungen		Paket- und Werthsendungen						Postnachnahme-Sendungen			
	aufgegeben	eingegangen	aufgegeben			eingegangen			aufgegeben		eingegangen	
			Pakete ohne Werthangabe.	Briefe u. Pakete m. Werthangabe.	Werth-Betrag.	Pakete ohne Werthangabe.	Briefe u. Pakete m. Werthangabe.	Werth-Betrag.		Nachnahme-Betrag.		Nachnahme-Betrag.
	Stück.	Stück.	Stück.	Stück.	ℳ	Stück.	Stück.	ℳ	Stück.	ℳ	Stück.	ℳ
1881	4651220	4001886	276498	44496	107367210	278532	67194	84170160	28314	168174	28008	221310
1880	4448502	3379800	265518	46152	69670818	266742	68436	93982156	27576	172386	29880	128754
1881 mehr	202718	622086	10980	—	37696392	11790	—	—	738	—	—	92556
„ weniger	—	—	—	1656	—	—	1242	9812196	—	4212	1872	—

Jahr	Postaufträge				Postanweisungen			
	aufgegeben zur Geldeinziehung u. Recepteinholung.	eingegangen zur Geldeinziehung		zur Accepteinholung.	eingezahlt		ausgezahlt	
		Stück.	Betrag. ℳ	Stück.	Stück.	Betrag. ℳ	Stück.	Betrag. ℳ
1881	21972	14308	1316365	348	193507	11437102	272466	17706692
1880	18738	12526	1202215	—	173906	10160909	253959	16337892
1881 mehr	3234	1782	114150	348	19601	1276193	18507	1368800

Telegraphen-Verkehr.

Jahr	Telegramme		
	aufgegeben		angekommen in- u. ausländische.
	inländische.	ausländische.	
	Stück.	Stück.	Stück.
1881	80879	6894	77173
1880	72976	6037	70506
1881 mehr. . .	7903	857	6667

Die Handelskammer hat sich bemüht, hier eine allgemeine Fernsprecheinrichtung ins Leben zu rufen: sie fand seitens der zuständigen Behörden das bereitwilligste Entgegenkommen und bei uns lebhafte Unterstützung. Leider wurde eine ausreichende Theilnahme des geschäftstreibenden Publikums nicht erreicht, so daß diese Angelegenheit nach höherer Bestimmung so lange auf sich beruhen muß, bis Anmeldungen in genügender Zahl eingegangen sein werden.

Fuhrwesen.

Das öffentliche Fuhrwesen hat durch die Polizei-Verordnung vom 8. December 1881 eine durchgreifende, den Zeitverhältnissen entsprechende Umgestaltung erfahren. Im Jahr waren am 1. April v. J. 101 Droschken. Im Laufe des Berichts-Jahres sind 9 Droschken außer Betrieb gesetzt, sodaß noch 92, darunter 78 zweispännige vorhanden sind.

Zu den 17 vorhanden gewesenen Droschkenhalteplätzen sind 2, einer in der Sophienstraße und einer am Weißbier-Salon in der Bernburgerstraße hinzugekommen; eingegangen ist der Droschkenhalteplatz an der Klausbrücke. Die Omnibuslinie Halle-Giebichenstein-Trotha ist eingegangen.

Den Personenverkehr auf der Saale nach den oberhalb und unterhalb von Halle gelegenen Vergnügungslocalen und Ortschaften vermitteln fünf Passagier-Schrauben-Dampfschiffe, von denen 3 (Augusta, Victoria und Prinz Heinrich) in Eisenconstruction und 2 (Hohenzollern und Germania) in Holzconstruction erbaut sind.

Außerdem beförderte ein auch zum Schleppen größerer Saalkähne eingerichtetes eisernes Schlepp-Dampfboot — Saale — Personen in angehängten Gondeln von der Gerbersaale nach der Rabeninsel, Beuchlitz ꝛc.

Die Vorarbeiten zur Herstellung einer Straßenbahn sind zum Abschluß gebracht, so daß im laufenden Geschäftsjahre die Anlage zur Ausführung gebracht wird.

Dienstmannswesen.

Es bestehen jetzt 3 Dienstmanns-Institute in folgender Stärke:

1. das Institut der vereinigten Dienstmänner	. . . . .	50 Mann
2. „ „ von Friedrich	. . . .	36 „
3. „ „ „ Rodler	. . . .	28 „
und außerdem sind selbstständige Dienstmänner	. . . . .	25 „

in Summa	139 Mann
Im April v. J.	131 „
also jetzt mehr	8 Mann.

XI. Wohlstandspflege und Versorgungswesen.

Städtische Sparkasse.

Der Geschäfts-Verkehr bei der städtischen Sparkasse hat wie in den vorhergehenden Jahren, so auch im Jahre 1881 bedeutend zugenommen. Während im Jahre 1880 sich die Einzahlungen in 18408 Nummern auf 2411469 Mark, die Rückzahlungen in 11429 Nummern auf 2109071 Mark, der gesammte Einlage-Verkehr mithin sich in 29837 Nummern auf 4520540 Mark belief, stieg derselbe im Jahre 1881 auf 20359 Einzahlungen mit 2755274 Mark, 12838 Rückzahlungen mit 2287529 Mark in Summa auf 33197 Nummern mit 5042803 Mark Umsatz. Der Bestand an Einlagen hat sich gegen das Vorjahr um 514520 Mark vergrößert.

Der Reserve-Fonds, welcher am Schlusse des Jahres 1880 1028386 Mark betrug, erreichte am Schlusse des vorigen Jahres die Höhe von 1158312 Mark, hat sich also um 129926 Mark vermehrt und ist auf 20,35%, des gesammten Einlage-Capitales von 5692706 Mark angewachsen.

Nach § 27 der Statuten sollte bekanntlich der Reserve-Fonds bis auf 25% der Einlagen angesammelt werden. Im Einverständniß mit dem Directorium der Sparkasse und auf Grund des Stadtverordneten-Beschlusses vom 20. Februar d. J. haben wir der Aufsichtsbehörde eine Statuten-Aenderung unterbreitet, wonach der Reserve-Fonds auf 15% der Einlagen normirt wird. Die Genehmigung hierzu steht in Aussicht.

Rechnungs-Abschluß.

Tit.	Einnahme.	1881. ℳ	₰	1880. ℳ	₰	Tit.	Ausgabe.	1881. ℳ	₰	1880. ℳ	₰
I.	Sparkassen-Einlagen	2802049	59	2440436	29	I.	Sparkassen-Einlagen . . .	2287529	44	2109070	82
II.	Capitalien	1476157	20	1659146	20	II.	Ausgeliehene Capitalien . .	2056706	67	2087083	74
III.	Zinsen	252034	48	240987	73	III.	Zinsen von Sparkassen-Einlagen	167697	52	156349	80
IV.	Insgemein	863	80	1146	67	IV.	Verwaltungskosten	7093	07	6638	71
						V.	Verwendung der Ueberschüsse .	—	—	—	—
	Summa	4531105	07	4341716	89	VI.	Insgemein	2901	76	1843	90
	Hierzu:						Summa	4521929	46	4360986	97
	A. Bestand . . .	15153	65	18229	55		Hierzu:				
	B. Delecte . . .	—	—	5			A. Rückerstattungen .	—	—	—	—
	C. Reste	20125	12	16676	62		B. Reste	276	37	487	44
	Summa der Einnahme	4566383	84	4376628	06		Summa der Ausgabe	4522204	83	4361474	41
	Bestand	44179	01	15153	65						

Vermögens-Bilanz.

Tit.	Activa.	Courswerth ult. 1881. ℳ | ₰	1880. ℳ | ₰	Tit.	Passiva.	ultimo 1881. ℳ | ₰	1880. ℳ | ₰
I.	Hypotheken	2 853 485 | 30	2 663 155 | 30	I.	Sparkassen-Einlagen . . .	5 692 706 | 21	5 178 186 | 06
II.	Effecten	3 482 853 | 13	3 081 159 | 50	II.	Reste	1 110 | 11	1 386 | 48
III.	Lombard-Darlehen . . .	5 700 | —	5 700 | —	III.	Ueberschuß (Reserve-Fonds) . .		
IV.	Forderung an hiesige Bankhäuser	228 615 | 60	260 213 | 53		a) bis zum Schluß des Vorjahrs	1 028 386 | 31	870 409 | 71
V.	„ „ das städt. Leihamt	139 000 | —	154 600 | —		b) im laufenden Jahre . . .	129 925 | 98	157 216 | 60
VI.	Sonstige Forderungen . . .	65 000 | —	— | —				
VII.	Einnahme-Reste	24 593 | 61	19 600 | 12				
VIII.	Rückständige noch nicht fällige Zinsen (IV. Quartal) . .	8 701 | 96	7 616 | 75				
IX.	Kassen-Bestand	44 179 | 01	15 153 | 65				
	Summa	6 852 128 | 61	6 207 198 | 85			6 852 128 | 61	6 207 198 | 85

Die Sparkasse des Saalkreises.

Ueber die Geschäftsresultate dieser Sparkasse ist folgendes zu berichten:

Die Einlagen betrugen am Schluß des Jahres 1880 . . . . 3 519 506,56 Mark.
Zuwachs im vorigen Jahre

      a) durch neue Einzahlungen . . . . 1 488 094,00 Mark.
      b) durch Zuschreibung an Zinsen . . . . . 127 796,42 „   1 615 890,42 Mark.
                                                     5 135 396,98 Mark.

        Zurückgenommene Einlagen 1881 . . . . 1 351 972,24 „
        Betrag der Einlagen am 31. December v. J. . . . 3 783 424,74 Mark.
        Die Einlagen sind mithin gegen das Vorjahr gestiegen um . . . . 263 918,18 Mark.

Der Reserve-Fonds betrug Ende v. J. 454 932,13 Mark; gegen 1880 53 635,12 Mark mehr.

Die Zinsüberschüsse von 1881 betrugen 23 735,03 Mark, gegen 33 079,73 Mark in 1880. Zum Vermögen der Kasse gehört noch das Verwaltungsgebäude, welches mit 51 000 Mark zu Buche steht.

An Sparkassenscheinen befanden sich am Schlusse des vorigen Jahres im Umlaufe

    mit Einlagen bis 60 Mark . . . . 17 305 Stück.
    über 60 Mark „ 150 „ . . . . 8 938 „
    „ 150 „ „ 300 „ . . . . 2 525 „
    „ 300 „ „ 600 „ . . . . 2 552 „
    „ 600 „ — „ . . . . — „
                       Summa 31 320 Stück.
                gegen das Vorjahr (29 998 Stück) 1322 Stück mehr.

Von dem Vermögen sind zinsbar angelegt:

    1. in Hypotheken:
        a) auf städtische Grundstücke . . . . 476 000,00 Mark.
        b) „ ländliche „ . . . . 1 258 150,00 „   1 734 150,00 Mark.
    2. in auf den Inhaber lautenden Papieren, deren Rennwerth 1 908 350 Mark betrug, . 1 960 590,35 Mark.
    3. bei öffentlichen Instituten und Corporationen . . . . 370 507,93 Mark.
                           überhaupt . . . . . 4 065 248,28 Mark.

5

Reichs-Bankstelle Halle a/S.

Die Umsätze derselben betrugen:

im Jahre	Lombard. *M.*	Wechsel. *M.*	An-weisungen. *M.*	Giro-Verkehr. *M.*	Depositen. *M.*	Verkehr mit Reichs- und Staatskassen *M.*	Summa. *M.*
1872	56 397 600	326 046 500	11 428 200	—	—	402 000	394 294 300
1873	82 797 300	451 394 700	15 084 300	—	—	6 886 800	556 162 800
1874	57 698 200	359 601 300	9 108 600	—	—	7 298 800	433 596 900
1875	53 825 300	307 529 300	2 674 300	—	—	4 692 000	368 720 900
1876	41 182 200	240 428 500	2 390 400	100 545 800	80 000	16 813 300	407 430 200
1877	34 834 400	211 667 700	1 049 000	172 121 500	23 200	8 603 000	427 798 800
1878	31 424 800	175 547 900	524 800	203 700 200	220 000	10 661 500	422 070 200
1879	37 419 800	176 188 700	340 600	218 721 100	160 000	10 551 400	443 381 600
1880	44 661 200	194 711 700	298 900	264 326 700	—	13 453 800	517 452 300
1881	37 109 200	209 359 300	235 300	298 806 700	—	16 460 600	561 971 100

Ueber die einzelnen Geschäftszweige ist zu berichten:

a) Disconto-Wechselgeschäft.

Bestand am 1. Januar 1881 633 Stück mit . . . . 1 487 153,12 Mark.
Zugang 1881 = 4921 mit . . . . 15 492 133,54 „
Bestand am Schlusse des vorigen Jahres 745 Stück mit . . . . . . 2 847 370,10 „
Der Gewinn betrug 48 311,84 Mark.
1880 82 681,95 „

b) Rimessen-Wechselgeschäft.

Angekauft wurden 24 848 Stück Wechsel auf das Inland mit . . . . 57 644 952,78 Mark.
gegen 1880 22 089 Stück mit . . . . 42 390 004,50 „
Der Gewinn betrug im vorigen Jahre . . . . 125 595,20 „
1880 . . . . . 127 344,02 „

c) Incasso-Wechselgeschäft.

Bestand am 1. Januar v. J. . . . . 2146 Stück mit 2 760 079,11 Mark.
Zugang . . . . 21 051 „ „ 32 225 935,01 „
24 099 Stück mit 34 986 014,12 Mark.
Abgang . . . . 22 067 „ „ 32 159 633,33 „
Bestand am 31. December v. J. . . . . 2032 Stück mit 2 826 380,79 Mark.

d) Lombard-Geschäft.

Bestand am 1. Januar v. J. . . . . 47 Darlehne mit 1 573 100 Mark.
Zugang . . . . 29 „ „ 17 439 800 „
76 Darlehne mit 19 012 900 Mark.
Abgang . . . . 35 „ „ 17 315 300 „
Bestand am 31. December v. J. . . . . . 41 Darlehne mit 1 697 600 Mark.

Die monatlichen Bestände waren:

1881.	Platz-Disconto-Wechsel. ℳ.	Inkasso-Wechsel. ℳ.	Lombard-Darlehne. ℳ.	1881.	Platz-Disconto-Wechsel. ℳ.	Inkasso-Wechsel. ℳ.	Lombard-Darlehne. ℳ.
31. Januar . .	821 000	1 519 000	522 000	31. Juli . . .	1 458 000	1 296 000	964 000
28. Februar . .	555 000	1 018 000	352 000	31. August . .	1 620 000	1 404 000	787 000
31. März . .	1 157 000	1 011 000	793 000	30. September .	2 543 000	1 657 000	1 674 000
30. April . .	689 000	1 193 000	519 000	31. October . .	2 308 000	2 040 000	430 000
31. Mai . . .	691 000	1 204 000	593 000	30. November .	1 549 000	2 058 000	580 000
30. Juni . . .	1 708 000	1 371 000	2 188 000	31. December .	2 847 000	2 004 000	1 638 000

Hallescher Bankverein von Kulisch, Kämpf & Co.

Das abgelaufene 15. Geschäftsjahr (1881) kann nach dem Geschäftsbericht in Hinblick auf die abermalige Erhöhung, welche sowohl die Umsätze, als die Erträge erfahren haben, ein günstiges genannt werden. Der Gesammt-Umsatz bezifferte sich auf circa 395 Millionen Mark.

Die Bilanz stellte sich am 31. December v. J. wie folgt:

Debet. — **Credit.**

An Cassa-Conto			Per Actien-Kapital-Conto	5 400 000	—
Bestand in baar . . 225 796,25 Mk.			„ Reserve-Conto	585 000	—
Giro-Guthaben bei der			„ Telecredere-Conto A. . 122 167,10 Mk.		
Reichsbank . . . . 69 208,05 Mk.	295 004	30	„ „ „ B. . 77 101,10 „	199 268	20
„ Conto - Corrent-Conto I			„ Conto pro Dubiose	36 946	10
Debitoren . . . 6 650 027,65 Mk.			„ Acceptations-Conto	566 757	10
ab Creditoren . . 3 744 870,70 „	2 905 156	95	„ Depositen- und Cheque-Conto		
„ Banquier - Conto Guthaben . .	411 784	55	Bestand an Einlagen	1 769 777	60
„ Wechsel - Conto Bestand	4 772 861	30	„ Conto-Corrent-Conto II		
„ Effecten-Conto Bestand	260 924	—	Creditoren . . . 2 211 988,45 Mk.		
„ Agio-Conto Bestand	176 934	60	ab Debitoren . . . 1 545 563,10 „	666 425	35
„ Lombard-Conto ausstehende Darlehne . .	846 180	55	„ Disconto-Conto	43 659	45
„ Effecten des Beamten-, Pensions- und Unter-			„ Tantième-Conto	53 595	45
stützungsfonds	20 439	10	„ Dividenden-Conto pro 1880	468	—
„ Utensilien-Conto	7 750	—	„ Dividenden-Conto pro 1881	432 000	—
„ Grundstücks-Conto	75 000	—	„ Beamten-, Pensions- und Unterstützungsfonds	21 135	—
			„ Gewinn- und Verlust-Conto Uebertrag		
			auf 1882	3 003	10
Summa	9 778 035	35	Summa	9 778 035	35

An Dividende sollten 8% vertheilt werden. Der Reservefonds beträgt 585 000 Mark oder 10,83% des Actienkapitals.

Allgemeiner Spar- und Vorschuß-Verein zu Halle a. S.
Eingetr. Genossenschaft.

Die Zahl der Mitglieder betrug ult. v. J. 619.

Antheile der Mitglieder	338 130,—	Mk.
Bestand des Reservefonds	44 547,28	„
Darlehen (Einlagen auf Kündigung)	941 245,79	„
Debitoren in laufender Rechnung	661 806,89	„
Effecten-Conto Bestand	5 491,80	„

Wechsel-Conto Bestand	682 535,72 Mk.
Cassen-Umsatz in Einnahme und Ausgabe	17 750 390,74 „
Cassenbestand	36 719,02 „
Die Bilanz schloß ab mit	1 389 224,72 „
Das Gewinn- und Verlust-Conto	80 041,52 „
Gewinn-Saldo	41 322,44 „

An Dividende wurden für das vorige Jahr 10% zur Vertheilung gebracht; 1880 11,2%.

Das städtische Leihamt.

Der Versatz hielt sich im großen Ganzen auf der Höhe des Vorjahres; es wurden jedoch 777 Stück Pfänder mehr versetzt. Das Pfandbarlehn hingegen betrug in Summa 1463 Mk. weniger. Die in Folge der sehr geringen Meistgebote in den Auctionen der verfallenen Pfänder vor einigen Jahren bereits für nothwendig erachtete bezw. eingeführte und bann seither, trotz allen Bittens der Versetzer, beharrlich fortgesetzte sehr geringe Beleihung fast aller Pfandobjecte liefert folgende interessante und belehrende Resultate. Im Jahre 1878 wurden im Durchschnitt auf ein Pfand 6,72 Mk. geliehen. Im Jahre 1879 hingegen betrug das Durchschnitts-Darlehn auf ein Pfand 6,65 Mk., im Jahre 1880 6,32 Mk. und im Jahre 1881 nur noch 6,20 Mk. Das Durchschnitts-Darlehn auf ein Pfand ist demnach seit 1878 um 0,52 Mk. gefallen. — Dies repräsentirt im Jahre 1881 eine Gesammt-Verringerung des Pfandbarlehns gegen 1878 um rcd. 277 50 Mk. Diese Verringerung des Durchschnitts-Darlehns wird sich voraussichtlich in den nächsten Jahren noch etwas steigern, weil die von früher herrührenden, und bann seither mit vollem Darlehn erneuerten Pfänder erst allmählig wieder durch Einlösung und Auction aus dem Lager gehen.

Im Anschluß nun an das bereits im Verwaltungsbericht pro 1879,80 bezüglich der Verringerung der Pfand-Darlehne Gesagte, ist in Uebereinstimmung mit der Ansicht eines andern größeren Leihamtes hierzu noch folgendes auszuführen. Eine noch geringere Beleihung der Pfandobjecte, als sie namentlich seit Beginn des Jahres 1880 stattfindet, darf aus mehreren Gründen nicht eintreten. Zunächst erscheint es inhuman, wenn im Verhältnisse zu den wirklichen Werthe der Pfandobjecte gar zu niedrige Darlehen bewilligt werden. Ferner würden die mit den sehr bedeutenden Einlösungen der Pfänder verbundenen Zinsen, auf welche das Leihamt zu seiner Erhaltung vorzugsweise angewiesen ist, nothwendigerweise zu gering ausfallen.

Endlich aber würden dadurch nur die Trödler, und zwar auf Kosten der Hülfe suchenden Menschen und des Leihamts bereichert werden.

Die Einlösungen der Pfänder verhalten sich zum Versatz wie folgt:

Das im Jahre 1881 durch Einlösung zurückgezahlte Pfand-Darlehn erreichte die noch nie dagewesene Höhe von 97,78% des ausgeliehenen Pfandkapitals. Bezüglich der Anzahl der Pfänder fand ein fast gleiches Verhältniß statt. Es wurden nämlich 97,44% der versetzten Anzahl eingelöst.

Dieses Zahlen-Verhältniß erscheint günstig und dem Leihamte ferner stehende Personen könnten daraus den Schluß ziehen, daß im vorigen Jahre eine erhebliche Verbesserung der Lage des das Leihamt benutzenden Publikums eingetreten sei. Dies ist jedoch leider nicht der Fall. Vielmehr ist das als vorzüglich erscheinende Zahlen-Verhältniß der Einlösungen zu einem nicht unbeträchtlichen Theile nur die Folge der andauernd sehr geringen Beleihung der Pfänder. Denn diese Einlösungen erfolgen nur, um die eingelösten Pfänder an anderer Stelle mit höherem Darlehn, wenn auch gegen höheren Zins, wieder zu versehen. Letzteres gilt namentlich von den werthvolleren Objecten. Daher sind diese Einlösungen bei dem zur Zeit noch gültigen, zu geringen Zinsfuß für die Pfand-Darlehne und bei der kurzen Zinszeit der Lucrativität des Geschäfts keineswegs förderlich.

Ueber die stattgefundenen Auctionen ist auszuführen:

Die Ergebnisse derselben mußten sich unter den abwaltenden Umständen allmählig wieder besser gestalten als in den beiden Vorjahren 1879 und 1880.

Zunächst waren die Auctionen in Folge des seit Anfang 1879 von der enormen Höhe wieder herunter gegangenen Versatzes und wegen der diesem geringeren Versatze gegenüber stattgefundenen bedeutenden Einlösungen viel weniger umfangreich als in den Jahren 1879 und 1880. Wegen dieses geringeren Umfangs gegenüber der sich gleich bleibenden Menge der laufenden Trödler, mußten die Meistgebote, namentlich auf gangbare Artikel, schon wieder etwas besser ausfallen. Hierzu tritt aber noch der Umstand, daß diejenigen versteigerten Pfänder, welche bezüglich des Versatzes bereits aus den letzten Jahren herrührten, nun der Meistgebote in den Auctionen willen, — wie Eingangs des Berichts gesagt — so gering beliehen waren, daß selbst diese zu niedrigen Meistgebote der Trödler mehr im Verhältniß zur Forderung des Leihamts stehen mußten.

Letzteres wird voraussichtlich in den nächsten Jahren umsomehr hervortreten, je mehr von den in den letzten Jahren versetzten Pfändern zur Auction gelangen.

Das im Geschäft wirklich thätig gewesene, d. h. also das ausgeliehene Kapital betrug nach den unten folgenden speciellen Angaben am Schluß des Jahres 1880 191 982 Mk. am Schluß des vorigen Jahres 177 388 Mk., mithin im Jahre 1881 im Durchschnitt 184 685 Mk.

Die finanziellen Ergebnisse der gesammten Verwaltung des Leihamtes sind nicht nur den obwaltenden Umständen angemessen, sondern sogar als günstig zu bezeichnen. Das Leihamt hat zwar die ihm obliegenden Lasten aus der Zins-Einnahme im Jahre 1881 nicht ganz bestreiten können, vielmehr ist wiederum eine Verringerung des Reservefonds zu verzeichnen. Letztere ist jedoch nicht als erheblich anzusehen. Bei höherem Zinsfluß für die Pfandbarlehne würde das Leihamt im Jahre 1891 einen nicht unwesentlichen Rein gewinn erzielt haben.

Was nun endlich die innere Verwaltung anlangt, so ist darüber anzuführen:

Die stattgefundenen Kassen-, Bücher- und Lagerrevisionen zeigten stets zutreffende Resultate und die Abschlüsse der diversen Pfand-Lager-Bücher zu den Auctionen und am Jahresschluß stimmten mit dem über den gesammten Pfand-Geschäfts-Verkehr geführten Conto-buche genau überein.

Pfand-Geschäfts-Verkehr. a. In summarischen Zahlen.	Pfänder Stück	mit einem Taxwerth von ℳ	mit einem Pfand-Kapital von ℳ
1. Laut des Verwaltungs-Berichts pro 1879/80 blieben ult. 1880 auf Lager .	27 856	362 342	191 992
2. Hierzu kamen im Jahre 1881 an neu versetzten und umgeschriebenen Pfändern auf Lager	53 377	619 632	331 271
so daß im Jahre 1881 ein Gesammtlager von	81 233	981 974	523 263
mittelst der corrirten Abrechnung zu verwalten war. Die Letztere umfaßte 27 Special- und 3 Haupt-Conten.			
Bei diesen Conten wurden zusammen in Abgang gestellt:			
a. per Einlösung	52 008	611 785	323 950
b. „ Auction	3 529	41 383	21 915
also in Summa	55 537	653 168	345 865
so daß ult. 1881 auf Lager blieben	25 696	328 806	177 388

worüber 22 Special-Conten sich erstrecken, mittelst deren die Uebernahme in das Conto-Buch pro 1882 erfolgt ist.

b. Specielle Angabe der Resultate der einzelnen Verwaltungszweige.

I. Pfandkapital-Zinsen kamen baar ein:
    1. durch Einlösung . . . . 25 218 Mk. 40 Pf.
    2. „ Auction . . . . 523 „ 05 „
    3. Die Zinsen-Einnahme-Reste betragen ult. 1881 (cfr. b.) . 12 347 „ 46 „
II. Auctions-Kosten-Beiträge kamen baar ein . . . . 329 „ 24 „
III. Unerhoben gebliebene Auctions-Ueberschüsse kamen nicht zur Vereinnahmung . . . . . .
IV. An Miethe für die Dienstwohnung des Kastellans kamen baar ein . . . . 108 „ — „
V. Extraordinair kamen für verkaufte alte unbrauchbare Inventarienstücke x. zur Vereinnahmung . . . . 17 „ 80 „
VI. An geliehenem Betriebs-Kapital blieb ult. 1880 unbezahlt . . . . 184 600 Mk. — Pf.
    Hierzu wurden im Jahre 1881 aus der städtischen Sparkasse neu angeliehen . 39 000 „ —
    Summa geliehenes Betriebs-Kapital ult. 1881 223 600 Mk. — Pf.
    Zurückgezahlt an die Sparkasse wurden im Laufe des Jahres 1881 . . . . 54 600 „ —
    Bleibt ult. 1881 schuldiges Betriebs-Kapital 169 000 Mk. — Pf.
    Hiervon entfallen auf die Kämmerei 30 000 Mk. und auf die städtische Sparkasse 139 000 Mk.
VII. An Zinsen für das geliehene Betriebs-Kapital wurden gezahlt . . . . 7 231 Mk. 03 Pf.
VIII. Die gesammten Verwaltungskosten also für Gehälter x., für Bureau- und Magazinbedürfnisse, Heizung x., der Locale, Miethe, Gewerbesteuer, Beitrag zum Bau-Reservefonds der Stadt betrugen . . . . . . 18 881 „ 25 „
IX. Die Kosten für Abhaltung der Auctionen betrugen . . . . 374 „ 80 „
X. An kleinen Schadenersätzen wurden gezahlt . . . . 9 „ 25 „
XI. Extraordinaire Ausgaben als Porto pp. fanden statt auf Höhe von . . . . 3 „ 50 „
XII. An Cautionen für ohne Pfandschein eingelöste Pfänder wurden hinterlegt . . . . 165 „ — „
    Zurückgezahlt wurden dergleichen Cautionen . . . . 57 „ — „
XIII. Der am Jahresschluß 1881 verbliebene Kassenbestand betrug . . . . 2245 „ 36 „

c. In der, durch die routine Überlegung beim Abschluß jedes Semester für verfällt ergeben Haupt-Zahlen an Pfändern und Kapital, nebst angeschlagene Berechnung der Zinsbeträge bis ultimo 1881 von den ultimo 1881 in Einnahme-Rest verbliebenen Pfand-Kapitalien.

Monat. Jahr.	Nr. bei Geronte im Ganzen Buch.	Ult. 1881 in Weil verbliebten resp. im Jahre 1881 neu verfert. Pfänder. Stück.	Hiervon kommen in Abgang: per Einlösung. Stück.	per Auktion. Stück.	mithin in Summa. Stück.	Es blieben ult. 1881 auf Lager. Stück.	Ult. 1880 verbliebenen resp. im Jahre 1881 neu ausgeliehenen Pfand-Kapital. M.	Hiervon wurden Bücher in Abgang gefallen: per Einlösung. M.	per Auktion. M.	mithin in Summa. M.	Es blieben ult. 1881 als Einnahme-Rest aufstehern. M.	Die Pfand-Darlehns-Zinsen 12½% betragen vom umstehenden Rest-Capital bis ult. 1881. auf. M.	₰.
October. 1879	3	1857	1243	606	1849	8	12290	8241	4010	12251	29	27	16
November.	4	422	250	170	420	2	2344	1389	950	2338	6	26	63
December.	5	849	578	220	848	1	5979	4228	1746	5974	5	25	31
Januar. 1880	6	2207	1775	630	2405	2	15107	12128	2963	15091	16	24	4
Februar.	7	709	585	134	709	—	4690	4367	633	5000	—	—	—
März.	8	1460	1217	243	1460	—	11822	10699	1721	11822	—	—	—
April.	9	2652	2147	501	2648	4	19292	16088	3096	19184	18	3	94
Mai.	10	1019	841	138	1019	—	6707	976	5731	6707	—	—	—
Juni.	11	1412	1176	235	1411	1	5731	5375	1665	5731	—	19	99
Juli.	12	2865	2444	409	2853	—	18962	16544	248	16862	—	—	—
August.	13	1070	956	114	1070	—	7132	6424	708	7132	—	—	—
September.	14	1945	1756	188	1944	—	16114	13962	1197	15109	5	—	—
October.	15	3752	2654		2814	168	25260	14108		14108	11158	15	1743
November.	16	1974	1627		1627	347	12124	9677		9877	2147	14	313
December.	17	3575	2825		2825	752	23898	18719		18719	5179	13	701
Januar. 1881	18	3060	3723		3723	2007	34462	21292		21292	13160	12	1647
Februar.	19	3290	2522		2522	768	19695	13929		13929	5766	11	690
März.	20	4120	2780		2780	1346	27801	17007		17007	10797	10	1124
April.	21	6800	3433		3433	2447	35448	19506		19506	15942	9	1494
Mai.	22	3700	2713		2713	1997	22719	15725		15725	6994	8	562
Juni.	23	4590	3172		3172	1408	27814	17640		17640	10174	7	741
Juli.	24	6100	3172		3172	2771	36921	17906		17906	19015	6	1194
August.	25	3690	3329		3329	1196	21515	13710		13710	7805	5	446
September.	26	3870	2664		2664	1417	25589	12034		12034	13505	4	562
October.	27	6230	2953		2953	3176	33842	11824		11824	22018	3	689
November.	28	3190	2044		2044	1796	19228	7154		7154	11574	2	241
December.	29	3897	1384		1384	3167	36294	4234		4234	22050	1	929
Summa.	29	81233	52009	3528	55537	29696	623253	323950	21915	345865	177389	—	12317

Reservefonds oder Vermögen.

Die Activa bestehen aus

a. ben vorstehend sub a. resp. c. nachgewiesenen Pfand-Kapital-Einnahme-Resten im Betrage von . . . . 177388 Mk. — Pf.

b. den sub b, I. 3 bezw. c. nachgewiesenen Pfand-Kapital-Zinsen-Resten im Betrage von . 12347 „ 46 „

c. dem ulto 1881 sub b. XIII aufgeführten Baarbestand der Kasse im Betrage von . . . . 2245 „ 36 „

Summa Activa 191980 Mk. 82 Pf.

Die Passiva bestehen nur aus den sub b. VI als ulto 1881 schuldig gebliebenen Betriebs-Kapital nachgewiesenen . . . . 169000 „ — „

Mithin bleibt ulto 1881 als Reservefonds . . . . 22980 Mk. 82 Pf.

Laut Verwaltungs-Bericht pro 1879,80 betrug der Reservefonds ulto 1880 . . . . 24238 „ 92 „

Mithin hat sich derselbe im Jahre 1881 vermindert um . . . . 1258 Mk. 10 Pf.

Hülfskassenwesen.

Nachdem hier schon seit Jahren das Bedürfniß einer angemessenen Fürsorge für die Hinterbliebenen der Gemeindebeamten empfunden war, ist durch Gemeindebeschluß vom 6. März d. J. eine Wittwen- und Waisenkasse der städtischen Beamten zu Halle a. S. in's Leben gerufen worden, deren Statut noch der Aufsichtsbehörde zur Bestätigung vorliegt. Nach demselben soll die Höhe der Wittwen- und Waisen-Pension ein Fünftel des von dem betreffenden Beamten zuletzt bezogenen beitragspflichtigen Diensteinkommens, soweit dies 4000 Mk. nicht übersteigt und zwar mindestens 150 Mk. und höchstens 800 Mk. betragen. Der Jahresbeitrag der Mitglieder ist auf 2½% des pensionsfähigen Diensteinkommens normirt mit der Maßgabe, daß der 4000 Mk. übersteigende Einkommensbetrag nicht beitragspflichtig ist. Zugleich zahlt die Kämmereikasse innerhalb dieser Grenze von jeder zur Kasse gehörigen Beamtenstelle, so lange dieselbe nicht definitiv besetzt ist, 2½% des Durchschnittsgehalts derjenigen Beamtenklasse, welcher der bisherige Inhaber der betreffenden Stelle angehört hat; ferner für jede etatsmäßige Beamtenstelle einen jährlichen Beitrag von 12 Mk. —

Gewerbliche Unterstützungskassen bestehen hier 27, und zwar 13 für Gesellen, 8 für Fabrikarbeiter und 6 für Fabrikarbeiter und in Fabriken beschäftigte Gesellen. Die Verhältnisse dieser Kassen ergeben sich aus der nachstehenden Uebersicht:

Laufende Nummer.	Bezeichnung der selbständigen und unselbständigen Gewerbetreibenden ꝛc. für welche die Kassen eingerichtet sind.	Gesammtzahl der Mitglieder.	Gezahlte Beträge pro 1881		Gezahlte Unterstützungen pro 1881			Höhe der Verwaltungs Kosten.	Zuschuß der Kämmerei pro 1881.	Betrag des vorhandenen Kassen Vermögens.
			a. der Mitglieder.	b. der Arbeitgeber.	a. an erkrankte Mitglieder.	b. an die Hinterbliebenen verstorbener Mitglieder.	c. an Invaliden und Wittwen geldern.			
			M. 3	M. 3	M. 3	M. 3	M. 3	M. 3	M. 3	M. 3
	A. Gesellen-Kassen.									
1.	Für die Drechsler-, Böttcher-, Stellmacher-, Glaser-, Korbmacher- und Kammmacher-Gesellen . .	177	930 80	465 43	915 40	— —	— —	276 80	138 40	1547 86
2.	Für die Tischlergesellen	204	1277 42	638 72	1018 74	— —	— —	299 50	149 75	1457 79
3.	Für die Sattler-, Täschner-, Tapezierer-, Buchbinder-, Gerber-, Kürschner-, Beutler-, Handschuhmacher-, Mützenmacher-, Maler-, Lackirer- und Vergolder-Gesellen . .	200	1400 —	700 —	1680 —	— —	— —	240 —	82 50	879 25
4.	Für die Schlosser-, Feilenhauer-, Sporer-, Büchsen- und Windenmacher-, Schmiede-, Messerschmiede-									

Laufende Nummer	Bezeichnung der selbständigen und unselbständigen Gewerbetreibenden ꝛc. für welche die Kassen eingerichtet sind.	Gesammtzahl der Mitglieder	Gezahlte Beiträge pro 1881 a. der Mitglieder ℳ	₰	b. der Arbeitgeber ℳ	₰	Gezahlte Unterstützungen pro 1881 a. an erkrankte Mitglieder ℳ	₰	b. an die Hinterbliebenen der verstorbenen Mitglieder ℳ	₰	c. an Invaliden und Wittwengeldern ℳ	₰	Höhe der Verwaltungskosten ℳ	₰	Zuschuß der Kämmerei pro 1881 ℳ	₰	Betrag des vorhandenen Kassen-Vermögens ℳ	₰
	Nagelschmiede-, Zeug- und Pfannenschmiede-, Gürtler-, Gelb- und Rothgießer-, Zinngießer-, Klempner-, Groß- und Klein-Uhrmacher-, Gold- und Silber-Arbeiter-Gesellen	290	1578	—	500	—	1767	23					306	86	153	40	1200	—
5.	Für die Weber-, Wirker-, Knopfmacher- und Posamentierer-, Seiler-, Färber-, Hutmacher-, Tuchmacher-, Tuchbereiter-, Töpfer-, Bürstenmacher-, Seifensieder-, Tischer- und Schornsteinfeger-Gesellen	62	361	70	162	10	590	—					95	—	47	50	1522	38
6.	Für die Bäcker-, Conditoren- und Pfefferküchler-, Brauer- und Müllergesellen	300	762	93	381	46	1146	65					256	—	128	—	1193	62
7.	Für die Schuhmachergesellen	179	577	20	287	60	283	85					202	25	101	12	2073	—
8.	„ „ Schneidergesellen	188	1033	70	487	80	943	92					213	15	106	57	1560	66
9.	„ „ Fleischergesellen	65	222	07	111	03	263	75					81	—	40	50	150	10
10.	„ „ Maurergesellen	440	2128	03			1074	—	912	—			341	38			3599	—
11.	„ „ Zimmergesellen	360	2104	50	78	—	2152	35	416	—			39	—			3138	01
12.	„ „ Ziegeldeckergesellen	88	307	50			132	85	45	—			36	—			1697	78
13.	„ „ Steinhauergesellen	70	1056	66	181	80	1604	22	120	—			64	10			1704	41
	Summa A	2623	13740	50	3993	94	13572	96	1493	—			2450	98	947	74	21740	85
	Gegen 1881 mit	2611	13600	98	4407	56	13775	94	1140	—			2740	13	1028	54	20392	64
	mehr	12	139	52					353	—							1348	21
	weniger	—	—		413	62	202	98					289	15	80	80	—	
	B. Fabrikarbeiter- ꝛc. Kassen.																	
14.	Für die Arbeiter der Kunze'schen Cichorienfabrik	83	395	05	197	65	666	16	90	—							5560	97
15.	Für die Arbeiter der Fabrik der Gebrüder Jentzsch	107	649	91	318	—	923	02			216	—	13	50			5515	50
16.	Für die Arbeiter der Halle'schen Zuckersiederei-Compagnie	249	850	11	425	05	1345	75									294	—
17.	Für die Arbeiter der Zucker-Raffinerie Halle	254	723	60	361	80	498	15									674	35
18.	Für die Arbeiter der Cigarrenfabriken	50	316	15	66	19	105	82									1638	21
19.	Gemeinschaftliche Fabrikarbeiter-Kasse für die Arbeiter der Stärke-, Sprit-, Seifen-, Lackfabriken ꝛc.	246	1542	60	771	30	2261	22	48	—			141	—	70	50	465	40
20.	Kranken- und Sterbekasse des Dienst- und Arbeiterpersonals s. g. Knechtekasse	318	1121	75	—		444	18	352	—			137	60	67	55	2618	01

Laufende Nummer	Bezeichnung der selbständigen und unselbständigen Gewerbetreibenden 2c. für welche die Kassen eingerichtet sind.	Gesammtzahl der Mitglieder.	Gezahlte Beiträge pro 1881 a. der Mitglieder. ℳ ₰	b. der Arbeitgeber. ℳ ₰	Gezahlte Unterstützungen pro 1881 a. an erkrankte Mitglieder. ℳ ₰	b. an die Hinterbliebenen verstorbener Mitglieder. ℳ ₰	c. an Invaliden- und Wittwen geldern. ℳ ₰	Höhe der Verwaltungs kosten. ℳ ₰	Zuschuß der Kämmerei pro 1881. ℳ ₰	Betrag des vorhandenen Kassen- Vermögens. ℳ ₰
21.	Unterstützungs-Kasse für Buchdrucker und Schriftgießer des Gau-Verbandes an der Saale (Eingeschriebene Hülfskasse)	351	4800 10	— —	2823 92	225 —	— —	93 50	45 68	6153 53
	Summa B.	1658	10399 27	2139 99	9068 22	715 —	216 —	385 60	183 73	22919 97
	(Gegen 1880 mit	1484	11492 73	3245 42	12937 55	690 —	231 —	1314 55	186 95	20519 37
	mehr	174	— —	— —	— —	25 —	— —	— —	— —	2400 60
	weniger	—	1093 46	1105 43	3869 33	— —	15 —	928 95	3 22	— —
	C. Kassen für die Fabrikarbeiter und die in Fabriken beschäftigten Gesellen.									
22.	Krankenkasse der vereinigten Maschinenbauer zu Halle	1000	10159 62	5079 97	10042 34	474 13	— —	1025 10	— —	16601 68
23.	III. Gemeinschaftliche Fabrikarbeiter-Krankenkasse für die Arbeiter der Holzwaarenfabriken, Tapetenfabriken und für die Verfertiger mechanischer, chirurgischer und musikalischer Instrumente	132	1667 30	833 66	2329 15	90 —	— —	49 23	24 62	2275 75
24.	Für die Arbeiter der Wagenfabrik von Gottfried Lindner	45	217 60	108 80	225 75	— —	— —	— —	— —	1184 —
25.	Für die Arbeiter der Maschinenfabrik von J. Zimmermann & Co.	410	6204 11	2267 68	7926 87	345 —	— —	— —	— —	1473 71
26.	Für die Arbeiter der Dampfkessel-Armaturenfabrik von A. L. G. Dehne (Eingeschriebene Hülfskasse)	355	4928 85	2400 68	6381 70	80 —	— —	3 75	— —	4753 94
27.	Für die Arbeiter der Halle'schen Maschinenfabrik und Eisengießerei (Eingeschriebene Hülfskasse)	267	4546 60	2273 30	3489 23	30 —	— —	150 —	— —	3273 99
	Summa C.	2209	27724 28	12964 09	30395 06	1019 13	— —	1228 08	24 62	29563 07
	(Gegen 1880 mit	2022	24360 69	11329 67	25303 54	589 60	390 —	1503 24	23 88	21415 06
	mehr	187	3363 59	1634 42	5091 52	429 53	— —	— —	74	8148 01
	weniger	—	— —	— —	— —	— —	390 —	275 16	— —	— —
	Wiederholung.									
	A. Gesellen-Kassen	2623	13740 50	3993 94	13572 96	1493 —	— —	2450 98	947 74	21740 85
	B. Fabrikarbeiter- vv. Kassen	1658	10399 27	2139 99	9068 22	715 —	216 —	385 60	183 73	22919 97
	C. Kassen für die Fabrikarbeiter und die in Fabriken beschäftigten Gesellen	2209	27724 28	12964 09	30395 06	1019 13	— —	1228 08	24 62	29563 07
	Summa	6490	51864 05	19098 02	53036 24	3227 13	216 —	4064 66	1156 09	74223 89
	(Gegen 1880 mit	6117	49454 40	18982 65	52017 03	2419 60	621 —	5557 92	1239 37	62327 07
	mehr	373	2409 65	115 37	1019 21	807 53	— —	— —	— —	11896 82
	weniger	—	— —	— —	— —	— —	405 —	1493 26	83 28	— —

Ferner sind hier folgende Unterstützungs-Kassen für die bergbautreibende Bevölkerung vorhanden:

No.	Bezeichnung der Kasse ꝛc.	Im Jahre 1891 war		Ultimo 1891 verblieb Vermögens-Bestand	Im Jahre 1891 wurden Sterbe- ꝛc. (Wieder)gezahlt	Zahl der Kassen-Mitglieder	Bemerkungen.
		Einnahme.	Ausgabe.				
		ℳ 𝔭	ℳ 𝔭	ℳ 𝔭	ℳ 𝔭		
1.	Salinen-Knappschafts-Verein	15493 91	16542 33	187346 56	12487 90	70	* zur Unterhaltung der Bergschule in Eisleben.
2.	Gewerkschaftliche Bergbau-Hülfskasse	6156 66	6150 38	65106 29	*2100 —	73	
3.	Knappschafts-Verein des Saalkreises	97734 98	101799 12	228316 97	93894 86	3144	
4.	Neupreußischer Knappschafts-Verein	214353 29	197693 85	258612 69	143068 31	6692	
5.	Sterbekasse der Halle'schen Knappschaft	323 45	267 —	2779 10	195 —	149	

Außerdem sind noch folgende Kranken- und Sterbekassen pp. zu nennen:

No.	Bezeichnung der Kasse	Einnahme		Ausgabe		Ultimo Vermögens-Bestand		gezahlt		Mitglieder	Bemerkungen
1.	Glauchaische 80 Thaler Begräbnißkasse	6355	06	5284	80	27230	46	3120	—	343	
2.	Glauchaische 30 Thaler Begräbnißkasse	9169	65	8367	30	12484	10	1530	—	353	
3.	Erste Schuhmacher-Leichenkasse	3378	74	3255	20	9626	67	2880	—	675	
4.	Zweite Schuhmacher-Begräbnißkasse	4277	57	3024	96	8264	64	2688	—	763	
5.	Schneider-Leichen- und Sterbekasse	3846	72	3664	86	6181	86	2439	75	651	
6.	Tischlermeister-Begräbnißkasse	507	91	155	55	8067	50	90	—	80	
7.	Böttchermeister-Leichenkasse	305	12	162	65	3460	50	150	—	62	
8.	Leichenkasse der Leineweber	2188	29	41	35	2146	94	*—		34	*ohne Sterbefall.
9.	Hülfsverein der vereinigten Barbiergehülfen	210	—	180	—	30	—	*180		53	*die Ausgabe besteht in Reise-Unterstützungen.
10.	Krankenkasse des Schuhmacherverins selbstständiger Schuhmachermeister	296	69	484	—	574	87	—		90	
11.	Unterstützungskasse der Holz- und Metallarbeiter der Dehne'schen Fabrik	234	08	386	30	156	60	228	50	45	
12.	Gegenseitige Unterstützungskasse für Buchdrucker Schriftsetzer und Schriftgießer	17531	67	2203	95	15327	72	2203	95	180	
13.	Krieger-Versicherungs-Verein	348	—	324	32	23	68	150	—	58	
14.	Sterbekasse des Halleschen Beamten-Vereins	1124	13	660	18	1569	47	600	—	130	
15.	Gegenseitige Kranken-Unterstützungs-Gesellschaft	1259	33	1063	00	783	50	1050	—	188	
16.	Unterstützungskasse der Hinterbliebenen verstorbener Post-Unterbeamten	358	90	225	—	2546	—	225	—	141	
17.	Kranken- und Sterbekasse des Schiefer- und Ziegeldecker-Gewerkes	403	76	466	45	1635	06	400	50	101	
18.	Buchdrucker-Gau-Verein Halle	9235	70	7955	47	1280	23	3964	30	304	
19.	Wilhelm-Augusta-Stiftung	2047	03	999	14	2836	75	830	—	611	
20.	Funeral Kassen-Verein	1673	84	117	80	1671	04	—		65	*2 Sterbefälle. Die Versicherungssumme sämmtlicher Mitglieder beträgt: 102000 Mark.
21.	Allgemeiner Hallescher Beamten-Sterbekassen-Verein	4642	39	703	15	3847	—	*500		335	

Schließlich ist noch die hiesige Lebens-, Pensions- und Leibrenten-Versicherungs-Gesellschaft Iduna zu erwähnen, welche nach ihrem letzten Geschäftsbericht im vorigen Jahre erfreuliche Fortschritte gemacht hat. Das Resultat des Rechnungsabschlusses ist ein Ueberschuß von 337454 Mk. Am Schlusse des vorigen Jahres waren bei dieser Gesellschaft 53363 Versicherungen mit 55059720 Mk. Kapital und 45624 Mk. jährliche Rente in Kraft.

XII. Armenwesen.

Es schieden aus:	dafür wurden gewählt:
im 4. Bezirk Armen-Vorsteher Mollnau, Schlossermstr. u. Brückenwaagen-Fabrikant,	Preller Albert, Tischlermeister,
„ 4. „ „ Cpitz, Seilermeister,	Winkler, Sattlermeister und Wagenbauer,
„ 7. „ „ Wille, Drechslermeister,	Schwarz, Carl, Schlossermeister,
„ 8. „ „ Kümiger, Klempner-Meister,	Metz, Adolf, Seilermeister,
„ 13. „ „ Hartmann, Bäckermeister,	} Lange, Rentier,
„ 13. „ „ Bitsch-Schröder, Rittergutsbesitzer,	}
„ 14. „ „ Ischlage, Rentier,	Reiche, Hausbesitzer.

Für neue Stellen von Mitgliedern der Bezirks-Commissionen wurden gewählt:

im 3. Bezirk Armen-Vorsteher Schacht, Kaufmann,
„ 4. „ „ Winkler, Gelbgießermeister,
„ 11. „ „ Möbus, Kohlenhändler.

Das finanzielle Resultat ist auch für die vorliegende Rechnungs-Periode insofern als ein günstiges nicht zu bezeichnen, als der Kämmerei-Zuschuß von 129 082 Mk. eine weitere Steigung von 3188 Mk. gegen das Vorjahr, von 28351 Mk. gegen 1871 nachweist. Ist hierin nun auch eine Wendung zum Besseren in den Erwerbsverhältnissen der unteren Schichten der Bevölkerung nicht zu erkennen, so erscheint das Resultat im Verhältniß zur Bevölkerungs-Zunahme doch immerhin ein günstiges. Während nämlich 1871 rund 52000 Einwohner = 100731 Mk. = 1 Mk. 94 Pf. Zuschuß pro Kopf erforderten, war solches 1881/82 bei rund 72 000 Einwohnern mit nur 129 082 Mk. = 1 Mk. 79 Pf. pro Kopf nöthig. Es verdient dies ganz besonders um deßhalb hervorgehoben zu werden, weil dadurch bewiesen wird, daß die Organe der Verwaltung trotz der nicht unerheblichen Vermehrung des Proletariats — welche hauptsächlich durch den steten Zuzug unbemittelter Arbeiter-Familien herbeigeführt wird, ordnungsmäßig functioniren, besonders mit der nöthigen Sparsamkeit und Umsicht verfahren. Hiermit soll jedoch nicht gesagt sein, daß wir lediglich eine abwehrende Thätigkeit unserer Armen-Verwaltung den Unterstützung Suchenden gegenüber wünschen: wir halten vielmehr eine wirksame Pflege der Armen schon aus dem Grunde für nothwendig, um der Verarmung entgegenzutreten.

Der Rechnungsabschluß der Armenkasse ergiebt Folgendes:

Tit.	Einnahme.	1881/82.		1880/81.	
		ℳ	₰	ℳ	₰
I.	Vom Grundeigenthum	963	81	963	81
II.	Zinsen von Capitalien:				
	A. ohne Zweckbestimmung	657	75	653	15
	B. mit besonderer Zweckbestimmung	1 965	89	1 529	26
III.	Der Armenkasse überwiesene Strafgelder	81	50	107	—
IV.	Geschenke und freiwillige Beiträge	1 384	17	1 704	45
V.	Fonds zur Unterstützung verschämter Armer pp.:				
	1. Abgaben von Tanzbelustigungen	16 897	—	13 943	50
	2. Tageblatts-Ueberschüsse	2 544	50	5 259	—
VI.	Für Bekleidungsstücke, welche aus dem Magazin der Armenkasse an andere Institute oder Private abgelassen sind	2 504	44	2 639	59
VII.	Wieder eingezogene Unterstützungen	7 348	43	8 172	12
VIII.	Von der Provinzial-Hauptkasse — Landarmen-Verwaltung — zu Merseburg erstattete Verlage	13 458	64	7 444	46
IX.	Ueberschüsse von gerichtlich verkauften Pfändern der Leihanstalten	—	—	—	—
X.	Insgemein	30	50	25	47
XI.	Zuschuß aus der Kämmerei	129 082	71	125 894	83
XII.	Fonds zum Bau eines Asyls für Obdachlose (Zinsen) .	496	—	148	—
	Summa	177 415	14	168 484	64
	Hierzu: 1. Bestand aus dem vorigen Jahre . . .	4 735	24	14 495	66
	2. Defecte	—	—	—	—
	3. Reste	—	—	—	—
	4. Eingegangene Capitalien	1 152	75	4 677	50
	Summa der Einnahme .	183 303	13	187 657	80
	Ferner: Rest-Einnahme aus dem laufenden Jahre . .	12	85	4 033	28
		183 315	98	191 691	08

6*

Tit.	Ausgabe.	1881/82. ℳ	₰	1880/81. ℳ	₰
I.	Verwaltungskosten	9 703	29	9 653	19
II.	Verwendung der Zinsen von Legaten und Geschenken zu bestimmten Zwecken	2 056	10	1 769	13
III.	Verwendung der Geschenke	1 262	17	1 704	45
IV.	Fonds zur Unterstützung verschämter Armer resp. zu außerordentlichen, das Maaß der gewöhnlichen Armenpflege überschreitenden Unterstützungen:				
	1. Abgaben von Tanzbelustigungen	2 500	60	2 615	40
	2. Ueberschüsse der Tageblattskasse	8 056	30	8 011	30
V.	Baare Geldunterstützungen für hiesige Arme	83 679	95	80 237	10
VI.	Beitrag an das Siechenhaus	5 529	—	5 273	70
VII.	Pflegegelder für auswärts untergebrachte hiesige Arme.				
	A. an auswärtige Institute:				
	1. Eckartshaus b/Eckartsberga	1 212	42	1 413	80
	2. Samariter-Herberge in Horburg	425	84	648	—
	3. „Friedrich Wilhelm" Provinzial-Blinden-Anstalt zu Barby	451	—	620	65
	4. Anstalten der Provinzial-Landarmen-Verwaltung .	—	—	—	—
	5. Volk'sche Rettungs-Anstalt zu Erfurt	—	—	—	—
	6. Hauptkasse des Elisabethstiftes in Wetzendorf .	288	60	288	80
	B. an Privatpersonen	2 557	48	3 088	01
VIII.	Kurkosten:				
	1. an die klinischen Anstalten der Königl. Universität (Fixum für die ambulatorische Behandlung der Stadtkranken) .	3 600	—	3 600	—
	2. an die Hospitalkasse	4 149	90	3 148	01
	3. „ „ Augen-Heilanstalt des Prof. Dr. Gräfe .	61	30	395	05
	4. „ „ Königlichen Universitäts-Kliniken . .	1 262	70	4 284	65
	5. „ das Diakonissenhaus	377	50	397	75
	6. die Provinzial-Irren-Anstalten b/Halle und in Altscherbitz	3 616	86	4 279	04
	7. für Bruch- und andere chirurgische Bandagen . . .	180	25	46	—
	8. an auswärtige Gemeinden	2 299	36	3 163	66
IX.	Beerdigungskosten:				
	1. für Särge	652	50	691	02
	2. Grabgebühren, Trägerlöhne, Leichenhausgebühren .	721	10	658	84
X.	Zahlungen für die Provinzial-Hauptkasse (Landarmen-Verwaltung) zu Merseburg, Pflegegelder pp. für Landarme	8 534	23	6 896	28
XI.	Zur Bekleidung für Arme	14 911	42	12 173	09
XII.	An Brennmaterial für Arme	3 773	80	4 114	03
XIII.	Schulgeld für arme Kinder	30	—	150	—
XIV.	Gewerbesteuer für Arme	270	—	145	50
XV.	Pflegegelder an die Kinder-Bewahranstalten	121	20	88	—
XVI.	Unterstützungen an fremde arme Reisende	368	60	328	80
XVII.	Insgemein	1 444	45	1 207	10
XVIII.	Fonds zum Bau eines Asyls für Obdachlose	10 257	75	7 483	60
	Summa	174 344	67	168 563	35
	Hierzu: 1. Vorschüsse	—	—	9 681	21
	2. Rechnungsvergütigungen	4	50	—	—
	3. Reste	—	—	—	—
	4. Angelegte Capitalien	1 164	15	4 678	—
	Summa der Ausgabe	175 513	32	182 922	56
	Ferner: Rest-Ausgabe aus dem laufenden Jahre	7 802	66	8 768	52
		183 315	98	191 691	08

Diese vergleichende Uebersicht giebt zu folgenden Bemerkungen Veranlassung:

a. Zur Einnahme.

ad Titel V. Fonds zur Unterstützung verschämter Armer. Gegen das Vorjahr sind die Abgaben für Tanzbelustigungen um circa 3000 Mk. gestiegen, während die Ueberschüsse aus der Tageblattverwaltung um fast ebensoviel zurückgeblieben sind. Der Gesammtertrag des Titels hat somit eine nennenswerthe Aenderung nicht erfahren. Hierdurch ist es möglich geworden, daß nach Bestreitung der Ausgaben für die Tageblatts-Armen pp. (Titel IV der Ausgabe) dem Fonds zur Erbauung eines Asyls (Ausgabe Titel XVIII) noch 9380 Mk. zugeschrieben werden konnten, wovon 7790 Mk. in die Rest-Ausgabe übernommen sind, die nach dem 1. April d. J. mit 7500 Mk. zur Belegung gelangten.

Für den letztgenannten Fonds sind nunmehr belegt . . . . 24900 Mk.

wozu — als event. zu demselben Zwecke verwendbar — noch ein älterer Bestand aus Tanzbelustigungsgeldern tritt . . . . 2700 „

sowie ein Bestand aus Tageblatts-Ueberschüssen . . . . 2100 „

in Summa 29700 Mk.

ad Titel VII. Wiedereingezogene Unterstützungen sind um 824 Mk. zurückgegangen.

ad Titel VIII. Erstattete Landarmen-Verläge. In dem Betrage der 13458 Mk. sind 4032 Mk. eingegangene Rest Einnahme aus dem Vorjahre enthalten. Sonst cfr. Ausgabe Titel X.

ad Titel XI. Zuschuß aus der Kämmerei, gegen das Vorjahr waren 3188 Mk. mehr erforderlich.

ad Titel XII. Zinsen des Asyl-Fonds sind durch Anwachsen des Fonds um 348 Mk. gestiegen.

b. Zur Ausgabe.

ad Titel V. Baare Geldunterstützungen für hiesige Arme sind um 3442 Mk. gestiegen.

ad Titel VII. Pflegegelder nach Auswärts sind insgesammt um 1123 Mk. zurückgeblieben.

ad Titel VIII. Kurkosten betgl. mit 3766 Mk., wovon

auf pos. 3 an die Augen-Heil-Anstalt des Professor Dr. Gräfe 333 Mk.

„ „ 4 an die Königlichen Universitäts-Kliniken . . . . . 3021 „

„ „ 5 an das Diakonissenhaus . . . . 20 „

„ „ 6 an die Provinzial-Irren-Anstalten und in Altscherbitz 662 „

„ „ 8 an auswärtige Gemeinden . . . . 864 „

entfallen, während bei pos. 2 — an die Hospitalkasse — 1000 Mk. mehr beraufgabt sind, hauptsächlich aus dem Grunde, weil in Folge der hohen Forderungen der chirurgischen Klinik (1,50 Mk. pro Tag, neben kostspieligen Verbandlohnen) die Belegung dieser Anstalt möglichst vermieden ist und die betr. Patienten mehr dem Stadtkrankenhause zugeführt sind.

ad Titel X. Pflegegelder für Landarme betragen 637 Mk. mehr, es steht dem aber auch eine entsprechende Mehr-Einnahme gegenüber — cfr. Titel VIII der Einnahme.

ad Titel XI. Zur Bekleidung für Arme sind gegen das Vorjahr 2738 Mk. mehr aufgewendet.

ad Titel XII. Brennmaterial für Arme, machte 340 Mk. weniger nöthig.

ad Titel XVIII. Asylbau-Fonds: cfr. Bem. zu Titel V der Einnahme.

Schließlich sei noch angeführt, daß auch das Jahr 1881/82 einen Zuwachs an Stiftungs-Kapitalien mit

870 Mk. — dem Brüderwaagen Fabrikant Mollnau hier, als Rein-Ertrag der Benutzung seiner in der Gewerbe-Ausstellung aufgestellt gewesenen Sesselwaage, Zinsen am Vorabend des Weihnachtsfestes für eine arme Wittwe mit unterzogenen Kindern aus dem bürgerlichen Handwerkerstande zu verwenden, und

1000 Mk. — vom Banquier Ernst Haasenqier hier, in Veranlassung des 10jährigen Bestehens seines Geschäftes, zur Bildung einer Andreas-Stiftung, deren Zinsen für hiesige Arme zu verwenden sind,

gebracht hat, sowie daß — nunmehr zum 4. Male — durch den ungenannten Wohlthäter — S — wieder 500 Mk. Weihnachtsgeschenk für solche Personen oder Familien der niederen Klassen unserer Stadtbevölkerung, welche ganz besonders durch den jetzt hervorgetretenen Nothstand zu leiden haben, gespendet worden sind.

Das Siechenhaus.

Der am 31. März v. J. verbliebene Bestand von 48 Siechenhäuslingen, hat während der Berichtsperiode folgende Veränderungen erlitten:

Es wurden 2 Personen in Folge freiwilligen Austritts entlassen; in das Stadtkrankenhaus wurde 1 Frau überführt und durch den Tod schieden 1 Mann und 3 Frauen aus der Anstalt. Der Abgang betrug demnach 7 Siechenhäuslinge, abgesehen von der bei einzelnen Personen und zu verschiedener Zeit stattgefundenen vorübergehenden Unterbringung im städtischen Krankenhause.

Dagegen betrug während des obigen Zeitraumes der Zugang 4 Männer und 5 Frauen, so daß sich ult. März d. J. der Bestand auf 50 Personen und zwar auf 21 Männer und 29 Frauen bezifferte.

Die Verpflegung derselben umfaßt im Ganzen 18430 Tage mit einem Durchschnitts-Verpflegungssatze von 48,25 Pf. gegen das Jahr 1880/81 mehr 851 Verpflegungstage. Dem Hausmann waren für die Verpflegung in Summa 8891,44 Mk. zu zahlen.

Die städtische Armenkasse hat zu den Verpflegungskosten pro Kopf und Tag einen Beitrag von 30 Pf. zu leisten und betrug im vorigen Rechnungsjahre der gesammte Zuschuß 5529 Mk.

Hierbei ist zu erwähnen, daß für eine, seit dem 11. März d. J. im Siechenhause untergebrachte Person weiblichen Geschlechts, welche von der Irren-Anstalt als unheilbar aber nicht gemeingefährlich entlassen worden ist, ein jährliches Pflegegeld von 270 Mk. aus dem Vermögen der gedachten Person durch deren Vormund gezahlt wird. —

Aus dem Nachlasse des am 2. September v. J. im Siechenhause verstorbenen ehemaligen Drehergesellvieters Christian Krahwert ist dem Siechenhaus-Fonds ein Kapital von 481,30 Mk. zugeflossen, welches theilweise in der Rechnung pro 1. April 1881/82 zum andern Theile in der Rechnung des laufenden Jahres in Einnahme erscheint.

Aus dem Fonds der Ehrlich'schen Stiftung konnten 6098,83 Mk. — gegen den Etat 341,34 Mk. mehr — als ¹/₄ Revenüen-Antheil vereinnahmt worden, was darin seinen Grund hat, daß 4%tige Werthpapiere verkauft worden und der Erlös daraus in einer Hypothek zu höherem Zinsfuße wieder angelegt ist.

In Folge Gemeindebeschlusses vom 28. Mai / 20. Juni v. J. ist der Betrag des Wasserzinses für die Bewässerung des etwa 3 Morgen großen Siechenhausgartens, welcher dem Hausmann Haase zur Bewirthschaftung statt baaren Gehalts überlassen ist, mit 76 Mk. auf den Siechenhaus-Fonds übernommen. Vorher und bis zum 1. April v. J. hatte vv. Haase für gleichen Zweck den Betrag von 26 Mk. aus eigenen Mitteln zu leisten. In Folge obigen Beschlusses liegt es demselben nur noch ob, den für das Gewächshaus auf 17,25 Mk. festgestellten Wasserzins persönlich zu zahlen.

Der Wärterin Karoline Geyer ist durch Gemeinde-Beschluß vom 11. April v. J. eine Lohnzulage von jährlich 30 Mk. gewährt, so daß sie jetzt außer einer Weihnachtsgratification von 15 Mk. ein jährliches Lohn von 150 Mk. bezieht.

Zur Entwässerung des Siechenhausgrundstücks ist eine Zweiglohnanlage nach dem vor dem Grundstück Oberglaucha 17 befindlichen Spülschachte geschaffen, wozu die veranschlagten Kosten von 155 Mk. unterm 19. December v. J. extraordinair bewilligt worden sind.

Die Rechnung pro 1881/82 stellt sich folgendermaßen:

Tit.	Einnahmen.	Betrag. M.	Betrag. S.	Tit.	Ausgaben.	Betrag. M.	Betrag. S.
I.	Zinsen von Capitalien	5363	75	I.	Steuern und Abgaben	100	84
II.	Revenüen-Antheil aus der Ehrlich'schen Stiftung	6098	83	II.	Zinsen von Passivis	96	—
				III.	Besoldungen und Löhne	930	—
III.	Erstattete Pflegegelder	5537	70	IV.	Unterhaltung des Hauses und Gartens	507	91
	Summa	17000	28	V.	Verpflegung der Häuslinge	8891	44
				VI.	Unterhaltung der Utensilien und Wäsche	2183	79
	Hierzu:			VII.	Brenn- und Erleuchtungs-Material	671	47
				VIII.	Insgemein	317	18
A.	Bestand	209	46	IX.	Zur Capitalisirung	3981	75
B.	Defecte	—	—		Summa	17680	38
C.	Reste	—	—				
D.	Eingegangene Kapitalien	684	30		Hierzu:		
	Einnahme Summa	17894	04	A.	Vorschuß	—	—
				B.	Rückerstattungen	—	—
				C.	Reste	—	—
					Ausgabe Summa	17680	38
					Abschluß:		
					Einnahme	17894	04
					Ausgabe	17680	38
					Bestand	213	66
					1880/81 betrugen die Ausgaben	17737	60

Das Capital-Vermögen betrug

	Nach dem Nominal-Werthe		Nach dem Course-Werthe	
ult. März d. J. M.	131663,66		132701	67
ult. März v. J. „	128059,46		129298	30
daher ult. März d. J. mehr M.	3604,20		3403	37

Wenn der Etat in vier verschiedenen Rechnungspositionen mit zusammen 71,07 Mk. überschritten worden ist, so darf dabei nicht unerwähnt bleiben, daß diesem Betrage Ersparnisse gegen den Etat in Höhe von 952,45 Mk. gegenüberstehen, die das verflossene Verwaltungsjahr als ein günstiges bezeichnen lassen.

Die über den bereits im vorjährigen Verwaltungsbericht erwähnten Bau eines neuen Siechen- und Irrenhauses gepflogenen Verhandlungen sind soweit gediehen, daß ein generelles Projekt, welches die Billigung der zu diesem Behuf eingesetzten Kommission gefunden, von unserem Stadtbauamte ausgearbeitet worden ist. Als Bauplatz haben wir ein dem städtischen Hospitale gehöriges Grundstück zwischen der Besener- und Liebenauerstraße in Aussicht genommen und beabsichtigen, der Stadtverordneten-Versammlung in nächster Zeit eine bez. Vorlage zu machen.

Die städtische Arbeits-Anstalt.

In der Anstalt betrugen die Verpflegungstage:

für männliche Häuslinge	16 431
„ weibliche	7 491
	Summa 23 922
sonach pro Tag durchschnittlich	65 Köpfe.

Nach den Ergebnissen der Jahresrechnung betrugen die Einnahmen für sämmtliche Häuslinge:

1. für Hausarbeiten	8915 Mark 50 Pf.
2. „ Straßen-Reinigung	6912 „ — „
3. „ Reinigen der Kanäle und Schlammfänge	2244 „ — „
4. „ Federreißen	731 „ 55 „
	Summa 18 803 Mark 5 Pf.

Demnach betrug bei der Anzahl von 23 922 Arbeits- bez. Verpflegungstagen der tägliche Durchschnitts-Verdienst eines jeden Häuslings, ohne Unterschied seiner Brauchbarkeit, 78,51 Pfennige.

Das Berichtsjahr schloß für die Anstalt günstig ab, indem der städtische Zuschuß von 2126 Mark gar nicht zur Erhebung gelangte, vielmehr aus dem Betriebe selbst noch 899 Mark 53 Pf. an die Kämmerei abgeliefert werden konnten. Dieser günstige Stand der Kasse kam daher, daß bei der starken Belegung nur durchschnittlich 65 Häuslingen, meistens tüchtige Arbeitskräfte vorhanden waren, und in Folge dessen bei Titel I. für Hausarbeiten bei Privaten allein eine Mehr-Einnahme von 4500 Mark 50 Pf. erzielt worden ist. Von dieser Mehr-Einnahme konnten die Etats-Ueberschreitungen, welche sich in der Ausgabe bei Verpflegung und Bekleidung der Häuslinge herausstellten, hinreichend gedeckt werden. Die Rechnungsergebnisse sind in der nachstehenden Uebersicht dargestellt.

Einnahme.

Tit. Ia. 1. Für Arbeiten außerhalb der Anstalt:		
a) Löhne für Hausarbeiten	8915 Mark 50 Pf.
b) Löhne für das Kehren der Privatkehrstellen	2682 „ 07 „
2. Für Arbeiten innerhalb der Anstalt, wie Federreißen ꝛc. . .	731 „ 55 „
„ Ib. 1. Für Reinigung der Straßen und öffentlichen Plätze:		
a) Löhne der Häuslinge	6912 „ — „
b) für Reinigung der Kanäle und Schlammfänge	2244 „ — „
c) Kosten für Gestellung des Vorspanns zum Kehrwagen . . .	549 „ — „
d) Löhne der gedungenen Arbeiter (Aufseher und Vorsteher) . . .	6658 „ 34 „
„ II. Abfälle und Dünger	— „ — „
„ III. Ueberverdienst aus dem Betriebswesen	— „ — „
„ IV. Insgemein:		
1. Unterhaltungskosten für Pfleglinge, welche unter besonderen Umständen eingestellt wurden	1518 „ — „
2. Miethe vom Inspector Merten 10% des Gehalts	180 „ — „
3. Unvorhergesehene Einnahmen	55 „ 60 „
„ V. Zuschuß aus der Kämmerei	— „ — „
	Summa der Einnahme 30446 Mark 06 Pf.

Ausgabe.

	Mark	Pf.
Tit. I. Besoldungen und Löhne	2757	—
„ II. Bürraukosten	88	61
„ III. Unterhaltung des Grundstücks	151	86
„ IV. 1. Unterhaltung der Häuslinge:		
a) allgemeine Verpflegung	10975	98
b) Brodzulage an die im Freien arbeitenden Häuslinge	639	56
c) für Erquickung der Häuslinge am Weihnachts- und Sylvesterabend	30	—
2. Für Bekleidungszwecke	2052	49
3. Für Lagerung, Stroh, Decken x.	421	01
4. Zur Reinigung der Häuslinge	196	19
5. Für Zehrgelder an abgehende Häuslinge	20	—
„ V. zur Unterhaltung der Utensilien und Geräthe	1236	59
„ VI. Für Reinigung der Locale	38	—
„ VII. Brenn- und Erleuchtungs-Material	780	77
„VIII. Reinigung der Kommunalfahrstellen:		
1. an gedungene Arbeiter, Aufseher und Vorlehrer	6658	34
2. Kosten für Gestellung des Vorspannes zum Kehrwagen	549	—
„ IX. Insgemein:		
1. der Kämmerei-Kasse wieder zu erstattende Tit. I. C der Einnahme nachgewiesene Löhne der Arbeits-Häuslinge für Kehren der Privatkehrstellen	2682	07
2. Unvorhergesehene Ausgaben	1168	59

Summa aller Ausgaben . . . . 30446 Mark 06 Pf.
Summa der Einnahmen . 30446 „ 06 „
balancirt.

1880/81 stellten sich die Ausgaben auf . . . . 28088 Mark 84 Pf.
der Kämmerei-Zuschuß betrug . . . . 4862 „ — „

Das Asyl für Obdachlose.

Es wurden während der Berichtsperiode im Asyl untergebracht:

1. Von der Armen-Verwaltung . . . . 17 Frauen und 47 Kinder.
2. Von der Polizei-Verwaltung . . . . 7 „ 19 „

Summa 24 Frauen und 66 Kinder.

XIII. Waisenpflege.

Die Waisenpflege ist — bis auf diejenige der Francke'schen Stiftungen, welche indeß nicht auf Angehörige der Stadt beschränkt ist und einen Zuschuß aus städtischen Mitteln nicht erfordert — eine offene.

An der Ueberwachung der in Familien untergebrachten Kinder betheiligen sich außer den Organen der Armenverwaltung in anerkennenswerther Weise auch die Mitglieder des „Frauenvereins für Waisenpflege" (Vorsitzender Herr Domprediger Albert).

Ferner ist zu erwähnen, daß die Stadt-Synode vom Kgl. Consistorium beauftragt worden ist, die Ausübung der den Gemeinde-Kirchen-Räthen durch § 16 der Gemeinde-Kirchen-Ordnung zur Pflicht gemachten Ueberwachung der religiösen Erziehung der Jugend in Bezug auf die verwaisten Kinder innerhalb des Synodal-Bezirks zu organisiren. Die diesbezüglichen Verhandlungen zwischen dem Waisenrathe und der Geistlichkeit sind indeß noch nicht über die Vorarbeiten hinausgekommen, hauptsächlich weil die sehr umfangreichen Ueberweisungen der Minderjährigen Seitens des Waisenrathes noch nicht haben bewirkt werden können. Diese Arbeit ist aber jetzt im besten Gange und steht deren baldiger Abschluß zu erhoffen, so daß sie in ihrer Vollendung alsdann der Stadt-Synode zur Grundlage ihrer ferneren Thätigkeit wird dienen können.

Der Waisenrath hatte folgenden Verkehr mit dem Vormundschaftsgericht:

	1881/82.	1880/81.
Es gingen ein resp. wurden erledigt		
Requisitionen um Vorschlag von Vormündern, Gegenvormündern oder Pflegern	347	349
Aeußerungen des Waisenraths über die Qualification solcher Personen, welche von dritter Seite in Vorschlag gebracht worden	218	195
Benachrichtigungen über erfolgte Bestellung von Vormündern x.	460	468

XIV. Stiftungen und Wohlthätigkeit.

Hospital und Stadtkrankenhaus.

Während der Berichtsperiode sind von den Inhabern ganzer Hospital-Freistellen

3 Männer und 5 Frauen

gestorben.

Hiervon befanden sich im Genusse dieses Benefiziums

1 Mann über 12 Jahr,
2 Männer über je 6 Jahr,
1 Frau über 9 Jahr,
1   „   „   6½ „
1   „   „   3 „
1   „   „   2 „
1   „   „   1 „

An Stelle dieses Abganges zogen in das Hospital als Inhaber ganzer Freistellen ein:

2 Männer und 4 Frauen,

von denen 1 Mann und 3 Frauen vorher sich im Genusse halber Freistellen, d. h. einer wöchentlichen Unterstützung von 2 Mk., befanden. Zwei Vacanzen waren am Schlusse des Rechnungsjahres noch unbesetzt.

Veränderungen in der Besetzung der Kaufstellen haben nicht stattgefunden.

Ult. März d. J. verblieben sonach im Bestande

14 Männer und 34 Frauen, in Summa 48 Personen.

Die Anzahl der Verpflegungstage beträgt pro 1. April 1881/82

18130 mit einem Durchschnitts-Verpflegungssatze von 70,08 Pf. pro Kopf und Tag.

1880/81 18185 Verpflegungstage und 71 Pf. pro Kopf und Tag.

Hiervon kommen auf einen Tag durchschnittlich 49,67 Köpfe.

Von den Inhabern der Hospitalhalbstellen sind 2 Männer und 1 Frau mit dem Tode abgegangen, während 1 Mann und 1 Frau den Genuß dieses Benefiziums aufgeben mußten, weil sie ganze Hospital-Freistellen erhalten haben.

Von den vorgedachten Personen befanden sich

2 Frauen über 8 Jahr,
1 Frau über 3 Jahr,
1 Mann und 1 Frau über 2 Jahr,
2 Männer und 1 Frau über 1 Jahr

im Genusse der Hospitalhalbstellen.

An Stelle der ausgetretenen Personen sind bis ult. März d. J. 2 Männer und 4 Frauen mit Hospitalhalbstellen beliehen worden.

In dem mit dem Hospitale verbundenen Stadtkrankenhause sind einschließlich des übernommenen Bestandes des Vorjahres pro 1. April 1881/82 zusammen 926 Kranke aufgenommen worden. Hiervon waren

a. mit innerlicher Krankheit:

436 Personen männlichen Geschlechts,
201   „   weiblichen   „

b. mit äußerlicher Krankheit:

249 Personen männlichen Geschlechts,
40   „   weiblichen   „   behaftet.

Diese 926 Kranken, wovon 208 Kranke, und zwar 132 Personen männlichen Geschlechts mit innerlicher Krankheit und 76 Kranke männlichen Geschlechts mit äußerlicher Krankheit, auf die als Filiale des Krankenhauses dienende Baracke in dem der Stadt Halle gehörenden ehemals Berge'schen Garten entfallen, wurden an 27025 Verpflegungstagen verpflegt: gegen das Vorjahr mehr 1615 Verpflegungstage.

Durchschnittlich wurden pro Tag 74,04 Kranke mit einem gewöhnlichen Durchschnitts-Verpflegungssatze von 72,07 Pfg. verpflegt.

Dem Hospital-Oeconomen waren außer 2487,— Mk. für den Kranken verabreichte Extra-Verpflegung und 2668,88 Mk. für die Verpflegung der nach dem Etat vorgesehenen Offizianten (8 Personen) für die gewöhnliche Verpflegung der Kranken 19 479,03 Mk. zu zahlen.

Diesen Beträgen steht eine Kurkosten-Einnahme von 11 720,07 Mk. gegenüber, zu der die städtische Armenkasse für die mehr als durchschnittlich, 24 pro Tag, verpflegten Kranken einen Zuschuß von 4148,90 Mk. zu leisten gehabt hat.

Der bisherige Oeconom des Hospitals, Rind, wurde wegen fortdauernder Kränklichkeit auf sein Ansuchen von seinen Verpflichtungen als solcher entbunden und ist an dessen Stelle der Oeconom Fränkel für die Zeit vom 1. April d. J. bis dahin 1888 getreten.

Demselben liegt wie seinem Vorgänger die Verpflegung der Hospitaliten, der Kranken im Stadt-Krankenhause und der Baracke, der Krankenwärter und Wärterinnen sowie der Dienstboten des Hospitals und Krankenhauses ob.

Für die Verpflegung einschließlich der gewöhnlichen Wäschereinigung erhält der Hospital-Oeconom, wenn der monatliche Durchschnittspreis des Roggens pro 1000 kg bis incl. 135 Mk. beträgt:

a. für jeden Hospitaliten und jeden auf Beköstigung für Rechnung der Anstalt angewiesenen Offizianten täglich 63 Pf.;

b. für jeden verpflegten Kranken täglich 65 Pf. und bei Kindern unter 10 Jahren, excl. Säuglinge, für welche nichts berechnet werden darf, täglich 40 Pf. mit dem Vorbehalte, daß beim Steigen des Roggenpreises innerhalb eines Monats um 12 Mk. pro 1000 kg je 1 Pfennig Zuschlag zu diesem Normalsatze gewährt wird.

Für die den Offizianten vertragsmäßig zustehende Mehr-Verpflegung erhält der Oeconom zu dem sub a vorstehend berechneten Tagessatze einen Zuschlag von 22 Pf. pro Kopf und Tag.

Die den Kranken auf Anordnung des Arztes neben der gewöhnlichen Verpflegung zu gewährende Extra-Verpflegung hat derselbe für besondere Rechnung der Hospitalskasse zu liefern.

Für Besorgung der Extra-Wäsche der Kranken, wozu auch die Reinigung der Bettwäsche des Hülfsarztes und der von diesem benutzten Handtücher zählt, steht ihm ein jährliches Pauschquantum von 400 Mk. zu.

Der Oeconom erhält das zur Zubereitung der Speisen resp. zur Besorgung der Wäsche erforderliche Feuerungs-Material und den freien Gebrauch sämmtlicher Küchen-, Wasch- und sonstigen Speise-Geräthschaften; derselbe ist dagegen verpflichtet, Letztere auf seine Kosten in gutem Zustande zu erhalten, abgängig gewordene neu zu beschaffen und am Ende der Contractszeit solche in gutem und brauchbarem Zustande wieder zurückzugewähren.

Ausgeschlossen hiervon sind nur diejenigen Geräthschaften der Hospitaliten und Kranken, die von denselben täglich gebraucht werden.

So lange das Stadtkrankenhaus mit dem Hospitale noch verbunden ist, sind dem Oeconomen die Functionen eines Krankenhaus-Inspectors übertragen, für welche er eine jährliche Remuneration von 900 Mk. bezieht.

Für den Fall der Abtrennung des Stadtkrankenhauses vom Hospitale und des Ueberganges der von der Stadt-Commune zu verpflegenden Kranken an die Königlichen Universitäts-Kliniken, welcher im nächsten Jahre bestimmt zu erwarten steht, erhält der Oeconom zu dem vorstehend unter a gedachten Einheits-Verpflegungssatze der Hospitaliten und Offizianten von 63 Pf. pro Kopf und Tag einen täglichen Zuschuß von je 4 Pf.

An Stelle des früheren Hausmanns Hölle trat vom 1. October d. J. ab der Hausmann Martin mit einem Monatslohn von 45 Mk. nebst freier Station. Diesem wurde außer seinen sonstigen Obliegenheiten auch die Heizung des Hospitals und des Stadtkrankenhauses mit übertragen, wodurch das Hospitals-Kasse die bisherige Ausgabe an Lohn für einen Hülfsheizer von 315 Mk. erspart worden ist. Außerdem ist nur noch zu erwähnen, daß in zwei Fällen Hülfskrankenwärter zur Pflege von Fleckfieberkranken angenommen werden mußten, die in dem Portierhause isolirt untergebracht wurden.

Von ausgeführten größeren baulichen Reparaturen ist zu berichten, daß der Putz der Ost-, Nord- und Südseite des Hospitalgebäudes wieder hergestellt und der Fußboden der Wirthschaftsstube des Hospitals, welcher vom Schwamme wiederholt angegriffen war, erneuert ist.

In Verbindung hiermit ist das Springbrunnen Bassin einer Reparatur unterworfen, da man die Wahrnehmung gemacht hatte, daß Letzteres die Ursache der häufigen Schwammbildungen sei. Ferner ist die desolate Böschung des Hospitalgartens an der Oderdanke repariert worden.

Die Ackergrundstücke des vormaligen Hospitals St. Antonii sind vom 1. October 1882 ab auf 12 Jahre mithin bis 1894 anderweit verpachtet. Die Neuverpachtung, die zum weitaus größten Theile an die bisherigen Pächter erfolgte, hat am Pachtgelde einen Mehrertrag von ca. 1400 Mk. ergeben, wobei nicht unerwähnt zu lassen ist, daß von dem Plane am Goldberge in Gräbschenertaler Mark zwischen dem Möhlicher Wege und der Möhlicher Mark, der Hordorfer Marlgrenze und der Bettram'schen Plane von 24 ha 51,09 ar eine Parzelle von 6 ha von der Wiederverpachtung ausgeschlossen ist, um solche zur Anlegung von Sand- und Kies-Gruben direct zu benutzen.

Zu diesem Behufe haben bereits die erforderlichen Bohrungen resp. Ausgrabungen stattgefunden, zu denen die Stadtverordneten Versammlung unterm 31. October d. J. 150 Mk. bewilligt hat.

Um dem allgemeinen Herabsinken des Zinsfußes der Werthpapiere zu begegnen und die Einkünfte des Kapital-Vermögens gegen über dem fortwährend im Steigen begriffenen Bedürfnisse des Hospitaletats in das richtige Verhältniß zu bringen, sind für 189.325 Mk. im Vermögen befindliche 4%ige Effecten verkauft und aus dem Erlöse derselben 4½%ige erste Hypothekenforderungen von zusammen 190 000 Mk. erworben worden.

Ungerechnet des Werthes der Liegenschaften und Gebäude hat sich das Vermögen des Hospitals gegen das Vorjahr um 10 467 Mk. 82 Pf. vermehrt.

Die gelegte Rechnung ergibt:

Tit.	Einnahmen.	Betrag. ℳ	₰	Tit.	Ausgaben.	Betrag. ℳ	₰
I.	Zinsen von Capitalien	30 113	48	I.	Legate	2 851	39
II.	Legat-Zinsen	44	13	II.	Steuern und Erbzinsen	720	56
III.	Erb- und Zeitpachte von Grundstücken	25 704	26	III.	Sonstige fixirte Abgaben	20	63
IV.	Ertrag von Berechtigungen	1 716	32	IV.	Besoldungen und Löhne	9 877	60
V.	Einkaufgeld von Hospitaliten	—	—	V.	Bureaukosten	191	34
VI.	Verlassenschaften	278	31	VI.	Instandhaltung des Grundbücke	3 722	60
VII.	Erstattung der Pflege im Krankenhause	15 869	97	VII.	Verpflegung	41 943	33
VIII.	Insgemein	747	42	VIII.	Instandhaltung der Utensilien und Wäsche	3 523	62
				IX.	Brenn- und Erleuchtungs-Material	5 055	40
	Summa	74 473	89	X.	Kurkosten c.	4 625	29
				XI.	Insgemein	2 613	90
	Hierzu:			XII.	Zur Capitalisirung	310 059	30
A.	Bestand	611	52				
B.	Deferte	—	50		Summa	385 277	95
C.	Reste	6 336	15				
D.	Eingegangene Capitalien	304 177	89		Hierzu:		
				A.	Vorschuß	—	—
	Einnahme Summa	385 599	95	B.	Rückerstattungen c.	—	—
				C.	Reste	2	16
					Summa	385 280	11
					Abschluß:		
					Einnahme	385 599	95
					Ausgabe	385 280	11
					Bestand	319	84

Wucherer-Stiftung.

Am 31. Juli v. J. verstarb die Beneficiatin unverehelichte Auguste Reuter. Mit der von ihr bezogenen Prabende von jährlich 180 Mark ist eine neue Prabende von jährlich 108 Mark geschaffen, mit welcher die unverehelichte Christiane Lübecke vom 1. August v. J. an bedacht worden ist und außerdem sind die 2 Prabenden der unverehelichten Franziska Arndt und Louise Hardt vom 1. September 1881 an von 108 Mark auf 140 Mark pro anno erhöht wurden.

Die Revenüen kommen demnach jetzt in folgenden Jahres-Prabenden zur Vertheilung:
a) in 1 Prabende von 225 Mark an die unverehelichte Marie Kehler,
b) in 2 Prabenden von je 150 Mark an Friederike Brendel und Christiane Dorenberg,
c) in 2 Prabenden von je 140 Mark an Franziska Arndt und Louise Hardt,
d) in 2 Prabenden von je 120 Mark an Henriette Teichmann und Christiane Dewerzenz,
e) in 1 neu creirten Prabende von 108 Mark an Christiane Lübecke.

Auch im vorigen Jahre wurde der zu a) genannten pp. Kehler eine Weihnachts-Extra-Unterstützung von 15 Mark gewährt.
Es betrugen pro 1881

die Einnahmen . . . . 2393 Mark 27 Pf.
die Ausgaben . . . . 2388 . 89 .

Bestand . . . . 4 Mark 38 Pf.

von Ritter'sche Stiftung.

Aus dem 1881. Zinsertrage des Stiftungscapitals von 4500 Preußischen 3½% Staats-Schuldscheinen sind den Statuten gemäß, wie in den Vorjahren zwei Jungfrauen mit je 78 Mark 75 Pf. unterstützt worden.

Ehrlich'sche Stiftung.

Wie wir bei allen von der Institutenkasse verwalteten Stiftungen und Fonds Bedacht genommen haben, die Zins-Einkünfte zu vermehren, so ist dies namentlich bei dieser Stiftung geschehen. Demgemäß sind für 62 950 Mk. im Vermögen befindliche 4%ige Effecten verkauft und aus dem Erlöse eine Hypothek von 63 000 Mk. zu 4½% auf ein hiesiges Hausgrundstück ausgeliehen.

Hierdurch konnten an den Siechenhaus-Fonds resp. die hiesige Taubstummen-Anstalt Beträge von 341 Mk. 34 Pf. resp. 170 Mk. 66 Pf. mehr gezahlt werden, als nach dem Etat ausgeworfen waren.

Der Wittwe Peter ist wie in den Vorjahren außer der feststehenden Unterstützung von jährlich 600 Mk. auch zu Weihnachten v. J. eine außerordentliche Unterstützung von 30 Mk. gewährt worden, wozu die Stadtverordneten-Versammlung unterm 12. December v. J. ihre Genehmigung ertheilt hat.

Die gelegte Rechnung hat folgende Resultate ergeben:

Tit.	Einnahmen.	Betrag. M.	Betrag. ₰	Tit.	Ausgaben.	Betrag. M.	Betrag. ₰
I.	Zinsen von Capitalien	11 844	48	I.	Beitrag zu den Verwaltungskosten der Institutenkasse	450	—
II.	Insgemein	—	—	II.	Unterstützung an die Wittwe Peter . . .	630	—
	Summa	11 844	48	III.	An den Siechenhaus-Fonds	6 098	83
				IV.	An die Taubstummen-Anstalt	3 049	41
	Hierzu:			V.	Zur Capitalisirung	66 112	05
	A. Bestand	—	—	VI.	Insgemein	1	85
	B. Defecte	—	—		Summa	76 342	14
	C. Reste	—	—		Hierzu:		
	D. Eingegangene Capitalien . .	64 672	40		A. Vorschuß	48	24
	Einnahme Summa	76 516	88		B. Rückerstattungen	—	—
					C. Reste	—	—
					Ausgabe Summa	76 390	38
					Abschluß:		
					Einnahme	76 516	88
					Ausgabe	76 390	38
					Bestand	126	50

Das Vermögen der Stiftung hat sich gegen das Vorjahr um 6074,74 Mk. vermehrt.

Bernheim'sche Stiftung.

Die Prämie pro 1881 von 30 Mark ist an die unverehelichte Caroline Andrä gezahlt, welche seit 24 Jahren bei dem Tischlermeister Friedrich Schurig sen. hier in Diensten steht.

Es betrugen

die Einnahmen . . . . 46 Mark 91 Pf.

die Ausgaben . . . . 45 „ — „

Bestand . . . . 1 Mark 91 Pf.

von Schlüsser'sche Stiftung.

Der Neffe der Stifterin, Frau General-Lieutenant Emilie v. Schlüsser, Julian Löwe in Neu-York, welchem aus den Stiftungs-Revenüen in erster Linie eine jährliche Leibrente von 1200 Mark zusteht, hat pro 1881 wiederum einen Ausfall von 320 Mark zu erleiden gehabt, da die den Haupt-Bestandtheil des Stiftungs-Vermögens bildenden 63 Kuxe der consolidirten Hall'schen Pfännerschaft nur eine Gesammt-Ausbeute von 945 Mark lieferten und dem pp. Löwe nach Bestreitung der sich auf 100 Mark 90 Pf. stellenden Verwaltungskosten nur an Leibrente in Summa 880 Mark gezahlt werden konnten.

Es betrugen

die Einnahmen . . . . 987 Mark 18 Pf.

die Ausgaben . . . . 963 „ 30 „

Bestand . . . . 23 Mark 88 Pf.

Elfenberg'sche Stiftung.

Eine Vertheilung der Stiftungs-Revenüen hat noch nicht stattgefunden. Dieselben sind vielmehr dem Capitale zugelegt, wodurch das Stiftungs-Vermögen im vorigen Jahre um 248 Mark 62 Pf. vermehrt worden ist.

Es betrugen

die Einnahmen . . . . 555 Mark 27 Pf.
die Ausgaben . . . . 554 „ 25 „
Bestand . . . . 1 Mark 02 Pf.

Brumhard-Stiftung.

Das Curatorium hatte nach dem Etat pro 1881 für Arme und Kranke über den Betrag von . . 1095 Mark — Pf. zu disponiren.

Hierzu sind in Gemäßheit des § 5 der Stiftungs-Statuten aus dem Fonds für besonders talentvolle unbe-
mittelte Schüler und Schülerinnen . . . . 225 Mark — Pf.
übertragen, so daß überhaupt an Arme und Kranke . . . . 1320 Mark — Pf.
vertheilt werden konnten.

Für Schüler und Schülerinnen waren pro 1881 etatirt . . . . 1275 Mark — Pf.
Aus 1880 waren noch vorhanden . . . . 246 „ 50 „

Summa 1521 Mark 50 Pf.

Von diesem Betrage sind, wie oben bemerkt, auf den Fonds für Arme und Kranke . . . . . 225 „ — „
übertragen

Verbleiben . . . . 1296 Mark 50 Pf.
Vertheilt sind jedoch nur . . . . 1235 „ — „

sodaß auf 1882 . . . . 61 Mark 50 Pf.
zu übertragen waren.

Außer der Rate von 1250 Mark, welche aus der der Stiftung überwiesenen Antheil des Stifters an den auf den Grundstücken der Actien-Gesellschaft „Juckerfabrik Körbisdorf" ursprünglich für die Geschwister Brumhard, von Goßler & Koch hypothekarisch eingetragenen, aus dem Kaufvertrage vom 1. März 1872 herrührenden rückständigen uneinziglichen Kaufgeldern von ursprünglich 300000 Mark — letzte Rate von 1250 Mark ist am 1. April d. J. fällig geworden — gezahlt ist konnte auch noch der Jahresbetrag des Brumhard'schen Familien-Stipendiums von 2000 Mark wegen mangelnder Bewerber capitalisirt werden, so daß das Vermögen ult. v. J. gegen 1880 eine Vermehrung um 3288 Mark 50 Pf. aufwies.

Um den in neuerer Zeit in Folge allgemeinen Sinkens des Zinsfußes und durch vollständige Abzahlung des mit 5% verzins-lichen Rest-Antheils der Stiftung an einer Handlung in Stettin geringer gewordenen Zinserträgniß wieder aufzuhelfen, sind für 27 000 Mark 4% Werthpapiere versilbert und mit dem Erlöse eine Hypothek auf ein hiesiges Hausgrundstück in gleichem Betrage zu 4½% begeben worden.

Die Rechnung weist nach:

Tit.	Einnahmen.	Betrag. ℳ | ₰		Tit.	Ausgaben.	Betrag. ℳ | ₰	
I.	Dotirung der Stiftung aus der Nachlaß-nahme	1250	—	I.	Renten und Unterstützungen	3635	—
II.	Zinsen von Kapitalien	4882	25	II.	Insgemein	3	80
				III.	Zur Capitalisirung	53795	65
	Summa	6132	25		Summa	57434	45
	Hierzu:				Hierzu:		
	A. Bestand	378	23		A. Vorschuß	—	—
	B. Defecte	5	50		B. Rückerstattungen	—	—
	C. Reste	585	—		C. Reste	—	—
	D. Eingegangene Kapitalien	50203	30		Ausgabe Summa	57434	45
	Einnahme Summa	57304	33		Abschluß:		
					Einnahme	57304	33
					Ausgabe	57434	45
					Vorschuß	130	12

Erdmann'sche Stiftung.

Eine Veränderung gegen das Vorjahr ist nicht eingetreten, da das frühere Dienstmädchen der Stifterin, unverehelichte Sophie Meyer die sich auf jährlich 267 Mark 45 Pf. stellenden Gesammt-Revenüen auf Lebenszeit bezieht und solche erst nach deren Tode an 4 würdige und bedürftige Dienstboten, die nicht unter 40 Jahr alt sein sollen, zu vertheilen sind.

Stiftung der Sparkassen-Gesellschaft für verschämte Arme.

Von dem Stiftungs-Kapitale sind für 25000 Mark 4% Werthpapiere verkauft und der Betrag dafür in einer Stadthypothek zu 4½% wieder angelegt.

Aus der Rechnung pro 1881 ist Folgendes mitzutheilen:

Tit.	Einnahmen.	Betrag. ℳ | ₰		Tit.	Ausgaben.	Betrag. ℳ | ₰	
I.	Zinsen	4868	20	I.	An das Stiftungs-Curatorium zur Verwendung	3837	60
	Summa	4868	20	II.	Rücklagen von den Jahres-Revenüen zur fortdauernden Vermehrung des Stiftungs-Capitals, (§ 7 Absatz 2 der Stiftungs-Statuten) resp. zur Capitalisirung .	26009	90
	Hierzu:				Summa	29847	50
	A. Bestand	2	37		Hierzu:		
	B. Deserte	—	—		A. Vorschuß	—	—
	C. Reste	—	—		B. Rückerstattungen	—	—
	D. Eingegangene Kapitalien . . .	25646	80		C. Reste	—	—
					D. Belegungen bei der städtischen Sparkasse	665	—
	Einnahme Summa	30517	37		Ausgabe Summa	30512	50
					Abschluß:		
					Einnahme	30517	37
					Ausgabe	30512	50
					Bestand	4	87

Aus dem Stiftungs-Curatorium ist der Rentant Schäfer, weil er aus der Moritz-Parochie verzogen, ausgetreten und der Gemeinde-Kirchenrath zu St. Moritz hat für dessen noch übrige Amtsdauer den Kanzlei-Rath Krause zum Mitgliede des Curatorii bestimmt.

Nach dem gemäß § 12 des Statuts vom Kassirer des Curatorii, Universitäts-Registrator Rittrip, vorgelegten Rechnungs-Auszuge haben die dem Curatorium überwiesenen 3837 Mark 60 Pf. folgende Verwendung gefunden.

Einnahme.

Von der städtischen Instituten-Kasse wurden gezahlt	3837 Mark	60 Pf.
An Sparkassen-Zinsen kamen auf	37	73 .
Dazu der vorjährige Bestand	981	17 .
	Summa 4856 Mark 50 Pf.	

Ausgabe.

Zu den statutenmäßigen Unterstützungen wurden verwendet:

für 1 Person	200 Mark	— Pf.
„ 1 „	150 .	— .
„ 1 „	120 .	— .
„ 6 Personen à 100 Mark	600 .	— .
„ 1 Person	80 .	— .
„ 1 do.	75 .	— .

```
für  6 Personen à 60 Mark  .  .  .  .  .  .  .   360 Mark    Pf.
 „  17    „    „ 50    .  .  .  .  .  .  .   850   „    — „
 „   7    „    „ 40    .  .  .  .  .  .  .   280   „    — „
 „   6    „    „ 30    .  .  .  .  .  .  .   180   „    — „
für 47 Personen           in Summa 2895 Mark — Pf.
        an Verwaltungskosten   .  .   1   „  50  „
                      Summa 2896 Mark 50 Pf.
```

Abschluß:
```
        Einnahme  .  .  .  .  .  4856 Mark 50 Pf.
        Ausgabe   .  .  .  .  .  2896  „   50  „
        Bestand   .  .  .  .  .  .  1959 Mark — Pf.
```

Domcapitularischer Stipendien-Fonds.

Die Ausbeute der das Vermögen dieses Fonds bildenden 11,8 Kuxe der consolidirten Halleschen Pfännerschaft betrug pro 1881 einschließlich der von der Königlichen Ober-Bergamts-Kasse hier gezahlten Entschädigung für den an pfännerschaftlichen Einkünften pro 1880 erlittenen Ausfall 327,70 Mk. Diese Summe ist an nachbenannte drei Studirende zur Vertheilung gelangt:

```
a. an den stud. math. Otto Kluge hier mit     120,— Mk.
b.  „   „   „   „ theol. Herm. Körner „   .   119,20  „
c.  „   „   „   „  „ Wilh. Köppel  „   .       88,50  „
                        Summa 327,70 Mk.
```

Fonds über den Ausbeute-Antheil der hiesigen Kirchen an der Zeche „Alwiner Verein."

Auch für das vorige Jahr ist, ebenso wie seit 1874, eine Ausbeute nicht vertheilt worden.

Der Fonds hat daher auch nur durch Zuschlag der aufgekommenen Zinsen eine Vermehrung von 16,25 Mk. erhalten.

Da nun der Betrieb auf der Grube „Alwiner Verein" ult. v. J. eingestellt worden ist, davon also auch künftig Ausbeuten nicht mehr zu erwarten sind, haben wir beschlossen, die fernere Verwaltung dieses Fonds aufzuheben und denselben zur Vertheilung zu bringen. Dabei sind wir von der Ueberzeugung ausgegangen, daß da im Jahre 1868 durch das Ein- und Umpfarrungs-Decret der kirchlichen Obern vom 22./25. April das ganze städtische Gebiet von der Südstraße und deren Verlängerung ab bis zum Schimmeltrain und dessen Verlängerung der Kirche zu St. Ulrich als dessen Parochial-Gebiet zugewiesen ist, wenn irgend eine, nur diese Kirche als die Empfangsberechtigte anzusehen sei.

Demgemäß ist der Bestand des kirchlichen Freikux-Fonds bestehend in:

```
        Zwei Halleschen Stadtobligationen de 1867, zum Gesammtbetrage von 450,— Mk.
        dem Sparkassenbuche Nr. 2933 über  .  .  .  .  .  .  45,— „
        einem Baarbestande von  .  .  .  .  .  .  .  .  .  .   4,33 „
                        in Summa 499,33 Mk.
```

an die St. Ulrichs-Kirche am 18. April d. J. ausgehändigt und damit die Verwaltung dieses Fonds geschlossen.

Von dem

Fonds zur Unterstützung hilfsbedürftiger Familien der ins Feld rückenden Wehrmänner u. Reservisten

kann nur mitgetheilt werden, daß die pro 1881 aufgekommenen Zinsen dem Stiftungs-Kapitale zugeschlagen sind, welches sich dadurch gegen das Jahr 1880 um 30 Mk. 32 Pf. vermehrt hat.

Fonds: Rückerstattungen auf Landwehr-Darlehne.

In Gemäßheit des im vorigen Verwaltungsberichte erwähnten Gemeinde-Beschlusses sind die Zinsen zum Capital geschlagen. Das Stiftungs-Kapital hat dadurch gegen das Jahr 1880 eine Vermehrung um 1288,63 Mk. erfahren und beträgt jetzt 26842,26 Mk.

Aus dem

Fonds zur Erhaltung des Krieger-Denkmals auf dem Königsplatze,

welcher durch das Geschenk des Kaisers von Rußland von 100 Dukaten im Jahre 1856 gestiftet worden, ist für Instandsetzung der Anlagen beim Denkmal der Betrag von 15 Mark gezahlt, und der Ueberschuß der Zinsen von 21,91 Mk. dem Stiftungs-Kapitale zugelegt.

Bürger-Rettungs-Institut.

Dem Verwaltungsbericht des Vorstandes für das vorige Jahr entnehmen wir Folgendes:

Die Mitgliederzahl stieg auf 248. Unverzinsliche Darlehne wurden gewährt an unbescholtene Einwohner aus den gewerbtreibenden Klassen, welche ohne ihr Verschulden ins Unglück gerathen sind, 7 Beträge à 149 Mk., 1 à 125 Mk., 7 à 120 Mk., 18 à 100 Mk., 6 à 90 Mk., 15 à 75 Mk., 1 à 63 Mk., 6 à 60 Mk., 1 à 50 Mk., 1 à 45 Mk., 1 à 36 Mk., 6 à 30 Mk., zusammen 70 Darlehne im Gesammtbetrage von 6207 Mk.

Von diesen Darlehen wurden 1541,50 Mk. zurückgezahlt, niedergeschlagen wurden 475,45 Mk. und in Rest verblieben 4665,50 Mk. Seit dem Bestehen des Instituts sind niedergeschlagen 10 109,86 Mk.

Rückständig sind noch aus dem Jahre

1870 =	55,90	Mk.
1872 =	59,10	„
1873 =	134,—	„
1874 =	316,35	„
1875 =	68,60	„
1876 =	272,65	„
1877 =	764,15	„
1878 =	1345,60	„
1879 =	1191,65	„
1880 =	2377,—	„
1881 =	4665,50	„
	11 250,50	Mk.

Der Vorstand besteht aus folgenden Mitgliedern:

Justizrath Göding, Vorsitzender, Rentier Wolff, Rentier C. Werner, Kaufmann Juhst, Kaufmann Klinkhardt, Rentier Arnold, Zimmermeister Ryritz, Stärkefabrikant Haase und Rentier Camnitius.

Die letzte Jahres-Rechnung ergab folgende Resultate:

Einnahme.

An Bestand aus dem Jahre 1880		865,64	Mk.
„ eingegangenen Kapitalien		225,—	„
„ Ueberschuß von A. Lehmann		2,80	„
„ Zinsen von Hypotheken	1050,22 Mk.		
„ „ Effecten	730,93 „	1781,25	„
„ ordentlichen Beiträgen		643,53	„
(darunter 150 Mk. Zinsen aus einer von uns verwalteten Stiftung)			
„ außerordentlichen Beiträgen			
(von den städtischen Collegien aus dem Schmidt'schen Legatenfonds bewilligt)		90,—	„
„ Darlehns-Rückzahlungen		5585,20	„
	Summa der Einnahme	9193,42	Mk.

Ausgabe.

An Verwaltungskosten		494,20	Mk.
„ Unterstützungen		6207,—	„
„ Uebertrag zum eisernen Fonds		336,76	„
	Summa der Ausgabe	7037,96	Mk.
	mithin Bestand ulto d. J.	2155,46	Mk.

Das Vermögen des Instituts betrug ulto v. J.

1.	Bestand	2155,46	Mk.
2.	Einnahme-Reste	11 250,50	„
3.	Eiserner Fonds	38 676,76	„
	Summa	52 082,72	Mk.
	Ende 1880	50 844,23	„

Es hat also eine Vermehrung stattgefunden um   1238,49 Mk.

Taubstummen-Anstalt.

In diesem in bisheriger Weise von dem Vorsteher und Gründer A. Kloß geleiteten Institut wurden 1881 56 Zöglinge unterrichtet. Entlassen wurden 10 Kinder. Ein Zögling verstarb. Neu aufgenommen wurden 11 Kinder. Die Gesammtzahl der in dieser, nunmehr 47 Jahre bestehenden Anstalt aufgenommenen Zöglinge betrug am Schlusse des vorigen Jahres 360.

Von dem Lehrerpersonal schieden aus 2 Lehrerinnen. Ein Lehrer trat neu ein. Im Ganzen fungiren an der Anstalt außer dem Vorsteher 7 Lehrer und 2 Lehrerinnen.

An bedeutenderen Geschenken und Unterstützungen flossen der Anstalt zu:

```
3000,—  Mk. von Fräulein Bertha Reinhardt,
 800,—   „  von der Verwaltung der Provinz Sachsen,
2860,78  „  aus der Ehrlich'schen Stiftung,
1820,60  „  vom hiesigen Frauen-Verein.
```

Ueber die Kassen-Verhältnisse ist folgendes zu berichten:

A. Einnahme.

1. Unterrichts-Honorar und Pflegegelder	12 236,52	Mk.
2. Beiträge einzelner Wohlthäter und Vereine	6304,21	„
3. Beiträge von Gemeinden und Parochien	3685,67	„
4. Ertrag für gelieferte Gegenstände und Zinsen	1396,89	„
5. Ertrag aus der Verloosung	1893,—	„
	Summa der Einnahme	25 516,29 Mk.

B. Ausgabe.

1. Für Drucksachen, Schreib- und Zeichenmaterial, Buchbinderlöhne	309,33	Mk.
2. „ Bekleidung und Verpflegung	9014,52	„
3. „ Postgeld	113,66	„
4. „ Dienstverrichtungen	911,56	„
5. „ weibliche Arbeiten, Material zur Verloosung	764,92	„
6. „ Gehälter und Verwaltung	8940,25	„
7. „ Weihnachts- und andere Festfreuden, Heizung und Beleuchtung	1363,92	„
8. „ Unterhaltung des Grundstücks	3202,02	„
9. Insgemein	750,20	„
	Summa der Ausgabe	25 370,38 Mk.

Abschluß.

```
Einnahme . . . . . . . . . .  25 516,29 Mk.
Ausgabe . . . . . . . . . .   25 370,38  „
                            ─────────────
            Bestand            145,91 Mk.
Hierzu Bestand aus dem Vorj. bis ult. 1880  27 139,33
                            ─────────────
       Ergiebt ult. v. J. Bestand  27 285,24 Mk.
```

Kinderbewahr-Anstalten.

Die Verhältnisse derselben haben sich im v. J. nicht wesentlich verändert.

Die I. Kinderbewahr-Anstalt (alte Promenade Nr. 1.) verpflegte, nach Tagen berechnet	21 760	Kinder.
„ II. „ (Langegasse Nr. 26) „ „ „	23 058	„
„ III. „ (des Frauenvereins Martinsberg Nr. 14) verpflegte nach Tagen berechnet .	23 877	„
„ IV. „ (des Neumarkts, Henriettenstraße Nr. 25) „ „	17 886	„

Die I. Kinderbewahr-Anstalt erhielt von einer langjährigen Gönnerin ein namhaftes Legat, ist aber trotzdem noch zu ihrer Unterhaltung auf wohlthätige Unterstützung angewiesen. Dem Frauen-Verein wurden für die III. Kinderbewahr-Anstalt zwei Legate ad 15 000 Mark und 3000 Mark von Frau Dr. Heller vermacht. Eigene Häuser besitzen die Anstalten I, II und IV.

Ferien-Colonien.

Die Einbürgerung dieser für die Kinderwelt so wohlthätigen Einrichtung verdanken wir besonders der Initiative des Stadtverordneten, Professor der Medicin Dr. Kohlschütter. Ihr humaner Zweck besteht bekanntlich darin, kränklichen Kindern unbemittelter Eltern während der Sommer-Ferien eine mehrwöchentliche Erholung und Stärkung in gesunder Luft zu verschaffen. Zu dem Behuf ist

M

ein Comité gebildet, welches das Kassenwesen und die Ferien-Touren ordnet, sowie die ausgewählten Kinder in Gruppen von je 12 unter Führung von Lehrern aussendet. Die Ausgaben, zu welchen im vorigen Jahre aus der Kämmereikasse 500 Mark bewilligt wurden, sind bisher im übrigen durch Privat-Sammlungen bestritten; dieselben betrugen bei jeder Gruppe (Colonie) für die Zeitdauer von 3 Wochen circa 400 Mark.

Vier Colonien waren es, welche so im Sommer v. J. in gesunder Harzluft zu Güntersberge, Friedrichsbrunn und Wippra ihre Ferien unter nützlichen Beschäftigungen, Spiel und körperlichen Uebungen mit sichtbarem Nutzen für körperliche wie geistige Kräftigung verbracht haben.

Weihnachts-Bescheerungen.

Das Bestreben, den Kindern bedürftiger Familien die daheim entbehrte Weihnachtsfreude zu bereiten, ist im verflossenen Winter in noch größerem Umfange wie früher bethätigt worden. Außer den Kinderbewahr-Anstalten sind namentlich der Frauen-Verein, der Verein für Volkswohl, der Protestanten-Verein, die Rettungs-Compagnie, der Verein der Cigarrenköpfchen-Sammler u. a. m. in diesem Sinne thätig gewesen. Dieselben wurden dabei zum Theil durch Geschenke, welche ihnen von den verschiedensten Seiten namentlich auch aus kaufmännischen und gewerblichen Geschäften zuflossen, unterstützt und haben Kleidungsstücke, Schulutensilien, Spielzeug u. dergl. zumeist unter ernsten Ansprachen und vor brennendem Christbaum an die armen Kinder reichlich vertheilt. —

XV. Unterrichtswesen.

Die Königliche Universität.

Im Laufe des vorigen Jahres wurden im Bau begonnen
1. die Augen- und Ohren-Klinik,
2. die 5. Barade der chirurgischen Klinik,

während die medizinische Klinik mit den dazu gehörigen beiden Blocks, dem Isolirhause und einer Capelle für die gesammten klinischen Anstalten bedeutend im Bau gefördert wurden, so daß die Vollendung der medicinischen Neubauten Michaelis 1843 spätestens zu erwarten ist. Interessant dürfte es sein hier zu recapituliren, welche Summen vom Staate seit wenigen Jahren für die zeitgemäße Einrichtung der hiesigen Universität aufgewendet worden sind bezw. bis zum Abschluß der jetzt noch im Bau begriffenen Neubauten zur Verwendung kommen.

Es kostet

1. die chirurgische Klinik	487 400	Mk.
2. „ Frauen-Klinik	472 000	„
3. Das Oeconomie-Gebäude	206 000	„
4. die Anatomie	390 000	„
5. das pathologische Institut	183 000	„
6. das physiologische Institut	180 000	„
7. die medicinische Klinik incl. Isolirhaus, Blocks und Capelle	591 000	„
8. die Augen- und Ohrnklinik	258 000	„
9. „ 5. Barade der chirurgischen Klinik	63 000	„
10. „ Bibliothek	390 800	„
11. „ Klärgruben- und Straßen-Anlage auf der Maillenbreite	99 000	„
12. Verschiedene Bauten des landwirthschaftlichen Instituts und zwar:		
a wirthschaftliche Gebäude auf dem Versuchsfelde	39 000 Mk.	
b. Maschinenhalle	34 000	„
c. Sammlungsgebäude	43 000	„
d. Administrationsgebäude im landw. Institut	32 000	„
e. ein neuer Schaafstall	14 000	„
f. Erweiterung des alten Schaafstalles	14 000	„
g. Verschiedene kleinere Bauten	46 000	„
in Summa	227 000	„

Summa 3 527 200 Mk.

Als Rector fungirte bis 12. Juli v. J. der Geh. Med.-Rath Prof. Dr. Clöhausen; von da ab Prof. Dr. theol. Riehm. Durch den Tod verlor die Universität am 24. October v. J. den Prof. der philosophischen Facultät Dr. Heine, am 14. November den Prof. Dr. Giebel und am 20. December den Prof. der juristischen Facultät Dr. Dochow.

Berufen wurden in die Professur für Histologie und vergleichende Anatomie der ordentl. Prof. Dr. Eberth von Zürich, in die juristische Facultät der ordentl. Prof. Dr. Zitelmann von Rostock.

Ernannt wurden zum ordentl. Honorarprofessor in der theologischen Facultät und Director des theol. pädagog. Seminars der frühere Rector der Landesschule Pforta Dr. Herbst.

Befördert zu außerordentlichen Professoren:

a. in der jurist. Facultät die Privat-Docenten Dr. Schollmeyer und Dr. Merkel,

b. in der philosophischen Facultät die Privat-Docenten Dr. Krohn und Dr. Thiele.

Von der Verpflichtung, Vorlesungen zu halten, wurden auf ihren Wunsch entbunden,

1. der Geh. Just.-Rath Prof. Dr. Witte,

2. „ „ Reg.-Rath „ „ Kramer,

letzterer zugleich von der Direction des pädagogischen Seminars.

Es gingen ab durch Berufung

nach Berlin der ordentl. Prof. der juristischen Facultät Dr. Bernice,

„ Rostock der außerordentl. Prof. Dr. Merkel als ordentl. Prof.

„ Greifswald der Privat-Docent Dr. Credner als außerordentl. Prof.

„ Breslau der Privat-Docent Dr. Jacher als außerordentl. Prof.

Neu habilitirt haben sich:

a. bei der medicinischen Facultät:

Dr. med. Schwarz für Geburtshülfe und Gynäkologie,

„ „ Oberst für Chirurgie;

b. bei der philosophischen Facultät:

Dr. phil. Wiltheiß für Mathematik,

„ „ Baumert für Chemie,

„ „ von Stein für Philosophie,

„ „ Wend für Geschichte,

„ „ Lehmann für Erdkunde,

„ „ Neumann für alte Geschichte,

„ „ Behrend für Chemie.

Das Reit-Institut der Universität wurde in seiner bisherigen Verfassung aufgehoben und für den Reitunterricht der Studirenden ein Vertrag mit dem Reitlehrer Schreiber geschlossen, welchem auf die Dauer des Vertrags der Titel Universitäts-Reitlehrer beigelegt ist.

Die Zahl der Professoren re. betrug ult. März d. J.:

	Zahl der Professoren		Privat-Docenten	Summa
	ordentliche	außerordentliche		
a. bei der theologischen Facultät	8	2	—	10
b. „ „ juristischen „	6	1	2	9
c. „ „ medicinischen „	10	4	10	24
d. „ „ philosophischen „	21	17	17	55
Summa	45	24	29	98
Hierzu:				
Lectoren				3
Sprachlehrer				2
Exercitienmeister				3
			Summa	106

Anzahl der Studirenden	theolog.	juristische	med.	philosoph.	Summa	Davon sind		Hospitanten	Gesammt-Summa.
	Facultät					Preußen	Nicht-Preußen		
im Sommer-Semester 1881 . .	359	111	190	633	1293	1108	185	31	1324
im Winter-Semester 1881/82 .	369	119	191	672	1351	1129	222	38	1389

Städtisches Schulwesen.

I. Das Stadt-Gymnasium.

Das Curatorium verlor seinen Vorsitzenden, den ersten Bürgermeister Bertram am 25. Mai d. J. durch den Tod: an dessen Stelle trat der jetzige Erste Bürgermeister Staude. Die Stelle eines Mitgliedes ist noch unbesetzt.

Unterm 27. Februar d. J. kamen folgende für das Gymnasium wichtige Gemeinde-Beschlüsse zu Stande:

1. Die Anstalt wurde bis auf weiteres als ein doppelklassiges Gymnasium anerkannt, die Zahl der ordentlichen Lehrer von 6 auf 9 erhöht und zwei ständige wissenschaftliche Hülfslehrerstellen creirt.
2. Zum 1. April d. J. wurde der Normal-Besoldungs-Etat der Staats-Gymnasien eingeführt; die Besoldungs-Verhältnisse des Lehrercollegiums sind demgemäß folgendermaßen geregelt: der Director erhält 5400 Mk. Gehalt, die sechs Ober-lehrer 4500, 4200, 3900, 3750, 3600 und 3450 Mk.; die neun ordentlichen Lehrer 3300, 3150, 3000, 2850, 2700, 2550, 2400, 2100 und 1800 Mk., die beiden wissenschaftlichen Hülfslehrer je 1500 Mk. Außerdem erhält der Director Dienstwohnung; die Oberlehrer beziehen je 660 Mk., die ordentlichen Lehrer je 432 Mk. Wohnungsgeld-Zuschuß.
3. Ebenso wurde das Schulgeld, welches bis dahin für die drei oberen Klassen bei Einheimischen 96 Mk., bei Auswärtigen 120 Mk., für die drei unteren Klassen bei Einheimischen 84 Mk., bei Auswärtigen 100 M. und für die Vorschule 72 Mk., betragen hatte, wie folgt, festgesetzt:
   a. für die hiesigen Schüler des Gymnasiums auf 100 Mk.
   b. für die Auswärtigen desgl. 150 Mk.
   c. für die Schüler der Vorschule 80 Mk.

Zu der letztgedachten Maßregel zwang uns das erhebliche Anwachsen des Kämmerei-Zuschusses, welcher abgesehen von der Verzinsung des Gymnasial-Baucapitals im Jahre 1880/81 bereits die Höhe von fast 21000 Mk. erreicht hatte.

In die 7. 8., und 9. ordentliche Lehrerstelle sind die bisherigen außeretatmäßigen Lehrer D. Venediger, D. Berndt und D. von Nagy eingerückt; die wissenschaftlichen Hülfslehrerstellen wurden den Candidaten des höheren Schulamts Theodor Höllniger und D. Reinhold Probe verliehen.

Die Frequenz betrug:

a. Bei dem Gymnasium.

		Ostern 1881	darunter Auswärtige	Ostern 1882	darunter Auswärtige			Ostern 1881	darunter Auswärtige	Ostern 1882	darunter Auswärtige
Prima	a.	30	8	30	8	Quarta	a.	37	7	43	5
"	b.	26	7	19	3	"	b.	53	7	35	6
Secunda	a. 1.	27	6	19	3	Quinta	a.	30	3	31	4
"	a. 2.	14	2	19	4	"	b.	39	8	34	4
"	b.	37	9	41	9	Sexta	a.	33	2	39	3
Tertia	a. 1.	28	8	25	5	"	b.	39	2	33	2
"	a. 2.	21	5	33	5						
"	b. 1.	35	3	35	8		Summa	474	81	463	70
"	b. 2.	25	4	27	1			mithin weniger 11			

b. Bei der Vorschule des Gymnasiums.

Klasse	Ostern 1881	Ostern 1882	darunter Auswärtige	Klasse	Ostern 1881	Ostern 1882	darunter Auswärtige
I a.	33	29	2	III.	52	29	2
I b.		26	2	IV.	45	23	—
II a.	37	32	—	Summa	167	166	9
II b.		27	3		mithin weniger 1		

Die Rechnung der Gymnasialkasse weist folgende Resultate nach:

Tit.	Einnahmen.	1881/82. ℳ ₰	1880/81. ℳ ₰	Tit.	Ausgaben.	1881/82. ℳ ₰	1880/81. ℳ ₰
I.	Von Grundeigenthum . . .	720 —	720 —	I.	Besoldungen	50050 —	49050 —
II.	Zinsen von Capitalien . . .	74 25	74 25	II.	Andere persönliche Ausgaben .	21060 —	21244 —
III.	An Berechtigungen . . .	— —	— —	III.	Pensionsfonds	— —	— —
IV.	Kämmerei-Zuschuß . .	24391 19	20996 44	IV.	Unterrichtsmittel	1771 95	1547 09
				V.	Unterhaltung der Schul-Utensilien	292 55	582 56
V.	Hebungen von Schülern:			VI.	Heizung und Erleuchtung .	2085 02	2102 14
	1. Schulgeld . . .	50971 —	53250 —	VII.	Miethszinsen . . 1050 Mk.	— —	— —
	2. Eintrittsgeld . . .	231 —	306 —	VIII.	Bauten	916 01	729 97
VI.	Pensionsfonds	— —	— —	IX.	Abgaben und Lasten . .	— —	— —
VII.	Insgemein	555 46	531 70	X.	Cultuskosten	— —	— —
				XI.	Schulfeierlichkeiten . . .	394 82	350 20
	Summa	76942 90	75877 39	XII.	Verwendung der Zinsen von geschenkten Capitalien . . .	74 25	74 25
				XIII.	Insgemein	298 30	266 28
					Summa	76942 90	75877 39

2. Das Elementar-Schulwesen.

Die Mitglieder der Schulcommission, Oberprediger Saran und Oberdiaconus Wächtler wurden nach Ablauf ihrer Wahlperiode für die Zeit vom 1. Januar d. J. bis 31. December 1887 wiedergewählt.

Die Bürgerschule.

Am 1. April v. J. wurden 4 neue Lehrerstellen creirt; in dieselben sowie an Stelle des am 22. Januar v. J. gestorbenen Lehrers Thon und des freiwillig ausgeschiedenen Lehrers Donath wurden die Lehrer Peinze, Keil, Friedrich, Hermann, Weisbarth und Wirth berufen. Der Lehrer Schunke wurde auf Anordnung der Königl. Regierung am 1. October v. J. von der Bürger-Mädchenschule an die Volksschule versetzt; an seine Stelle trat der Lehrer von der Volksschule Lehmann.

In der Organisation der Bürgerschule ist nichts geändert; bei Beginn des Berichtsjahres waren 27 Knaben- und 26 Mädchen-klassen, in Summa 53 Klassen vorhanden. In Folge der steigenden Frequenz mußten zum 1. April d. J. wieder 5 neue Lehrerstellen creirt werden. Zu demselben Zeitpunkt konnte der 12 klassige Anbau der Bürger-Mädchenschule im Wesentlichen fertiggestellt werden.

Die Frequenz der einzelnen Klassen stellte sich folgendermaßen:

A. Knaben.

Klasse	Ostern 1881	Ostern 1882	Klasse	Ostern 1881	Ostern 1882
I.	42	44	VI.	59	66
II.	44	38	VI.	53	70
II.	44	44	VI.	58	—
III.	64	53	VII.	64	58
III.	65	57	VII.	66	59
III.	—	70	VII.	62	58
IV.	63	61	VII.	65	49
IV.	72	51	VII.	—	58
IV.	53	51	VII.	—	51
IV.	53	58	VIII.	65	74
V.	61	58	VIII.	66	70
V.	63	56	VIII.	65	76
V.	63	60	VIII.	59	69
V.	63	56	VIII.	64	60
V.	—	55			
VI.	58	68	Summa	1616	1765 incl. 88 Auswärtige,
VI.	58	68			mithin mehr 149.

B. Mädchen.

Klasse	Ostern 1881	1882		Klasse	Ostern 1881	1882
I.	39	21		VI.	65	52
II.	52	61		VI.	56	57
III.	70	60		VI.	—	55
III.	70	60		VII.	58	58
III.	—	60		VII.	60	59
IV.	63	51		VII.	56	59
IV.	67	54		VII.	58	52
IV.	64	61		VII.	55	50
IV.	55	63		VIII.	62	72
V.	64	62		VIII.	62	70
V.	62	70		VIII.	59	69
V.	60	66		VIII.	59	70
V.	60	67		VIII.	56	73
VI.	70	62		Summa	1567	1672 incl. 50 Auswärtige.
VI.	65	58		mithin mehr		105.

	1881	1882
A. Knaben	1616	1765
B. Mädchen	1567	1672
Zusammen	3183	3437
mithin mehr		254.

Die Volksschule.

Die wachsende Frequenz bedingte vom 1. April v. J. ab eine Vermehrung um 4 Klassen, für welche die Lehrer Freye, Tschierschke, Rensch und die Lehrerin Dräge berufen wurden. An die Stelle des am 2. Februar v. J. gestorbenen Lehrers Schabe trat die Lehrerin Demler, anstatt des am 26. März v. J. gestorbenen Lehrers Wenzel der Lehrer Lehmann. Letzterer wurde, wie bereits erwähnt, am 1. October v. J. an die Bürgerschule versetzt. Die Organisation der Volksschule blieb unverändert. Bei Beginn des Berichtsjahres waren 27 Knaben- und 28 Mädchenklassen, in Summa 55 Klassen excl. der Nachhülfeklasse für schwachsinnige Kinder vorhanden, zum 1. April d. J. mußten wieder 8 neue Klassen errichtet werden, um der Vermehrung der Schülerzahl zu genügen. Der Neubau des 36klassigen Schulgebäudes auf dem Grundstücke Taubengasse 10 ist zum großen Theil fertig gestellt.

In den einzelnen Klassen der Volksschule befanden sich:

A. Knaben.

Klasse	Ostern 1881	1882		Klasse	Ostern 1881	1882
I.	56	54		IV.	—	77
I.	63	63		V.	70	64
II.	65	64		V.	70	64
II.	66	67		V.	72	66
II.	65	61		V.	79	71
II.	66	60		V.	77	72
III.	71	57		V.	55	77
III.	71	57		VI.	79	72
III.	68	49		VI.	75	68
III.	69	62		VI.	68	70
III.	72	61		VI.	66	73
III.	—	58		VI.	64	76
IV.	78	73		VI.	—	77
IV.	79	74		Nachhülfe	8	6
IV.	78	74		Summa 1890		2018
IV.	74	76		mithin mehr		128.
IV.	76	75				

Oftern — B. Mädchen.

Klaffe	1881	1882
I.	56	51
I.	58	48
II.	61	58
II.	58	59
II.	51	54
II.	52	53
III.	82	66
III.	83	64
III.	69	67
III.	68	67
III.	—	65
IV.	77	74
IV.	77	73
IV.	77	72
IV.	72	71
IV.	73	72
IV.	74	71

Klaffe	1881	1882
IV.	—	79
V.	75	68
V.	75	65
V.	77	68
V.	62	71
V.	62	72
V.	64	70
V.	57	68
VI.	84	82
VI.	85	83
VI.	84	78
VI.	84	83
VI.	60	79
VI.	—	79
Nachhilfe	4	4
Summa	1960	2134
mithin mehr		165.

	1881	1882
A. Knaben	1890	2018
B. Mädchen	1969	2134
Summa	3859	4152
mithin mehr		293.

Während der letzten 10 Jahre hat die Frequenz unferer Volts- und Bürgerschule folgendermaßen zugenommen:

Oftern	der Bürgerschule					der Volksschule					der beiden Schulen zusammen.	
	Knaben	Mädchen	Summa	Zunahme	Abnahme gegen das Vorjahr.	Knaben	Mädchen	Summa	Zunahme	Abnahme gegen das Vorjahr.	Summa	Zunahme gegen das Vorjahr.
1873	1135	1096	2231	157	—	1163	1238	2401	—	106	4632	41
1874	1128	1152	2280	29	—	1202	1289	2491	90	—	4751	119
1875	1174	1153	2327	67	—	1231	1373	2604	113	—	4931	180
1876	1259	1255	2514	187	—	1336	1451	2787	183	—	5301	370
1877	1291	1274	2565	51	—	1379	1542	2921	134	—	5486	185
1878	1341	1296	2637	72	—	1486	1620	3106	185	—	5743	257
1879	1447	1378	2825	188	—	1655	1740	3395	289	—	6220	477
1880	1546	1474	3020	195	—	1759	1863	3622	227	—	6642	422
1881	1616	1567	3183	163	—	1990	1960	3850	228	—	7033	391
1882	1765	1672	3437	254	—	2018	2134	4152	302	—	7589	556

Bei der Volksschule waren im vorigen Jahre unter 3850 Schulkindern 1605 von Schulgeld ganz befreit; bei 559 Kindern wurde dasselbe auf die Hälfte ermäßigt. Im Jahre 1880/81 hatten sich unter 3622 Schulkindern 1348 Freischüler befunden.

Das Schulgeld beträgt bisher an der Volksschule für 1 Kind 18 Mark, für 2 und mehr Kinder derselben Familie 36 Mark; in Fällen beschränkter Erwerbsfähigkeit der Eltern können diese Schulgeldsätze auf Befürwortung der betreffenden Armen-Bezirkscommissionen auf die Hälfte ermäßigt werden. Bei der Bürgerschule dagegen werden für 1 Kind 30 Mark, für 2 und mehr Kinder 60 Mark Schulgeld erhoben.

Bei der letzten Etatsberathung stellten wir mit Rücksicht auf die große Zahl der Mahnungen und Erecutionen, welche die Schulgeld-Erhebung nothwendig macht, sowie im Hinblick darauf, daß von den größeren und mittleren Städten unserer Monarchie, soweit uns bekannt, keine Einzige so hohes Schulgeld an ihren Volksschulen erhebt, den Antrag, das Schulgeld bei der Volksschule für 1 Kind auf 12 Mark, für 2 und mehr Kinder auf 24 Mark herabzusetzen und in Fällen beschränkter Erwerbsfähigkeit der Eltern auf die Hälfte dieser Sätze zu ermäßigen. Bei diesem Antrage werden wir nicht nur von der Schulcommission, sondern auch von der Armen-Direction und der Finanzcommission unterstützt, indem man allseitig anerkannte, daß die bisherigen Schulgeldsätze für die ärmern Klassen außerordentlich drückend seien. Unser Antrag ist zwar von der Stadtverordneten-Versammlung abgelehnt worden, dieselbe erkannte jedoch insoweit unsere Beweggründe an, daß sie gleichzeitig an uns das Ersuchen richtete, die Frage der event. Reduction des Schulgeldes in Verbindung mit der Frage einer Umformung unseres Elementarschulwesens (Errichtung einer Freischule) nochmals in Erwägung zu nehmen und demnächst Vorlage darüber zu machen. Dieser Aufforderung werden wir gerne entsprechen.

Die Einnahmen und Ausgaben der Schulkasse betragen:

Tit.	Einnahmen.	1881/82.		1880/81.		Tit.	Ausgaben.	1881/82.		1880/81.	
		_M._	_S._	_M._	_S._			_M._	_S._	_M._	_S._
I.	A. Zinsen von Legaten . .	391	94	390	08	I.	Gehälter und Remunerationen .	192 618	20	183 079	
	B. „ „ disponibl. Capital-Vermögen	226	26	226	26	II.	Pensionen	2 566	10	2 566	
II.	Schulgelder:					III.	Unterrichtsmittel und Bureaubedürfnisse	2 115	05	1 804	
	1. in der Bürgerschule .	78 586	50	71 695	50	IV.	Heizung	4 713	37	4 088	
	2. „ . Volksschule .	23 628	75	24 615	60	V.	Prämien für fleißige Schüler .	1 010	63	870	
III.	Miethzinsen für Dienstwohnungen	1 200	—	1 200	—	VI.	Schulgeld Erlasse	936	—		
IV.	Zuschuß aus der Kämmerei .	95 002	38	92 836	29	VII.	Miethzinsen = 23 250 Mk.	1 650	—	—	
V.	Insgemein:					VIII.	Baukosten und Utensilien .	4 814	45	3 352	
	1. Schulcollectengelder der Stadtkirchen. . . .	112	43	117	09	IX.	Insgemein	1 779	56	6 077	
	2. Strafgeld für Schulversäumnisse	394	—	248	50		Summa	212 203	26	201 836	
	3. Freiturgelder des Albiner-Vereins	—		—			Hierzu:				
	4. von der Kasse des Gymnasiums über die der Vorschule überwiesenen Elementarlehrer . . .	9 114	—	9 282	—		1. Vorschuß . . . . . . 2. Rechnungsvergütigungen . 3. Reste . . . . 4. Angelegte Capitalien . .	— — — —		— — — 420	
	5. unvorhergesehene Einnahmen	240	75	174	75		Summa der Ausgabe	212 203	26	202 256	
	Summa	208 897	01	200 806	07						
	Hierzu:										
	1. Bestand aus dem vorigen Jahre	—		—							
	2. Defecte	—		—							
	3. Reste	3 306	25	1 030	37						
	4. Eingegangene Capitalien	—		422	45						
	Summa der Einnahme	212 203	26	202 258	89						

Bei der Arbeits-Anstalt der Volksschule stellten sich die Rechnungsergebnisse wie folgt:

Tit.	Einnahmen.	1881/82.		1880/81.		Tit.	Ausgaben.	1881/82.		1880/81.	
		_M._	_S._	_M._	_S._			_M._	_S._	_M._	
I.	Für gefertigte Arbeiten . .	1 314	69	921	77	I.	Für Arbeitsmaterialien . . .	737	20	448	—
II.	Zinsen vom Capital-Vermögen .	255	—	243	—	II.	Prämien	309	76	248	87
III.	Insgemein	—		—		III.	Verwaltungskosten	45	—	45	—
IV.	Zurückgezahlte Capitalien .	—		—		IV.	Insgemein	1	06	1	85
	Summa	1 569	69	1 164	77	V.	Angelegte Capitalien . . .	613	70		
	Hierzu:						Summa	1 706	72	757	72
	A. Bestand ult. März 1880 resp. 1881 . . .	625	78	198	—		Bestand	488	75	605	76
	B. Defecte	—		—							
	C. Reste	—		—							
	Summa der Einnahme	2 195	47	1 362	90						

Die katholische Schule.

Die steigende Frequenz der Anstalt machte zum 1. October v. J. die Errichtung einer neuen Klasse nöthig, zu welche der Lehrer Theele berufen wurde.

In den 4 Klassen befanden sich:

		Ostern 1881.	Ostern 1882
in Klasse I Knaben		25	59
„ „ I Mädchen		28	55
„ „ II gemischt	32 Knaben / 37 Mädchen } 69	31 Knaben / 36 Mädchen } 67
„ „ III „	53 Knaben / 52 Mädchen } 105	42 Knaben / 30 Mädchen } 72
	Summa	227	253
	mithin mehr		26

Die Rechnung der katholischen Schulkasse ergiebt:

Tit.	Einnahme.	1881/82.		1880/81.		Tit.	Ausgabe.	1881/82.		1880/81.	
		ℳ	₰	ℳ	₰			ℳ	₰	ℳ	₰
I.	Zinsen	720	—	680	—	I.	Gehälter	4335	—	3735	—
II.	Aus der Regierungshaupt-Kasse zu Merseburg	150	—	150	—	II.	Unterrichtsmittel	32	55	43	80
III.	Schulgelder	1588	50	1574	25	III.	Heizung und Reinigung	240	—	240	—
IV.	Miethzins für die Dienstwohnung des Lehrers	210	—	210	—	IV.	Schul-Utensilien	12	—	16	50
V.	Zuschuß aus der Kämmerei	2907	52	1551	33	V.	Beitrag zu den Verwaltungskosten der Kämmerei	100	—	100	—
VI.	Insgemein	150	—	150	—	VI.	Insgemein	695	80	237	33
	Summa	5728	02	4315	58		Summa	5415	35	4372	63
	Hierzu:						Hierzu:				
1.	Bestand	808	79	1071	85	1.	Vorschuß				
2.	Defecte	—	—	1	50	2.	Rechnungsquittungen	1022	90	1016	30
3.	Reste	7	50	—	—	3.	Reste	—	—	—	—
4.	Eingegangene Capitalien	—	—	—	—	4.	Angelegte Capitalien	—	—	—	—
	Summa der Einnahme	6542	31	5388	93		Summa der Ausgabe	6438	25	5388	93
							Bestand	104	06	—	—

Die Sonntagsschule,

welche unter Leitung des Directors Scharlach stand und im vorigen Jahre durchschnittlich 80 Schüler zählte, ist eingegangen bezw. mit der Fortbildungsschule vereinigt. Ihre Einnahmen und Ausgaben betragen:

Tit.	Einnahme.	1881/82.		1880/81.		Tit.	Ausgabe.	1881/82.		1880/81.	
		ℳ	₰	ℳ	₰			ℳ	₰	ℳ	₰
I.	Zinsen vom Capital-Vermögen	42	—	42	—	I.	Besoldungen	135	—	135	—
II.	Schulgeld	477	—	375	—	II.	Unterrichts-Honorar	465	—	465	—
III.	Zuschuß aus der Kämmerei	426	40	469	—	III.	Utensilien und Unterrichtsmittel	42	40	18	50
IV.	Insgemein	—	—	—	—	IV.	Für Feuerungsmaterial zur Heizung der Unterrichtslocale	51	—	51	—
	Summa	945	40	886	—	V.	Insgemein	252	—	216	50
							Summa	945	40	886	—

9

Die Fortbildungsschule

hat in Folge der dankenswerthen Anstrengungen des Curatoriums, namentlich des Stadtraths Hildenhagen, welcher den Vorsitz in demselben an Stelle des Stadtraths Zernial übernahm und die Theilnahme der Bürgerschaft, speciell der gewerblichen und industriellen Kreise, für diese Anstalt wieder zu erwecken vermochte, einen recht erfreulichen Aufschwung genommen. Ein entsprechender Lehrplan wurde ausgearbeitet, für Erweiterung der Unterrichtslocale, Vermehrung der Lehrmittel und Lehrkräfte Sorge getragen. In Folge dessen wurde dann auch diese Schule durch die Gemeindebeschlüsse vom 13. December v. J., 13. Februar und 28. März d. J. vollständig als Communal-Anstalt auf den Kämmerei-Etat übernommen. Die Gesammtzahl der Schüler stieg im verflossenen Winter von 63 auf 172.

Gesammtzahl der Schüler 1881 = 63. 1882 = 172.

Dieselben vertheilen sich auf folgende Unterrichtsfächer:

Deutsch	1. Abtheilung	49	Buchführung 2. Abtheilung	37
Deutsch	2. „	57	Physik und Chemie	22
Rechnen	1. „	59	Bauconstructionslehre	20
Rechnen	2. „	79	Fremde Sprachen	38
Geometrie	1. „	33	Fachzeichnen	35
Geometrie	2. „	70	Freihandzeichnen	79
Buchführung	1. „	17		

Die Rechnungsresultate stellten sich, wie folgt:

Tit.	Einnahme.	1881/82. ℳ ₰	Tit.	Ausgabe.	1881/82. ℳ ₰
I.	Zinsen vom Capital-Vermögen	14 30	I.	Unterrichts-Honorare	784 —
II.	Schulgeld	366 —	II.	Lehrmittel und Utensilien	159 15
III.	Beitrag des Vereins für Volkswohl	100 —	III.	Zu Prämien für fleißige Schüler	— —
IV.	Zuschuß aus der Kämmerei	2569 75	IV.	Verwaltungskosten	753 71
V.	Insgemein	— —	V.	Insgemein	1635
	Summa der Einnahme	3949 05		Summa der Ausgabe	3332 01

Abschluß:

Die Einnahme beträgt	3949	05
Die Ausgabe beträgt	3332	01
Bestand	617	04

Die gewerbliche Zeichenschule

hatte unter der Fortdauer ihrer provisorischen Einrichtungen zu leiden. Es ist bis jetzt noch nicht gelungen, einen geeigneten Dirigenten für dieselbe zu gewinnen, welcher definitiv angestellt werden könnte. Die Bemühungen in dieser Richtung werden vom Curatorium fortgesetzt; zugleich geht unser Bestreben dahin, bei der Reorganisation dieser Anstalt eine Verbindung derselben mit der Fortbildungsschule herzustellen.

Die Gesammtzahl der Schüler betrug Ostern 1881 = 52, 1882 = 27. Dieselben vertheilen sich auf folgende Unterrichtsfächer:

Elementares Freihandzeichnen 16,		Projectionszeichnen 20,	
Schwierigeres „ 9,		Architectur- und kunstgewerbliches Zeichnen 5.	

Die Rechnung ergab folgende Resultate:

Tit.	Einnahme.	1881/82. ℳ ₰	1880/81. ℳ ₰	Tit.	Ausgabe.	1881/82. ℳ ₰	1880/81. ℳ ₰
I.	Eigene Einnahmen	497 —	498 —	I.	Persönliche Ausgaben	3768 —	2148 —
II.	Zuschüsse:			II.	Sächliche	866 20	461 63
	a. aus Staatsfonds	2068 60	1055 81				
	b. aus der Kämmerei	2069 60	1055 82		Summa	4634 20	2609 63
	Summa	4634 20	2609 63				

Die Franckeschen Stiftungen.

Die Lehranstalten derselben zählten im vorigen Jahre Schüler:

Name der Schule.	Kopfzahl in Klasse										In Summa.
	I.	II.	III.	IV.	V.	VI.	VII.	VIII.	IX.	X.	
1. Lateinische Hauptschule	77	124	187	131	117	118	—	—	—	—	754
2. Real-Gymnasium	59	77	113	113	92	96	—	—	—	—	550
3. Höhere Mädchenschule	23	22	34	42	44	45	45	47	38	40	380
4. Bürger-Knabenschule	22	41	72	98	130	121	63	58	—	—	605
5. Vorschule	48	41	39	53	43	42	—	—	—	—	266
6. Bürger-Mädchenschule	24	78	59	62	105	64	61	56	—	—	509
7. Freischule für Knaben	47	55	60	65	—	—	—	—	—	—	227
8. „ „ Mädchen	47	56	61	68	—	—	—	—	—	—	232
										Gesammt-Summa	3523

Privatschulen.

Die Frequenz der hiesigen Privat-Töchterschulen stellte sich im vorigen Jahre wie folgt:

1.	Die höhere Töchterschule von	Frl.	Baum	hatte	228	Schülerinnen,	
2.	„	„	„	„	Wünschmann	„	82	„
3.	„	„	„	„	Stange	„	78	„
4.	„	„	„	„	Schrödel	„	36	„
5.	„	„	„	„	Colberg	„	16	„
6.	„	„	„	„	Vollmer	„	13	„

in Summa 453 Schülerinnen.

Die Frauen-Industrie-Schule von Fräulein Wildhagen nahm einen nicht unbedeutenden Aufschwung. Ihre Frequenz stieg auf 106 Schülerinnen, welche in Handarbeiten, Maschinennähen, Wäsche-Zuschneiden, Schneiderei und Buchführung unterrichtet werden.

Kindergärten.

Am Anfang des Berichtsjahres bestanden hier 8 Kindergärten, denen im Laufe des Jahres noch solche der Kindergärtnerinnen Hedwig Gebhardt, Barfüßerstraße 16, und Elise Teichmann, Friedrichstraße 23, hinzutraten.

Der Gesammt-Aufwand der Kämmereikasse für das Schulwesen hat betragen:

		Zuschuß pro 1/4. 1881/82.
1.	Städtisches Gymnasium	24 391,19 Mk.
2.	Evangelische Bürger- und Volksschulen	95 002,39 „
3.	Katholische Schule	2 907,52 „
4.	Sonntagsschule	426,40 „
5.	Zeichenschule	2 068,60 „
6.	Lateinische Hauptschule der Franckeschen Stiftungen .	3 000,— „
7.	Baum'sche höhere Töchterschule	3 000,— „
8.	Fortbildungsschule	1 500, - „

Summa 132 296,09 Mk.

Gegen 1880/81 mit 129 214,01 „

mehr 3 082,08 Mk.

XVI. Kirchenwesen.

Bezüglich der kirchlichen Verhältnisse hiesiger Stadt sind während der Berichtsperiode mehrfache, nicht unwichtige Thatsachen hervorgetreten. — Was die Personalien betrifft, so ist der erste Domprediger, Consistorialrath W. Jode, einer der ausgezeichnetsten Geistlichen unserer Stadt, am 13. Mai v. J. verstorben und ist dessen Stelle noch nicht wieder besetzt. Außerdem ist der frühere Hilfsprediger für Glaucha, Dondorf, im November v. J. als Pfarrer nach Alach abgegangen, und für denselben D. O. Schmidt als Hilfsgeistlicher berufen.

Weiter erforderte die bedeutende Erweiterung der Stadt nach Norden eine Grenzregulirung der Marien- und Neumarkt-Parochien. Zu diesem Zwecke ist durch Verhandlungen der Betheiligten mit den Patronate der Stadt und den königlichen Aufsichtsbehörden die neue Grenzlinie von der Saale unterhalb des Jägerplatzes zur Reilbahn, Scharrngasse, Theile vom Weidenplan, der Sophien-, verlängerten Wilhelm-, Bucherer- und Gütchenstraße bis zur Grenze des Stadtbezirks gezogen, wonach alles davon nördlich, resp. westlich belegene Terrain Parochialgebiet von St. Laurentii, alles südlich resp. östlich bis zu den Grenzen der Nachbar-Parochieen befindliche Terrain zu U. L. Frauen eingepfarrt sein soll. Der im vorigen Verwaltungsberichte gezeichnete Parochial-Verband hiesiger Stadtephorie hat den Erwartungen zureichender Deckung der durch die neuere Kirchengesetzgebung entstandenen kirchlichen Einnahme-Ausfälle, sowie einer befriedigenden Stolgebühren-Regulirung auch im letzten Jahre wieder vollkommen entsprochen. Es sind durch denselben pro 1881 für Verbandszwecke 7⅐% der Klassen, klassificirten Einkommen-, Gebäude- und Grundsteuern im Betrage von 28061,58 Mt. resp. 1% für den Pensionsfonds der evangelischen Landeskirche = 4008,80 Mt. erhoben und mit ganz unwesentlichen Ausnahmen in baulenswerther Bereitwilligkeit entrichtet worden.

Außer dieser letzteren Summe betrugen die Einnahmen für eigentliche Verbandszwecke überhaupt:

1. Aus der Umlage	28061,58	Mt.
2. Beiträgen der Staatskasse	2810,88	"
3. außergewöhnlichen Gebühren	3992,25	"
4. Judgemein	122,23	"
5. Bestand des Vorjahres	1504,98	"
Summa	36491,92	Mt.

Die Ausgaben:

1. Für Stolgebühren-Entschädigung an die einzelnen Kirchenkassen	23766,71	Mt.
2. " Beihülfen an dieselben zur Completirung des Minimalgehaltes der Geistlichen	2469,27	"
3. " Beihülfen an Aufbesserung des Gehalts der niederen Kirchendiener	1694,53	"
4. " Vermehrung der seelsorgerischen Kräfte für Glaucha und Neumarkt	3600,—	"
5. " Synodalkosten (General-Prov.-Kreissynode)	1522,10	"
6. " Verglingungen aus dem Vorjahre, Zinsen von Darlehnen, Verwaltungskosten ꝛc.	2473,80	"
7. " Bestand, als Uebertragung für die Einnahme der nächsten Jahresrechnung	965,51	"
Summa	36491,92	Mt.

Unberücksichtigt waren bei Errichtung des Verbandes die den Einzelgemeinden entstehenden kirchlichen Baukosten geblieben, vornehmlich auf Grund des bekannten von den Bürgerrepräsentanten, dem Magistrate und der königlichen Regierung geschlossenen Abkommen vom 23. März 1822, Inhalts dessen:

„die Gemeindebeiträge zu den Kirchenbauten für die Folge aus der Stadtkasse entnommen werden sollen, namentlich bei denjenigen Gemeinden, die kein Vermögen haben, oder wo der Magistrat nicht Patron ist."

Nach diesen Grundsätzen war seit jener Zeit verfahren und hatten beispielsweise zu dergleichen Bauten aus der Stadtkasse erhalten die Parochie:

Glaucha pro 1856 bis 1880	13473,02	Mt.
Neumarkt pro 1823 bis 1880	15351,72	"
St. Moriz pro 1859 bis 1880	12502,22	"
St. Ulrich pro 1863 bis 1880	500,00	"

Erst seit Kurzem sind hinsichtlich der rechtlichen Natur dieser Baulast von der Stadtverordneten-Versammlung Zweifel erhoben und die den Kirchenkassen pro 1881/82 bewilligten Kämmereizuschüsse nur unter ausdrücklicher Rechtsverwahrung gewährt worden, und zwar:

1. Für Erneuerung der Kirchenfenster zu St. Moriz (Restzahlung)	7260	Mt.
2. Reparatur der Dächer und des Thurmes zu St. Georgen	359	"
3. Instandhaltung der Diakonatswohnungen zu St. Ulrich	2350	"
Summa	9969	Mt.

Hiernach liegt es im Interesse der Stadt wie der Kirchengemeinden, daß der unsichere Rechtszustand wieder normirt und die Parochien — im Falle eines ihnen ungünstigen Entscheides berathen werden: wie künftighin die Kosten für erforderliche größere Kirchenbauten hierorts beschafft werden sollen?

Die Kirchenkassen sind mit Ausnahme derjenigen von St. Marien zur Aufbringung größerer Baukosten durchweg außer Stande. Das Capitalvermögen derselben erscheint zwar bei einigen nicht unbedeutend; es besteht dasselbe aber wesentlich aus Vermächt-nissen oder Geschenken, deren Zinserträge nicht zur freien Verfügung stehen, sondern für bestimmte, meist Wohlthätigkeits-Zwecke legirt sind. So müssen aus den gegen 59000 Mk. betragenden Capitalien von St. Ulrich, die Zinsen von 51000 Mk. als Legate für wohlthätige Zwecke verwendet werden.

Desgleichen bieten die von den Gemeinde-Organen aufgestellten, vom Magistrate und den kirchlichen Aufsichtsbehörden geprüften und genehmigten Etats keinerlei bemerkenswerthen Ueberschüsse.

Die Rechnungen ergaben pro 1881:

Bei St. Georgen in Einnahme 1549,22 Mk., in Ausgabe 1865,23 Mk.
" " Laurentii " 9550,— " " 12440,91 "
" " Moritz " 4733,82 " " 6150,00 "
" " Ulrich " 14603,54 " " 14959,24 "

Das Deficit mußte zumeist durch Sammlungen, Geschenke rc. gedeckt werden.

Dabei sind die einzelnen Ausgabe-Titel notorisch knapp bemessen, beispielsweise für Baubedürfnisse des laufenden Jahres eingestellt: an St. Georgen 156 Mk., an St. Laurentii 650 Mk., an St. Moritz 339 Mk., an St. Ulrich 1000 Mk., welche Summen in Anbetracht der theilweise sehr umfangreichen Kirchengebäude, sowie der zu unterhaltenden Prediger- und Küster-Gebäude nicht zureichen können, — wie denn die vorjährigen Bauausgaben bei St. Laurentii sich thatsächlich auf 1167 Mk. gestellt haben; außerdem ist ein Neubau für diese Gemeinde auf 5400 Mk. veranschlagt und bei St. Ulrich beziffert sich der Kostenanschlag für die Umdeckung des Kirchendaches auf 16600 Mk.

Auch der anderweit vorgeschlagenen Deckung der Baulasten durch Umlagen auf die betreffenden Einzelgemeinden (K.-G.-O. § 31 b.) scheinen sich schwer zu überwindende Schwierigkeiten entgegen zu stellen.

Abgesehen davon, daß nach Obigem bereits eine allgemeine Kirchensteuer des Parochial-Verbandes besteht, und eine Doppel-besteuerung Einzelner nicht blos inopportune Opposition, sondern selbst mehrfache Entfremdung von der Kirche nach sich ziehen würde: so stehen einer Special-Umlage schon an sich sehr ernste formale Bedenken entgegen. Dieselben liegen in der Beschaffung eines zureichenden Verwaltungs-Apparates. Da die städtischen Behörden zwar dem Parochial-Verbande, nicht aber jeder einzelnen Gemeinde verwaltliche Beihülfe zu Steuererhebungen gewähren sollen, so bliebe nur der Weg, ein eigenes Steuerbureau zu errichten. Aber selbst hierbei ist noch zu bedenken, daß die Staats-Steuerlisten die Grundlage für die Kirchensteuern bilden; und es ist kaum abzusehen, wie die Benutzung jener Listen ohne Unzuträglichkeiten für das städtische Steuerbureau statthaben soll. Immerhin aber wäre die Repartition der neuen Umlage auf die Mitglieder einer Einzelgemeinde eine Unbilligkeit, so der fluctuirende Character selbst solcher, der häufige und schnelle Wechsel der Wohnungen und Uebersiedlung in andere Parochien eine Calamität ist, die bei großen Baulasten doppelt fühlbar würde. —

In Rücksicht auf diese nicht zu unterschätzenden Uebelstände haben die städtischen Behörden neuerdings die Praxis eingehalten, daß die erforderlichen Zuschüsse zu größern Bauten der Kirchen, nicht ohne Weiteres verweigert, sondern bis zu anderweit rechtlicher Normirung der fraglichen Verpflichtung — vorläufig noch bewilligt sind, erachten jedoch die Regelung der hochwichtigen Frage in allernächster Zeit als dringend geboten. —

Günstiger als diese äußeren Verhältnisse, hat sich das innere kirchliche Leben im verflossenen Jahre gestaltet. Wie die Berichte der am 22. Juni er. abgehaltenen Kreissynode ergeben, ward daselbst über Vereinfachung des Rechnungswesens hiesiger Patronats-Kirchen, Betheiligung der kirchlichen Organe an der Waisenpflege, Förderung der Sonntagsruhe rc. eingehend und einhellig berathen; desgleichen beschloß die Synode, daß die oben erwähnten für den Pensionsfonds der evangelischen Landeskirche den Einzelparochien auferlegten Jahresbeiträge, bezüglich der zum Parochial-Verbande zusammengetretenen 5 Kirchengemeinden — pro 1891 sind 3834,91 Mk. liquidirt, — durch den Verband mit eingezogen und an den Kreis-Synodal-Vorstand abgeführt werden sollen.

Aus dem durch Superintendent Förster erstatteten Berichte „über die kirchlichen und sittlichen Zustände im Stadt-synodalkreise" geht hervor, daß die bei Emanation der Civilstandsgesetze aufgetretenen Befürchtungen wesentlicher Schädigung kirchlicher und religiöser Ordnungen — hierorts sich nicht bewahrheitet haben. Wenn auch die kirchlichen Trauungen noch vielfach versäumt werden, so seien doch nicht blos diese in Zunahme begriffen, sondern es habe sich die Theilnahme an den öffentlichen Gottesdiensten, den heiligen Abendmahle, den kirchlichen Beerdigungen und den Taufen stetig und wesentlich vermehrt. Bei der diesjährigen Oster-Schulreception, bei welcher die Folgen der Civilstandsgesetze zum ersten Male officiell hervorgetreten, habe sich herausgestellt, daß unter sämmtlichen (gegen 1600) Anmeldungen für die städtischen Elementarschulen nur zwei Kinder ungetauft befunden seien, und auch an diesen ist die Taufe nach-träglich vollzogen.

Nach demselben Berichte haben sich die in letzter Zeit hier eingeführten Kindergottesdienste zahlreicher Theilnahme und guter Erfolge zu erfreuen gehabt. Dieselben sind in Form der Sonntagsschulen mit Gruppen-System, unter Mitwirkung von Helfern und Helferinnen aus den Gemeinden errichtet; sie bestehen zur Zeit in den Marien-, Laurentius-, Georgen-, Ulrichs-Parochien und der Dom-kirche und haben sich im abgelaufenen Jahre gegen 1100 Kinder regelmäßig daran betheiligt.

Einen gleich günstigen Einblick in das wachsende kirchliche Interesse der Gemeinden gewähren die nach langer Stockung neuerlich wieder hervorgetretenen freiwilligen Gaben für kirchliche Zwecke Seitens einzelner Gemeindeglieder, sowie die sich mehrende Theilnahme an den kirchlichen Vereinen.

Wie im Laufe der letzten Jahre „Heizanlagen" in fast allen hiesigen Gotteshäusern — die Mehrzahl nach dem Wagner'schen Kanal-Heizsystem — mit bedeutendem Kostenaufwande hergestellt sind, wozu für St. Ulrich über 14 000 Mk., für St. Moritz ca. 10 000 Mk., für Laurentii 1370 Mk. für Georgen ca. 1200 Mk. von Gemeindegliedern beigetragen wurden; wie ferner das Medel'sche Legat von 15 000 Mk. für treue Dienstboten, das Heller'sche Legat von 1500 Mk. für arme Confirmanden, der kirchlichen Verwaltung überwiesen wurden, so sind auch pro 1881/82 wieder anerkennenswerthe freie Gaben für kirchliche Zwecke geflossen, und zwar:

für die Ulrichskirche zur Schmückung des Altars . . . . 293,50 Mk.
„ dieselbe zur Einrichtung einer Gasbeleuchtung . . . . 1200, - „
„ Glaucha zur Förderung der Kirchenmusik . . . . 3000,— „
„ St. Moritz zur Beihülfe des Fensterbaues und der Beleuchtung mehr als 4500,— „

Desgleichen haben die kirchlichen Vereine ihre Thätigkeit auch im vorigen Jahre unter reger Betheiligung fortgesetzt. Am 4. und 5. Mai tagte die Köfener Conferenz in unsern Mauern, (confessionelle Partei) zugleich mit den Anhängern der positiven Union (Hofprediger-Partei), — am 13. und 14. Juni der evangelische Verein der Provinz, (Mittelpartei), — in vielfachen Versammlungen mit kirchlichen und religiösen Vorträgen, resp. Besprechungen; ebenso der hiesige Local-Protestanten-Verein, sowie der kirchliche Verein der St. Ulrichs-Parochie. Am 24. August, resp. 23. November feierte hier der Missionsverein für Halle und Umgegend sein Jahresfest mit öffentlichem Gottesdienste x., — am 14. und 15. Februar d. J. der Localverein für die Gustav-Adolf-Stiftung. — Auch ein kirchlicher Gesangverein (Ulriciana) hat sich in der Ulrichs-Gemeinde gebildet zur Pflege des Kirchengesanges und zur Förderung der liturgischen Andacht. —

Ebenso hat auf dem Felde der innern Mission und der christlichen Liebesthätigkeit wieder eine rege Thätigkeit sich entfaltet. Die allgemein wachsende Theilnahme an dem Diakonissenwerke, — welche diese wohlthätigen Anstalten in den letzten drei Jahren überhaupt wesentlich gefördert hat, so daß gegenwärtig 53 Mutterhäuser und mehr als 5000 Helferinnen (Schwestern) bestehen, — hat sich im verflossenen Jahre auch hier bethätigt, so daß die Anzahl der Diakonissinnen hierorts von 52 auf 64, die Zahl der vom hiesigen Mutterhause versorgten Stationen von 21 auf 28 gestiegen ist; auch wurden 1881 allein in der hiesigen Diakonissen-Anstalt ca. 750 Kranke verpflegt, sowie der Bau eines besonderen Siechenhauses begonnen. —

XVII. Presse und Literatur.

Von den vier hiesigen politischen Zeitungen sind die „Hallesschen Nachrichten" nach ca. 2jährigem Bestehen im October v. J. eingegangen.

Das in unserem Verlage erscheinende „Hallesche Tageblatt" erhielt um dieselbe Zeit in der Person des Redacteur Both einen neuen Leiter; das Curatorium bemühte sich, durch den Bezug billigeren Papieres die Rentabilität zu heben. Der Rechnungsabschluß für das v. J. ergab folgendes Resultat:

Tit.	Einnahme.	Betrag. M	Betrag. ₰	Tit.	Ausgabe.	Betrag. M	Betrag. ₰
	A. Bestand aus dem Jahre 1880 . . .	4450	66		A. Neubelegte Capitalien	608	65
	B. Eingegangene Capitalien	599	25	I.	Zinsen für aufgenommene Capitalien . .	—	—
	C. Reste	—	—	II.	Feststehende Ausgaben, Gehälter . . .	5180	—
I.	Zinsen für außenstehende Capitalien .	809	16	III.	Redactionsfonds	6387	30
II.	Aus dem Verkaufe			IV.	Druckpapier	15760	81
	a. Pränumerationsgebühren . . .	24193	92	V.	Für Druckkosten	26743	30
	b. Handverkauf	146	80	VI.	Austrägerlohn	2229	27
III.	Insertionsgebühren	36806	30	VII.	Rabatt und Niederschläge	5091	56
IV.	Insgemein	452	30	VIII.	Insgemein	1447	74
				IX.	Zahlung an die Armenkasse	3084	—
					Bestand	925	76
	Summa	67458	39		Summa	67458	39

In Betreff der periodischen Presse wissenschaftlichen und unterhaltenden Inhalts sind nachstehende Veränderungen vorgekommen. Es traten hinzu:

Lfde. Nr.	Titel.	Erscheinungsweise.	Verleger.	Begründungs-Jahr.	Begründer.	Bemerkungen.
1.	Kirchliche Monatsschrift.	monatlich	Buchhandlung des Waisenhauses Halle in Commission	1891	Verein für positive Union.	
2.	Der Bierbrauer. Berichte über die Fortschritte des gesammten Brauereiwesens unter Berücksichtigung der Malzbereitung sowie des Hopfenbaues herausgegeben von Dr. B. Griesmayer und Tit. Dr. Conr. Schneider.	jährlich 24 Nummern	B. Knapp in Halle a. S.	1850	W. E. Habich.	Bis 1884 Verlag von Otto Spamer in Leipzig.
3.	Philosophische Vorträge, herausgegeben von der Philosophischen Gesellschaft in Berlin.	jährlich 1 Serie zu 6 Heften	C. E. M. Pfeffer (R. Stricker) in Halle a. S.	1875	Philosophische Gesellschaft zu Berlin.	Bis 1891 Verlag von Erich Koschny in Leipzig.
4.	Neujahrsblätter, herausgegeben von der historischen Commission der Provinz Sachsen.	einmal jährlich	C. E. M. Pfeffer (R. Stricker) in Halle a. S.	—	Histor. Commission der Provinz Sachsen.	

Es fallen weg:
1. Sonntagsklänge, aufgeführt sub. B. Nr. 3 des vorigen Berichts (S. 80).
2. Illustrirte Zeitung für kleine Leute, aufgeführt sub B. Nr. 7 des vorigen Berichts (S. 80).

XVIII. Vereinswesen.

Am Schlusse der Berichtsperiode bestanden hier ca. 250 Vereine; während derselben sind im Vereinswesen folgende Veränderungen eingetreten:

Zugänge an politischen und gemeinnützigen Vereinen.

1. Verein des I. communalen Wahl-Bezirks.
2. „ „ III. „ „
3. „ „ IV. „ „
4. Kunstgewerbe-Verein.
5. Ortsgruppe des deutschen Schulvereins.
6. Verein deutscher Lithographen, Steindrucker, Coloristen, Maler und betheiligter Berufe.
7. Landwirthschaftlicher Beamten-Verein.
8. Hallescher Lohndiener-Verein.
9. Englischer Club.
10. Thierschutz-Verein für Halle und Umgegend.
11. Verein zur Beschaffung von Mitteln für den Neubau einer katholischen Kirche zu Halle a. S.

Zugänge an geselligen Vereinen.

1. Vergnügungskasse der Arbeiter aus der Maschinenfabrik von Wegelin & Hübner.
2. Kaufmännischer Verein Solidia.
3. Urania.
4. German-American-Club.
5. Dramatischer Dilettanten-Verein Eutervia.
6. Sattler-Verein.
7. Gesellschaft Gemüthlichkeit.
8. Hallescher Töpfergesellen-Verein.
9. Gesang-Verein Freundschaftsbund.
10. Tapezierer-Gehülfen-Verein.
11. Gesang-Verein Helena.
12. Bacuna.
13. Carneval-Verein Eule.
14. Verein ehemaliger preußischer Gardisten.
15. Kameradschaftlicher Rauchclub.
16. Katholischer Gesang-Verein.
17. Gesang-Verein Fraternité.
18. Saalhalla.
19. Petersberger Gesang-Verein.
20. Verein ehemaliger 12ter Husaren.
21. Verein der Annaburger.
22. Hallescher Zitherkranz.
23. Theatralischer Verein Benediz.
24. Buchbinder-Verein Capitalband.
25. Vergnügungs-Verein Beneda.
26. Contre-Club.
27. Plattdütsche Vereinigung.
28. Kaufmännischer Verein Serena.

Abgänge an geselligen Vereinen.

1. Gesang-Verein Terena.   2. Plattdütscher Club.

3. Plattdütscher Verren.

XIX. Begräbnißwesen.

Seit Jahresfrist sind von der Gottesacker-Verwaltung die Verhandlungen wegen Anlegung eines neuen Friedhofes eingeleitet worden. Aus der darüber angefertigten Denkschrift ist Folgendes zu ersehen: der im Jahre 1851 eröffnete Friedhof vor dem Steinthore war ursprünglich mit einer Landfläche von . . . . 30 Morg. 90 □-Rth. dotirt. Im Jahre 1869 fand eine Vergrößerung um . . . . 22 . 48,8 . statt, sodaß jetzt die Größe dieses Friedhofes . . . . 52 Morg. 138,8 □-Rth. beträgt.

Hiervon haben als Baustellen für die Dienstwohnung nebst Stallung und Hofraum des Aufsehers, für die Leichenhalle, für den Gerätheschuppen, für die Kapelle, als Areal für die Erbbegräbnisse, für Anlegung der Wege und Fußsteige rc. rund . . . . 20 Morg. 138,8 □-Rth. verwendet werden müssen, sodaß für die Reihengräber . . . . 32 Morg. — □-Rth. verblieben sind.

Im vorigen Jahre war diese Fläche bis auf 4 Morg. 7,9 □-Rth. belegt, welche, da in den drei Jahren von 1878 bis 1880 für die auf dem Friedhofe beerdigten 2021 erwachsenen Personen à 0,2 □-Rth. Grundfläche 2 Morg. 44,6 □-Rth. 2532 beerdigten Kinder à 0,1 □-Rth. Grundfläche . . . . 1 . 73,2 . erforderlich waren, höchstens bis zum Jahre 1884 zu Beerdigungen ausreichen.   Summa 3 Morg. 117,8 □-Rth.

Die Kosten der Anlegung des neuen Friedhofes betragen nach einem vom Stadtbaumeister aufgestellten Kosten-Anschlage 532 980 Mk., worunter die Grunderwerbskosten sich für rot. 70 Morgen auf 422 400 Mk. stellen.

Die gesammten Verwaltungs- und Unterhaltungskosten der städtischen Begräbnißplätze werden sich nach Hinzutritt eines neuen zweiten Friedhofes nach einer auf den fünf Jahren 1875 bis 1879/80 aufgestellten Fractions-Berechnung auf jährlich 13 068 Mk. 52 Pf. belaufen, zu deren Bestreitung die Stadtkasse einen jährlichen Zuschuß von rund 9000 Mk. zu leisten haben würde.

Zur Vermeidung einer derartigen Belastung der Kämmerei und um hiesigen Einwohnern die Möglichkeit zu gewähren, den Gräbern eine längere Dauer zu sichern und die Gräber der Mitglieder einer Familie an derselben Stelle zu vereinigen, andererseits aber auch der Gottesackerkasse Mittel zu verschaffen, die durch die Anlegung eines neuen zweiten Friedhofes ihr aufzubürdende neue Schulden-last nach und nach amortisiren zu können, wird seitens der Gottesacker Verwaltung beabsichtigt,

1. die jetzt zu Baumschulen benutzte fast ganz eingeschlossene Fläche auf dem Stadt-Gottesacker,
2. die zunächst der Berliner Straße östlich und westlich der Haupt-Allee belegenen 4 Quartiere des Friedhofs vor dem Steinthore von ca. 2 Morgen Flächen-Inhalts

als Erbbegräbnisse zu verkaufen und den Preis der Erbbegräbnisse

a. auf dem Stadtgottesacker auf . . . . 300 Mk.
b. . . Friedhofe vor dem Steinthore auf . . . . 225 .
c. . . neuen zweiten Friedhofe auf . . . . 150 .

festzulegen.

Als Lage eines neuen Friedhofes ist der südliche Theil der Hallischen Feld-Flur ins Auge gefaßt, weil die West-, Nord- und Ostseite derselben wegen natürlicher Hindernisse resp. der Eisenbahnen, den zum Theil bereits in der Ausführung begriffenen neuen Be-bauungs-Pläne, und wegen der Nähe der Giebichensteiner Grenze keine Gelegenheit für die mehrgedachte Anlage bieten, da auf der Nordseite der Stadt in Zukunft auch die Anlegung eines Parkes nöthig werden wird.

Zur Zeit schweben wegen Ankaufs des zum neuen Friedhofe benöthigten Terrains die erforderlichen Verhandlungen, die aber zu einem Resultate bis jetzt nicht geführt haben.

Von den jetzt bestehenden Begräbnißplätzen ist noch Folgendes mitzutheilen:

A. Vom Stadt-Gottesacker.

Das Dach der Leichenhalle und der Aufseher-Wohnung mußte, da es in Folge eines starken Gewitter-Regens sehr gelitten hatte, einer umfangreichen Reparatur unterworfen werden.

Ebenso unterlagen die Räume der Leichenhalle, in welchen sich der Schwamm gebildet hatte, nicht unbedeutenden baulichen Reparaturen.

Für die bauliche Erhaltung und Reinigung der sämmtlichen Grabbögen sowohl als der im Freien liegenden Erbbegräbnisse ist gesorgt worden.

Beerdigt wurden im Jahre 1881/82 überhaupt 69 Personen und zwar:

<pre>
        6 im Alter von 1 bis 10 Jahren
        3   .   .   . 11 . 20   .
        4   .   .   . 21 . 30   .
        2   .   .   . 31 . 40   .
        6   .   .   . 41 . 50   .
       13   .   .   . 51 . 60   .
       16   .   .   . 61 . 70   .
       13   .   .   . 71 . 80   .
        6   .   .   . 81 . 90   .
</pre>

Im Jahre 1880/81 hatten 80 Beerdigungen stattgefunden.

In der Leichenhalle wurden aufgebahrt:	Anzahl der Leichen.	I. Klasse.	Gezahlte Gebühren à 6 Mt.	II. Klasse.	Gezahlte Gebühren à 3 Mt.
Im Jahre 1881/82 . . .	35	16	96	19	57
„ „ 1880/81 . . .	36	14	84	22	66
Daher pro 1881/82 mehr	—	2	12	—	—
weniger	1	—	—	3	9

Summa der Leichenhausgebühren pro 1881/82 . . . . 153 Mark.
Gegen das Jahr 1880/81 . . . . 150 „
also mehr 3 Mark.

An Erbbegräbnißstellen sind im Berichtsjahre einschließlich zweier Gräber für kleine Kinder
61 für zusammen . . . . 12495 Mt.
verliehen worden.
Im Jahre 1880/81   42 „   8715 „
Also für 1881/82 mehr   19 für eine Verleihungsgebühr von . . . . 3760 Mt.

Außerdem sind zwei Erbbegräbnißstellen nach dem Gemeindebeschlusse vom 2. und 9. Januar d. J. dem Regierungs-Rath a. D. Stadtrath Lamprecht schenkungsweise als Ehrengabe übereignet.

5. Vom Friedhof.

Von Baulichkeiten ist nur die Reparatur des Daches des Leichenhauses und der Kapelle zu erwähnen, die durch die großen Stürme im Herbste gelitten hatten.

Aus gleichem Grunde hatten auch die Bäume gelitten und um gleichzeitig die durch Krankheit eingegangenen Bäume wieder zu ersetzen, sind 11 Ahorn, 5 Birken- und 2 Lindenbäume in Summa 18 Stück Bäume nachgepflanzt worden, die aus der städtischen Baumschule entnommen wurden.

Sodann ist zu erwähnen, daß die Wasserpumpe im mittleren Theile des Friedhofes und die Wasserleitung selbst zu repariren waren, wofür die Kosten sich auf 23 Mt. 60 Pf. resp. 54 Mt. stellten.

Beerdigt wurden 1881/82 1546 Personen, darunter

<pre>
      776 im Alter von 1 bis 5 Jahren,
       68   .   .   .   6 . 10   .
       16   .   .   . 11 . 15   .
       24   .   .   . 16 . 20   .
       92   .   .   . 21 . 30   .
</pre>

104 im Alter von 31 bis 40 Jahren,
112 , , , 41 , 50 ,
126 , , , 51 , 60 ,
102 , , , 61 , 70 ,
88 , , , 71 , 80 ,
33 , , , 81 , 90 ,
3 , , 91 , 100 ,
2 , unbekannten Alter.

Im Jahre 1880/81 hatten 1652 Beerdigungen stattgefunden.

Außerdem wurden im vorigen Jahre beerdigt:

Auf dem Friedhofe der Neumarkt-Gemeinde:
31 Personen.

Auf dem Friedhofe der Gemeinde zu St. Georgen (Glaucha):
1 Person.

Auf dem Friedhofe der jüdischen Gemeinde:
9 Personen.

Auf dem Friedhofe der Königlichen Strafanstalt:
4 Personen.

Der Königlichen Anatomie sind 72 hier verstorbene Personen überliefert worden, während 74 Leichen nach Auswärts geschafft wurden.

Im Leichenhause des Friedhofes sind aufgebahrt:	Ges.-Zahl der Leichen.	Davon gehören in Klasse				Summa der dafür gezahlten Leichenhaus-Gebühren.
		I.	II.	III.	IV.	M
Im Jahre 1881/82	135	6	45	66	18	252
Im Jahre 1880/81	134	9	54	56	15	300
Pro 1881/82 daher mehr	1	—	—	10	3	—
weniger		3	9	—	—	48

Pro 1881/82 wurden 23 Erbbegräbnißstellen für einen Kaufpreis von . . . . 3450 Mk. verliehen.

Im Jahre 1880/81 betrug die Zahl der verliehenen Erbbegräbnißstellen 22 für ein Kaufgeld von . . . . . . 3300 ,

Pro 1881/82 ist daher 1 Stelle für . . . . 150 Mk. mehr verliehen.

Die Capelle wurde im vorigen Jahre 56 Mal benutzt, um bei Begräbnissen in derselben Leichenfeierlichkeiten abzuhalten.

Im Allgemeinen ist noch zu registriren, daß das am 28. Dezember 1880 hierselbst verstorbene Fräulein Auguste Bertha Reinhardt der Gottesackerkasse ein Legat von 600 Mk. unter der Bedingung vermacht hat, daß aus den Zinsen dieses Betrages die auf hiesigem Stadtgottesacker belegenen Erbbegräbnißstellen Nr. 1216 und 1217 im Stande erhalten werden. Nachdem die Stadtverordneten-Versammlung sich mit der Annahme dieses Betrages unterm 7. Februar v. J. einverstanden erklärt hat, haben die Gebrüder Franz und Gustav Reinhardt in Klipschmar das Capital der 600 Mk. baar zur Gottesackerkasse gezahlt, welches demnächst in Berlin-Stettiner 4% Eisenbahn-Prioritäts-Obligationen zinsbar belegt ist.

Die aus dem Aerar der früheren Kapelle St. Petri stammenden, mit nur 4% verzinslichen 4 Hypotheken-Capitalien im Gesammtbetrage von 501 Mk. sind gekündigt und zur Gottesackerkasse gezahlt.

Ueber die Vermögenslage ist mitzutheilen, daß das Capital-Vermögen sich am 31. März d. J. auf 58656 Mk. 69 Pf. belief, während dasselbe am 31. März v. J. nur . . . . 41748 , 38 , betragen hat. Es ist also im Berichtsjahre eine Vermehrung um . . . . 16908 Mk. 30 Pf. eingetreten.

Die dieses günstige Verwaltungs Resultat ergebende Rechnung weist folgende Posten auf:

Tit.	Einnahme.	Betrag. M	S	Tit.	Ausgabe.	Betrag. M	S
I.	Zinsen von Capitalien	2986	41	I.	Für Instandhaltung der Grundstücke, der Begräbniß-Stätten, der Wege und der Utensilien re.	1624	06
II.	Nutzungen von dem Stadtgottesacker und dem Friedhofe	1054	60	II.	Abgaben	1093	92
III.	Beiträge von Grabbogen-Besitzern zur In-standhaltung der Umfassungs-Mauern	41	83	III.	Verwaltungskosten	12758	45
IV.	Für Verleihung von Erbbegräbnissen re.	15945	—	IV.	Insgemein	169	60
V.	Begräbniß- und Leichenhaus-Gebühren . .	12503	49	V.	Zur Capitalisirung	19513	75
VI.	Insgemein	146	40		Summa	35159	78
	Summa	32677	73		Hierzu:		
	Hierzu:			A.	Vorschuß	—	—
A.	Bestand	387	88	B.	Rückerstattungen	—	—
B.	Defecte	—	—	C.	Reste	177	20
C.	Reste	—	—		Ausgabe Summa	35336	98
D.	Eingegangene Capitalien . . .	2373	55		Abschluß:		
	Einnahme Summa	35439	16		Einnahme	35439	16
					Ausgabe	35336	98
					Bestand	102	18

Der Fonds zur Unterhaltung der Friedhofs-Capelle,

welcher aus dem Ueberschusse (1867 Mk. 47 Pf.) des von der hiesigen Sparkassen-Gesellschaft der Gottesackerkasse im Jahre 1875 zur Erbauung einer Capelle auf dem Friedhofe geschenkten Capitals von 21000 Mk. gebildet ist, hat in seinem Vermögensbestande durch den 1881er Zinsabwurf eine Vermehrung von 80 Mk. 80 Pf. erhalten.

Durch Zurückziehung von 160 Mk. von den bei der städtischen Sparkasse belegten Rücklagen und durch Mitbenutzung der Hälfte des vorerwähnten Zinsbetrages konnte eine Preuß. consol. 4% Staats-Anleihe-Obligation über 200 Mk. angekauft werden.

Nach der vorjährigen Rechnung betrug

die Einnahme   245 Mk. 40 Pf.
die Ausgabe   241 . 95 .
mithin Bestand   3 Mk. 45 Pf.
Das Vermögen beträgt ult. März d. J.   2163 Mk. 45 Pf.

XX. Gemeinde-Verwaltung.

Die nach § 19 der Städteordnung aufgestellte Liste der stimmfähigen Bürger ergab an solchen:

pro 1881 4432,
. 1880 4364,
mithin pro 1881 mehr 68,

Nach Bildung der Abtheilungen für die im vorigen Jahre stattgefundenen Stadtverordneten-Wahlen gehörten von den in der Liste eingetragenen Bürgern:

zur I. Abtheilung (incl. der drei Ehrenbürger) . . 279,
. II. 861,
. III. . . . . . . 3292.

In der Zeit vom 16. bis 23. November v. J. wurden die ordentlichen Stadtverordneten-Ergänzungswahlen abgehalten; dabei betheiligten sich:

in der	I. Abtheilung					145	= ca. 52 %
„	II. „					243	= ca. 26 %
„	III. „	im 1. Bezirk				95	
		„ 2. „				74	
		„ 3. „				201	
		„ 4. „				89	
		„ 5. „				271	
						= 729	= ca. 22 %.

Bei diesen Ergänzungswahlen wurden die Stadtverordneten Tehne, Göding, Dr. Hüllmann, Dr. Schrader, Reil Colla, Dr. Müller, Klinkhardt, Weinad, Görlitz wieder-, Bürgermeister a. D. Frhr. vom Hagen, Rentier Hermann Simon, Kaufmann Wächter und Kaufmann Tombo neu gewählt.

Gleichzeitig fanden sechs Ersatzwahlen statt und zwar, auf die bis Ende 1883 laufende Wahlperiode des Gymnasial-Oberlehrers Dr. Richter, dessen Wahl für wirkungslos erklärt worden war, weil er die zum Eintritt in die Versammlung erforderliche Genehmigung seiner vorgesetzten Behörde, trotz wiederholter Aufforderung, nicht beigebracht hatte, — und auf die bis Ende 1885 laufende Wahlperiode des Amtmanns Reinecke und des Kaufmanns Hänert, welche verstorben, des Justizraths von Rabecke und des Commerzienraths Riebed, welche ihre Mandate niederlegten und des Banquier Stedner, welcher zum Stadtrath gewählt worden ist. Gewählt wurden Kasernenbesitzer Lutze, Rentier Camnitius, Maschinenfabrikant Vegelin, Geh. Reg.-Rath Prof. Dr. Knoblauch, Major Degentolbe und Bauinspector Kilburger.

Ausgeschieden sind am Ende des v. J. wegen Ablauf ihrer Wahlperiode Rentier Werner und Stärkefabrikant Lutze.

Die Stadtverordneten-Versammlung hielt während der Berichtsperiode

44 Plenar-Sitzungen ab, darunter 11 außerordentliche.
im Jahre 1880/81 45 „ „ 10 „

Beim Magistrats-Collegium sind folgende Veränderungen eingetreten:

An Stelle des am 25. Mai v. J. verstorbenen Ersten Bürgermeisters Bertram, wurde am 30. Januar d. J. der Zweite Bürgermeister Staude gewählt. Die Bestätigung desselben erfolgte durch Allerhöchsten Erlaß vom 27. Februar, die Einführung und Verpflichtung durch den Herrn Regierungs-Präsidenten v. Tiest am 1. April d. J. Für den Regierungs-Präsidenten a. D. Rothe, welcher die Annahme der Wiederwahl als unbesoldeter Stadtrath abgelehnt, sein Decernat aber bis 15. Februar 1881 weiter bearbeitet hatte, wählte die Stadtverordneten-Versammlung am 23. Mai v. J. den Banquier Reinhold Stedner auf eine 6jährige Amtsperiode. Die Wahl erhielt unterm 4. Juni 1881 die erforderliche Bestätigung und erfolgte am 4. Juli v. J. die Einführung und Verpflichtung.

Magistrats-Sitzungen fanden statt	103,
1880/81	104.

Eine Nachweisung über die gegenwärtige Zusammensetzung der städtischen Collegien und ständigen Commissionen geben wir als Anhang zu diesem Bericht.

Bei dem städtischen Beamten-Personale haben nachstehende Veränderungen stattgefunden.

Es schieden aus in Folge Ablebens:

am 14. Juni v. J. der Polizei-Secretair Thied.

„ 1. Februar d. J. der Kunstmeister Meinel.

freiwillig: „ 30. April v. J. der Bureauassistent Lange.

Versetzt resp. befördert sind:

am 1. April v. J. der Registratur-Assistent Zeißing zum Registrator in der Bau-Polizei-Registratur.

„ 1. October v. J. der Paßamts-Assistent Hellermann zum dritten Polizei-Secretair.

„ 1. „ „ der Bauamts-Registrator Kemplu zum Magistrats-Secretair.

„ 30. November v. J. wurde dem Bauaufseher Léon der Titel „Wegemeister" verliehen.

Neu angestellt wurden:

am 1. April v. J. der Vicefeldwebel Bartels als Polizei-Sergeant.

„ 23. Mai „ der Vorarbeiter Löwenberg als Beleuchtungs-Aufseher b. d. Gas-Anstalt.

„ 1. Juni „ der ehemalige Vicefeldwebel Vogt als Polizei-Sergeant.

„ 15. „ „ der Wachtmeister Goldmann als 4. Polizei-Commissar.

„ 15. „ „ der Ober-Feuerwerker Riese als 5. Polizei-Commissar.

„ 1. October „ der Militair-Anwärter Mohr als Assistent bei der Polizei-Verwaltung.

„ 1. November v. J. der ehemalige Sergeant Heinide als Thürmer.

„ 1. Januar d. J. der ehemalige Sergeant Schachtzabel als Bureau-Assistent.

Die Geschäfts-Journale wiesen nach an zu bearbeitenden Eingängen:

1. Magistrats-Haupt-Registratur . . . . 10 717 Nummern.
2. Registratur der Steuerverwaltung . . . . 10 690 „
3. „ „ Armenverwaltung . . . . 7 569 „
4. „ „ Bauverwaltung . . . . 2 739 „
5. „ „ Militair-Verwaltung . . . . 6 410 „
6. „ des Standesamtes . . . . 2 600 „
7. „ der Personalien . . . . 323 „
8. „ des Stadtausschusses . . . . 358 „
9. „ des Wasserwerkes . . . . 1917 „

Summa 43 323 Nummern,

im Jahre 1880/81 . . . . . . 40 536 „

also pro 1881/82 mehr . . . . . 2 787 Nummern.

Der Stadtausschuß hatte zu bearbeiten:

a) Nicht streitige Sachen.

Im Jahre	unbe-schränkte Schankwirthschaft.	be-schränkte Schankwirthschaft.	Ausschank von Branntwein.	Klein-handel mit Branntwein.	Gast-wirth-schaft.	Gift-handel.	Schläch-terei- und Gerberei-Anlagen.	Dampf-kessel-Anlagen.	Dampf-schiff.	Gas-bereitungs-und Lampenruß-Anlagen.	Seifensiederei-, Lack u. Firniß-, Asphalt-schmelzerei Anlagen.	Summa.
1881	22	83	1	18	8	—	1	37	1	2	—	173
1880	22	101	—	33	2	2	4	23	—	2	5	194

b) Streitige Sachen.

1881.	Zahl.	zurückgezogen vor dem Termine.	Hier im Termine.	durch Erkenntniß genehmigt	durch Erkenntniß abgewiesen	In höherer Instanz (Merseburg, Berlin) genehmigt	abgewiesen	zurück-gezogen.
Wegen unbeschränkter Schankwirthschaft . . .	2	—	1	1	—	—	—	—
„ beschränkter . . .	2	—	—	2	—	—	—	—
„ Ausschank von Branntwein	11	1	5	2	3	—	—	—
„ Kleinhandel mit „	39	2	17	8	12	—	1	—
„ Kleinhandel mit feineren Spirituosen in versiegelten Flaschen	2	—	—	1	1	—	—	—
„ Gastwirthschaft	2	—	1	1	—	—	—	—
„ Anlage einer Kesselschmiede . . .	1	—	—	—	1	1	1	—
zusammen in 8 Sitzungen	59	3	24	15	17	1	1	—
1880	63	9	31	9	14	—	2	—

An Gewerbe-Streitsachen sind verhandelt:

Im Jahre	Summa.	Davon sind erledigt: durch Zurücknahme	durch Vergleich.	durch Erkenntniß.	durch Nicht-erscheinen des Klägers.	zurückgewiesen als nicht vor das gewerbl. Schiedsgericht gehörig.
1881	247	69	84	75	11	8
1880	255	75	106	69	3	2

Ueber den Kassen-Verkehr der Kämmerei, welcher im Berichtsjahre wieder bedeutend zugenommen hat, ist Nachstehendes mitzutheilen:

Lfde. Nr.	Verwaltete Fonds.	Einnahme. M	Pf	Ausgabe. M	Pf
1.	Kämmerei-Kasse	3 637 303	35	3 563 665	97
2.	Stadtschulden-Kasse	328 403	78	328 403	78
3.	Pflasterstein-Fonds	55 128	93	92 639	42
4.	Kanaldeckel- und Sandfanglasten-Conto	790	20	2 846	23
5.	Wasserwerks-Kasse	464 536	12	447 258	73
6.	Wasserwerks-Erneuerungs-Fonds	15 038	31	15 038	31
7.	von Rützenberg'sche Stiftung	6 795	83	6 547	20
8.	Kleiderkasse der Polizei-Executiv-Beamten	2 592	24	2 141	10
9.	Staatssteuern-Conto	351 518	40	351 518	40
10.	Asservaten-Conto	143 120	43	140 813	41
11.	Vorschuß-Conto	81 145	33	89 038	04
	Summa	5 086 372	92	5 039 910	59
	Verbliebener Kassenbestand	—	—	46 462	33
	Summa	5 086 372	92	5 086 372	92

Gesammt-Umsatz.

1881/82	Einnahme	Posten 7 417,	5 086 372 Mk.	92 Pf.
"	Ausgabe	9 101,	5 039 910 "	59 "
	Gesammt-Umsatz	Posten 16 518,	10 126 283 Mk.	51 Pf.
1880/81	Einnahme	" 7 197,	3 923 880 "	— "
"	Ausgabe	8 383,	3 829 676 "	—
	Gesammt-Umsatz	Posten 15 580,	7 753 556 Mk.	— Pf.
1881/82	mehr =	938,	2 372 727 Mk.	51 Pf.

Der Geschäftsverkehr bei der Depositalkasse gestaltete sich wie folgt:

Am 31. März v. J. war ein Bestand von . . . . 8 533 479,13 Mk. verblieben.

Hierzu die Einnahme pro 1881/82 3 489 690,01 Mk.

Summa 12 023 169,14 Mk.

ab die Ausgabe im Berichtsjahre mit 3 091 895,25

verbleibt Bestand am 31./3. d. J. 8 931 273,89

Dieser Bestand wurde nachgewiesen in

1.	Deutschen Staatspapieren	1 582 650,00	Mk.
2.	Ausländischen Staatspapieren	131 766,00	"
3.	Rentenbriefen	169 350,00	"
4.	Provinzial- und Stadtobligationen	150 725,00	"
5.	Pfandbriefen	749 575,00	"
6.	Hypotheken-Certificaten	45 150,00	"
7.	Stamm-Actien verstaatlichter Bahnen	1 416 125,00	"
8.	Stamm- und Stamm-Prioritäts-Actien von Privatbahnen	628 200,00	"
9.	Eisenbahn-Prioritäts-Obligationen	2 379 350,00	"
10.	Bankactien	107 700,00	"
11.	Industrie-Actien	75 100,00	"
12.	Sparkassenbüchern und Scheinen	39 315,69	"
13.	Hypothekenbriefen	1 445 077,20	"
14.	Sonstigen Werthpapieren und Wechseln	11 190,00	" 8 931 273,89 Mk.

An Cautionen waren deponirt:

1. Von Banquiers . . . . 698 316,00 Mk.
2. „ Beamten . . . . 60 095,00 „
3. „ Bauherrn, Hausbesitzern und Bau-Unternehmern . . . . 135 729,08 „
4. „ Pächtern städtischer Grundstücke . . . . 52 644,80 „
5. „ Dienstleuten und Dienstmanns-Instituten . . . . 10 840,00 „

XXI. Polizei-Verwaltung.

Die Zahl der in der Polizei-Registratur eingegangenen, resp. bearbeiteten Sachen betrug:

Jahrgang.	Abtheilung I. Allgemeine Verwaltung.		Abtheilung II. Criminal-Abtheilung.		Combinirte Abtheilung.	Bau-Abtheilung.	Im Ganzen.
	Haupt-Journal I.	Journal für Personalien.	Haupt-Journal II.	Straf-Journal.	Combinirtes Journal III.	Journal B.	
1881/82.	10 131	397	10 524	4 250	10 910	6 490	42 702
						1880/81	42 402
						also im Berichtsjahre mehr	300.

In der I. Abtheilung kamen unter Tit. Gast- und Schankwirthschaften sowie Kleinhandlungen mit Spirituosen Veränderungen vor:

a. Gast- und Schankwirthschaften.   **b. Kleinhandlungen mit Spirituosen.**

Bestand ult. 1880/81 320   Bestand ult. 1880/81 157
Zugang pro 1881/82 135   Zugang pro 1881/82 34
Abgang pro 1881/82 . . . . . 130 mehr 5   Abgang pro 1881/82 . . . . . 23 mehr 11
Bestand ult. 1881/82 325   Bestand ult. 1881/82 168

c. Schankwirthschaften mit weiblicher Bedienung.

Bestand ult. 1880/81 7
„ „ 1881/82 12
mithin mehr 5.

Die Ueberwachung der öffentlichen Locale geschieht auf Grund der Verordnung vom 15. März 1878.

Es wurden folgende ortspolizeiliche Verordnungen und Bekanntmachungen erlassen:

26. April 1881. Verordnung, betr. den Transport von Kälbern, Schaafen und Schweinen auf den hiesigen öffentlichen Straßen und Plätzen.
10. Mai „ Verordnung, betr. das Tabakrauchen in der hiesigen Gewerbe- und Industrie-Ausstellung.
28. „ „ Bekanntmachung, betr. die Bezeichnung des Halleschen Tageblattes als dasjenige Blatt, in welchem die Versteigerung der bei hiesigen Pfandleihern und Rückkaufshändlern verfallenen Pfänder bekannt zu machen ist.
29. Juli „ Verordnung, betr. den Transport von Rindvieh, Kälbern, Schaafen und Schweinen auf hiesigen öffentlichen Straßen und Plätzen.
27. Septbr. „ Verordnung, betr. denselben Gegenstand.
8. Dezbr. „ Verordnung, betr. das öffentliche Fuhrwesen.
8. „ „ Verordnung, betr. die vorschriftsmäßige Beleuchtung eines jeden Fuhrwerkes, welches von Thieren gezogen wird und zur Personenbeförderung dient.
17. „ „ Bekanntmachung, betr. die regelmäßige Reinigung der fünf Vereinsstraßen sowie der Thoristraße.
21. Januar 1882. Bekanntmachung, betr. die Außerkraftsetzung aller früheren, die Droschkenhalteplätze betreffenden Anordnungen und Bestimmung der als derartige Haltestellen bezeichneten Plätze ꝛc.

Gesundheitspflege und Gesundheitspolizei.

Die Gesundheitsverhältnisse von Halle während des Jahres 1881 sind im Allgemeinen als günstige zu bezeichnen.

Es wurden geboren 2713 und starben 1816, incl. 97 Todtgeburten; mithin sind 897 mehr geboren als gestorben, während im Jahre 1880 auf 2670 Geburten 1991 Todesfälle kamen, also die Zahl der Geborenen die der Gestorbenen nur um 679 übertraf. Demgemäß stellt sich die Geburtsziffer (d. h. die Zahl der Geborenen auf je Tausend Einwohner berechnet) auf 37,2; die Sterbeziffer auf 24,9 gegen 37,1 resp. 27,8 im Jahre 1880.

Da die Durchschnittsgeburtsziffer für die Jahre 1868—80 (seit 1868 ist unsere Wasserleitung im Betrieb und darf wohl der Beginn einer neuen sanitären Aera von da ab angenommen werden) 38,4. Durchschnittssterbeziffer 26,2 beträgt, so steht das Jahr 1881 bezüglich der Geburtsziffer 1,2 ungünstiger, bezüglich der Sterbeziffer um 1,4 besser als der Durchschnitt der genannten 13 Jahre, im Ganzen oder entschieden günstiger. Denn je größer die Differenz zwischen Geburtsziffer und Sterbeziffer ist, um so besser sind die sanitären Verhältnisse.

Diese Differenz zwischen Geburts- und Sterbeziffer betrug für 1865—67: 5,9, für 1868—80: 12,1, für 1881: 12,8.

Die höchste Zahl der Geburten während eines Monats — 248 — fiel auf den Februar, die niedrigste — 200 — auf den October. Durchschnittlich kamen auf den Monat 226 und auf den Tag 7,4 Geburten. Die höchste Monatssterblichkeit — 212 — fällt auf den Monat Juli, die geringste — 112 — auf den November. Durchschnittlich kommen auf den Monat 151 und auf den Tag 5 Todesfälle.

Von größeren Epidemien blieb die Stadt frei. Brechdurchfall 108, Diphtheritis und Croup 65, Scharlach 44, Masern 3, Keichhusten 4 Todesfälle sind für eine Stadt von 73000 Einwohnern keine abnormen Zustände. Masern und Keichhusten haben sogar unverhältnißmäßig weniger Opfer gefordert. Ebenso günstig war die Sterblichkeit an Kindbettfieber 4 und am Typhus 11 Fälle.

Den Typhus pflegt man vorzugsweise als Gesundheitsmesser einer Stadt anzusehen: je mehr Typhus, um so größer die Insalubrität eines Orts und umgekehrt.

Ebenso ist die Zahl der an Gehirnschlagfluß Gestorbenen — 60 — nicht groß. In Berlin kommen auf je 1000 Todesfälle 50—70, in Baiern sogar 82 Schlagflüsse; bei uns im vorigen Jahre nur 33.

Die Krankheiten der Athmungsorgane führten 607 Todesfälle herbei, d. i. 33 Procent aller Todesfälle! Ein nicht besonders günstiges Verhältniß.

Darunter figurirten 164 Lungenschwindsuchten, 174 Lungen- und Luftröhrenentzündungen, und 269 andere acute Krankheiten der Respirationsorgane.

Durchschnittlich rechnet man für unser Klima 20 % aller Todesfälle auf die Schwindsucht. Wir haben im vorigen Jahre nur 9 % gehabt. Todesfälle durch Verunglückungen kamen 39 Mal vor, durch Selbstmord 24. Das sind auch Mittelzahlen. Die Zahl der sonstigen Todesfälle beziffert sich auf 750.

Bezüglich des Lebensalters der Verstorbenen fällt die große Sterblichkeit der in den Jahren 1881 und 1880 geborenen, also im ersten resp. zweiten Lebensjahre stehenden Kinder auf. Selbstverständlich ist ja die Sterblichkeit des ersten Lebensjahrs überall eine überwiegende und beträgt durchschnittlich ¼ aller Todesfälle. Bei uns geht die Sterblichkeit des ersten Jahres darüber hinaus. Im Wesentlichen dürfte diese größere Sterblichkeit auf schlechte oder unzweckmäßige Kinderernährung und auf ungünstige Wohnungsverhältnisse zurückzuführen sein. — Die erwachsenen Männer starben am zahlreichsten in den 50er, — 91 — und 60er Jahren — 98 Todesfälle. Die Frauen wurden meist älter. Neue sanitäre Anstalten wurden, abgesehen von den königlichen Universitätsbauten, im vergangenen Jahre nicht hergestellt. — Die Kanalisation der Stadt schritt, wie in den letzten Jahren, rüstig vorwärts.

Uebersicht der Todes-Ursachen.

Infections-Krankheiten.		Acuter Gelenk-Rheumatismus	2
Masern und Rötheln	3	Darmkatarrh	40
Scharlach	44	Brechdurchfall	108
Diphtheritis (Croup)	65		
Keichhusten	4	Alle übrigen Krankheiten	706
Typhus	10		
Flecktyphus	1	Gewaltsamer Tod.	
Ruhr	2	Durch Verunglückung oder nicht näher constatirte gewaltsame	
Kindbettfieber	4	Einwirkungen	39
		Selbstmord.	
Andere vorherrschende Krankheiten.		Ertränkung	7
Lungenschwindsucht	164	Erhängung	7
Lungen- und Luftröhren-Entzündung	174	Erschießung	9
Andere acute Krankheiten der Athmungsorgane	269	Vergiftung	1
Gehirnschlagfluß	60	Summa	1719

In den königl. Universitätskliniken ist, wie bisher, eine großartige und segensreiche Thätigkeit entwickelt. Es wurden während der Berichtsperiode behandelt:

in der chirurgischen Klinik	1002	Patienten an	39327	Tagen,
„ „ Frauen-Klinik	686	„	12941	„
„ „ medicinischen Klinik	678	„	14673	„
in Summa	2366	Patienten an	66941	Tagen.
In der evangelischen Diaconissen-Anstalt	747	„		

Bei Durchführung des öffentlichen Impfwesens sind wesentliche Veränderungen nicht eingetreten.
An Stelle des Wundarztes Böhme, welcher freiwillig seine Funktionen niederlegte, trat Dr. med. Thomhayn.

	1881.		1880.	
Die Gesammtzahl der zur Erstimpfung vorzustellenden Kinder betrug		2822		2869
Hiervon sind				
a. verzogen	573		525	
b. verstorben	184		136	
c. von der Impfung befreit, weil sie die natürlichen Pocken überstanden haben	—		—	
d. bereits im Vorjahre mit Erfolg geimpft	261	1018	367	1028
Es blieben impfpflichtig		1804		1841
Davon sind				
a. mit Erfolg geimpft	1626		1620	
b. ohne Erfolg geimpft	12		5	
c. mit unbekanntem Erfolge geimpft, weil nicht zur Nachschau erschienen	4		14	
d. auf Grund ärztlichen Attestes vorläufig zurückgestellt	162		202	
Summa		1804		1841
Die Zahl der während des Geschäftsjahres geborenen und bereits mit Erfolg geimpften Kinder beträgt		312		243

	1881.		1880.	
Zur Wiederimpfung 12jähriger Kinder wurden ermittelt		1812		1703
Hiervon sind				
a. verzogen	8		9	
b. verstorben	1		—	
c. von der Impfung befreit, weil sie während der letzten 5 Jahre die natürlichen Pocken überstanden haben	6		4	
d. während der vorhergehenden Jahre mit Erfolg geimpft	53	68	23	36
Es blieben impfpflichtig		1744		1667
Davon sind				
a. mit Erfolg geimpft	1632		1511	
b. ohne Erfolg geimpft	37		91	
c. mit unbekanntem Erfolge, weil nicht zur Nachschau gestellt	18		33	
d. vorläufig auf Anordnung des Arztes zurückgestellt	57		32	
Summa	1744		1667	

Von Arm zu Arm wurden geimpft:
a. kleine Kinder 1445 1489
b. zwölfjährige Kinder 604 622

Die Controle der auf den hiesigen Märkten zum Verlauf gebrachten Nahrungs- und Genußmittel ist einem approbirten Thierarzte übertragen, welcher von einem Polizei-Commissar und mehreren Polizei Sergeanten unterstützt wird.

Außerdem ist hier eine größere Anzahl amtlich bestellter Fleischbeschauer vorhanden, deren Thätigkeit sich aus der folgenden Nachweisung ergiebt.

Im Jahre.	Zahl der amtlichen Fleisch-beschauer.	Zahl der untersuchten Schweine.	Zahl der trichinös befundenen Schweine.	Zahl der trichinös befundenen amerikanischen Speck-seiten und Schweine. Fleisch Präparate.	Zahl der finnig befundenen Schweine.
1881/82.	34	18050	5	10	1
1880/81.	33	17195	3	43	—

Die Berathungen über die Schlachthausfrage haben folgenden Verlauf genommen: Nachdem über die Auswahl eines geeigneten Platzes für die Schlachthaus-Anlage zwischen der Schlachthaus-Commission, uns und der Stadtverordneten-Versammlung längere Verhandlungen geschwebt hatten und die Commission lediglich den von dem Bauunternehmer Loest für eigene Rechnung erbauten Schlacht-Viehhof an der Merseburgerstraße sowie das angrenzende Heim-Schoch'sche Grundstück zur Auswahl empfohlen hatten, während wir außerdem das Steckner'sche Grundstück an der Berlinerstraße und das zwischen dem Exerzierplatz und der Magdeburg-Halberstädter Eisenbahn belegene

11

Wagner-Wagenknecht-Nietschmann'sche Grundstück zur engeren Wahl gestellt zu sehen wünschten, beschloß die Stadtverordneten-Versammlung am 4. Juli b. J. „auf den Ankauf des Loest'schen Grundstücks zu Schlachthauszwecken zu verzichten." Diesem Beschlusse traten wir bei. Trotzdem empfahl die Schlachthaus-Commission eine neue Offerte des Loest, welche dahin ging: „ihm für sein Schlachthaus den Schlachtzwang auf einen Zeitraum von 5 Jahren zu gewähren, indem er dann auf alle Entschädigungsansprüche verzichten wolle, welche er machen könne, wenn die Stadt später selbst oder durch einen Unternehmer ein obligatorisches Schlachthaus errichten sollte." Diesem Vorschlage vermochten wir nicht beizutreten.

1. weil uns die Loest'schen Schlachthaus-Einrichtungen schon für die gegenwärtigen Bedürfnisse des Stadtbezirks nicht ausreichend erschienen,
2. weil wir es für bedenklich hielten, zu Gunsten der Loest'schen Anlage den Schlachtzwang für eine beschränkte Zeit einzuführen, im Hinblick nicht nur auf die Entschädigungsansprüche der Fleischer, welche eigene Schlachthäuser besitzen, sondern besonders auf die großen Verlegenheiten, welche für diese und ebenso für das Publikum entstehen müßten, wenn sie jetzt gezwungen werden sollten, ihre eigenen Schlachtstätten zu beseitigen und wenn wir dann nach Ablauf der fünf Jahre noch nicht im Besitz eines Schlachthauses sein sollten,
3. namentlich aber, weil wir daran festhalten zu müssen glaubten, daß das Schlachthaus in Gemeinde-Regie zu übernehmen sei.

Diesem unserem Beschlusse trat die Stadtverordneten-Versammlung unterm 12. September b. J. bei und ersuchte uns, die Schlachthaus-Commission, weil sie sich mit den Anschauungen der Mehrheit in beiden städtischen Collegien nicht mehr im Einklange befinde, aufzulösen. Diesem Antrage konnten wir nach Lage der Sache unsere Billigung nicht versagen und es wurde darauf die weitere Vorberathung der Schlachthausangelegenheit einer neuen gemischten Commission bestehend aus 7 Stadtverordneten und 3 Mitgliedern unseres Collegiums übertragen. Diese Commission ging bei dem Eintritt in ihre Berathungen davon aus, daß es unbedingt erforderlich sei, mit den hiesigen Fleischern Fühlung zu gewinnen bezw. deren Urtheil über die schwebenden Principien zu hören. Demgemäß wurden 2 Mitglieder der Fleischer-Innung und 2 Mitglieder des Schlachthaus-Vereins bei den weiteren Commissionsverhandlungen zugezogen. Dies Verfahren hat sich bewährt: es kamen unter Zustimmung der Fleischer folgende einstimmige Commissionsbeschlüsse zu Stande, denen wir beigetreten sind.

1. Die Verbindung eines Handels-Viehmarktes, sei es für Schlachtvieh allein oder für Schlacht- und Nutzvieh mit dem zu errichtenden Schlachthofe erscheint nach den Verhältnissen hiesiger Stadt und Umgegend weder wünschenswerth noch nothwendig.
2. Ebenso ist die Anlage eines von dem Schlachthofe zu trennenden Schlachtviehmarktes, wo nur Schlachtvieh für den hiesigen Bedarf gehandelt werden würde, nicht zu empfehlen.
3. Es genügt, vielmehr, ist übrigens auch nothwendig, daß mit dem Schlachthofe geräumige Stallungen verbunden werden, in welchen event. auch Handelsgeschäfte abgeschlossen werden können.
4. Der städtische Holzplatz an der Saale ist für die Schlachthofs-Anlage das passendste Terrain.
5. Die Ausführung des von dem Stadtbaurath Lohausen für diesen Platz entworfenen Projekts, dessen Ausführung auf 700000 M. veranschlagt wurde, ist zu empfehlen.
6. Bau und Verwaltung ist in Gemeinde-Regie zu nehmen. Hierbei sind den Fleischern jedoch folgende Zugeständnisse zu machen:
   a. Daß Mitglieder der Innung nicht nur bei den weiteren Berathungen über die Errichtung des Schlachthofes zugezogen werden, sondern auch in der für die Verwaltung des Letzteren später zu errichtenden Schlachthaus-Deputation Sitz und Stimme erhalten.
   b. daß bei Anstellung der technischen (handwerksmäßig vorzubildenden) Beamten des Schlachthofes qualificirte hiesige Fleischer in erster Linie Berücksichtigung finden.

Leider vermochte die Stadtverordneten-Versammlung sich nicht, sich über diese Resolutionen schlüssig zu machen, obgleich fast sämmtliche Schlachthausbesitzer, darunter alle bedeutenderen Fleischer, sich schriftlich verpflichtet hatten, für den Fall der Annahme der vorstehend mitgetheilten Commissionsbeschlüsse auf alle Entschädigungsansprüche, die sie etwa für Aufgabe ihrer eigenen Schlachtstätten erheben könnten, zu verzichten. — Nach einer langen, unfruchtbaren Debatte beschloß die Versammlung am 12. Januar d. J. die Schlachthaus-Angelegenheit auf unbestimmte Zeit zu vertagen.

Inzwischen hat uns der von dem Vorsitzenden der Fleischer-Innung geleitete Schlachthaus-Verein unter Hinweis darauf, daß seit längerer Zeit wiederholt ungenießbares und gesundheitsschädliches Fleisch eingeführt, und die Nothwendigkeit der baldigen Errichtung eines öffentlichen Schlachthofes mit Schlachtzwang anerkannt werden müsse, ersucht, die Schlachthausfrage sobald als möglich wieder in die Hand zu nehmen.

Diese Aufforderung glauben wir nicht zurückweisen zu dürfen; wir wollen uns deshalb mit der Schlachthaus-Commission wieder in Verbindung setzen und geben die Hoffnung nicht auf, daß es uns doch noch gelingen werde, eine Einigung über diese wichtige Angelegenheit mit der Stadtverordneten-Versammlung herbeizuführen.

Sittenpolizei.

Die Zahl der hier unter sittenpolizeilicher Aufsicht stehenden Frauenzimmer betrug ult. 1880/81	99
im Berichtsjahre kamen hinzu	136
	Summa 235.
Verzogen, zur Strafverbüßung eingezogen resp. der Controle enthoben sind während dieses Zeitraums	164
es verblieben daher ult. März d. J. unter Controle	71

Strafrechtspflege und Strafpolizei.

Der Königlichen Staatsanwaltschaft wurden während der Berichtsperiode überwiesen:

wegen Majestätsbeleidigung	3	Pers.	wegen Vergehen und Verbrechen wider das Leben	4	Pers.
" Widerstand gegen die Staatsgewalt	45	"	" Erpressung	3	"
" Hausfriedensbruch	73	"	" Hehlerei	3	"
" Meineid	14	"	" Betrug	85	"
" Ehebruch	1	"	" Münzverbrechen	3	"
" Unzucht	15	"	" Urkundenfälschung	8	"
" Schamverletzung	5	"	" Hazardspiel	9	"
" Kupplei	10	"	" strafbaren Eigennutz	14	"
" Beleidigung	25	"	" Sachbeschädigung	40	"
" Verläumdung	1	"	" Brandstiftung	7	"
" Freiheits-Beraubung	1	"	" Gewerbesteuer-Contravention	13	"
" Mißhandlung	74	"	" Verdunkelung des Personenstandes	1	"
" Körperverletzung	51	"	" Wucher	3	"
" Diebstahl	487	"	" verbotenen Fischen	2	"
" Unterschlagung	54	"	" Spielen in auswärtigen Lotterien	2	"
" Raub-Anfall	5	"	" Anmaßung eines Titels	1	"
			Summa	**1062**	**Pers.**

An die Königliche Amtsanwaltschaft wurden zur directen Erledigung folgende Sachen abgegeben:

wegen Betteln und Landstreichen	18	Personen,
" groben Unfug	7	"
" Entwendung von Genußmitteln	6	"
" Forst-Diebstahl	1	"
" Schießen mit einem Feuergewehr in der Nähe bewohnter Häuser	2	"
" Gewerbe-Contravention	5	"
" Sittenpolizei-	9	"
" Straßenpolizei-	3	"
" Bahnpolizei-	1	"
" Fischerei-	13	"
" Feldpolizei-	4	"
" Uebertretung des Droschken- und Dienstmanns-Reglements	2	"
" Nichtbeschaffung eines Unterkommens	3	"
" Entziehen von der Militair-Stammrolle	1	"
" Schulversäumniß seines Sohnes	10	"
" Nichtbefolgung der Reiseroute	2	"
" verbotenen Winkelfechten	1	"
	Summa 88	**Personen.**

Außerdem fanden polizeiliche Straffestsetzungen statt:

	Ueberhaupt erlassen.	An die Amts-Anwaltschaft abgegeben.	Bleiben.
wegen Betteln und Landstreichen	130	3	127
" Nichtbefolgung der Reise-Route	21	—	21
" Unfug und nächtlicher Ruhestörung	762	90	672
" Nichtbeschaffung eines Unterkommens	15	—	15
" Gewerbe-Unzucht resp. Verletzung der sittenpolizeilichen Vorschriften	372	4	368
" Fälschung von Legitimationspapieren	12	2	10
" unterlassener Meldung von an-, ab- und zugezogenen Personen	354	4	350
" " " Kellnerinnen	13	5	8
" " " beim Standesamte	4	—	4
" " " zur Militair-Stammrolle	44	1	43
" " " von Pflegekindern	2	—	2
" Beschädigung öffentlicher Anlagen resp. fremden Eigenthums	21	4	17
" Zuwiderhandeln gegen die Markt-Polizei-Ordnung	63	1	62

	Ueberhaupt erlassen.	An die Amts Anwaltschaft abgegeben.	Bleiben.
wegen Zuwiderhandeln gegen die Gewerbe-Polizei-Ordnung	33	4	29
„ „ „ „ Bau- „	30	2	28
„ „ „ „ Feld- „	15	—	15
„ „ „ „ Feuer- „	17	—	17
„ „ „ „ Chaussee- „	3	—	3
„ „ „ „ Trödler- „	3	1	2
„ „ „ „ Strom- „	6	—	6
„ „ „ „ Hundesteuer- „	32	2	30
„ „ „ das Droschken- und Dienstmanns-Reglement	227	21	206
„ Uebertretung der Polizei-Stunde	76	5	71
„ „ des Eisenbahn-Reglements	11	—	11
„ „ der Maaß- und Gewichts-Ordnung	17	—	17
„ „ der Straßenpolizei-Ordnung	1256	77	1179
„ Sonntagsentheiligung durch gewerblichen Verkehr	102	17	85
„ Uebertretung der Haus-Ordnung	1	—	1
„ Umherlaufenlassen der Hunde ohne Maulkorb und ohne Aufsicht	264	9	255
„ Abhalten von Tanzvergnügen ohne polizeiliche Erlaubniß	16	3	13
„ Fischerei-Polizei-Contravention	49	3	46
„ Schulversäumniß der Kinder	162	20	142
„ verbotswidrigen Verkaufs verdorbener Genußmittel	15	1	14
„ Thierquälerei	7	1	6
„ eigenmächtigen Verlassen des Dienstes	7	1	6
„ Fangen von nützlichen Vögeln	2	—	2
„ Beschäftigung von Gesellen resp. Lehrlingen ohne Arbeitsbuch	3	1	2
„ Nichtverlassen des Schanklocals, nachdem Feierabend geboten	4	—	4
„ Nichtanschließen der Kähne	13	—	13
„ Wasservergeudung aus der städtischen Wasserleitung	6	4	2
„ Führung eines falschen Namens einem zuständigen Beamten gegenüber	1	—	1
„ Uebertretung der gegen den Roßschlächter-Geschäfts-Betrieb erlassenen Polizei-Verordnung	11	—	11
„ unterlassener Untersuchung eines geschlachteten Schweines auf Trichinen	1	—	1
„ Schießen mit einem Feuergewehr in der Nähe bewohnter Häuser	5	2	3
„ Verweilen von schulpflichtigen Kindern bei öffentlichen Lustbarkeiten	1	—	1
„ verbotswidrigem Lagern von Petroleum	13	—	13
„ unterlassener Vorlegung des Fremdenbuches	6	—	6
„ Mindergewicht der Butter	18	—	18
Summa	**4246**	**288**	**3958**

Transport- und Legitimationswesen.

Die Arbeiten haben sich in der Berichtsperiode vermehrt. Namentlich hat das Transportwesen sehr zugenommen in Folge der an jedem Mittwoch sich hier concentrirenden Sammeltransporte der Gefangenen für die Provinz, nach Delitzsch, Lichtenburg und Zeitz. Auch das Vagabondenwesen ist immer im Wachsen geblieben, so daß die Reiserouten und Visaertheilungen in bedenklicher Weise sich gesteigert haben.

Die öffentlichen Lustbarkeiten sind durch die Einführung der Gebühren nicht vermindert, im Gegentheil nimmt die Vergnügungssucht immer mehr zu.

Rückgängig ist die Ausfertigung von Postkarten und Inlandspässen in Folge der Aufhebung des Paßzwanges.

Die Ausfertigung der zahlreichen Leichenpässe steht in unmittelbarer Verbindung mit den hier befindlichen von auswärts stark frequentirten Königlichen Kliniken.

An Durchreisende mit Reiseroute nach der Heimath verwiesene Personen mußten für Rechnung der Armen-Kasse 330 Mk. 45 Pf. an Unterstützungen gezahlt werden.

Eine Uebersicht der ausgeführten Arbeiten bietet die folgende Tabelle:

Nr.	Gegenstand.	1881/82. Zahl	1880/81. Zahl	Einnahme pro 1881/82. Für den Staat. M	Pf	Für die Stadt. M	Pf	Einnahme pro 1880/81. Für den Staat. M	Pf	Für die Stadt. M	Pf	Bemerkungen.
1.	Ausgeführte Transporte	1205	589	—		559	55	—		512	25	Verpflegungs-, Devention- und Heizungskosten.
2.	Ausgefertigte Paßkarten	272	347	272	—	—		347	—	—		
3.	„ Inlandspässe	58	74	—		9	75	—		14	—	
4.	„ Auslandspässe	149	119	146	50	—		137	—	—		
5.	„ Reiserouten	441	281	—		—		—		—		
6.	„ · Visa's	420	—	—		—		—		—		
7.	„ Heimathscheine	82	58	—		—		—		—		
8.	„ Leichenpässe	110	104	—		—		—		—		a 6 Mark Stempel.
9.	„ Dienstbücher	693	650	—		—		—		—		
10.	„ Arbeitsbücher	719	618	—		16	—	—		12	50	Für Duplicate a 50 Pf.
11.	„ Arbeitskarten	18	54	—		—		—		—		
12.	„ Tanzerlaubnißscheine	979	819	—		14 100	—	—		11 960	—	Die Gebühren werden für die Armentasse erhoben.
13.	„ Erlaubnißscheine zu Aufführungen	159	121	—		2683	—	—		1883	—	
14.	„ Jagdkarten	288	258	—		864	—	—		774	—	
	Summa	5593	4112	418	50	18232	30	494	—	45155	75	

Die Einnahmen der Stadt haben mithin im Berichtsjahre um 3076,55 Mk. zugenommen.

XXII. Staatsverhältnisse.

1. Reichstagswahl.

Am 27. October d. J. fand in Gemeinschaft mit dem Saalkreise die Wahl eines Abgeordneten für den Reichstag statt. Zum Zweck derselben war die hiesige Stadt in 22 Bezirke getheilt; die Zahl der in den Wahllisten verzeichneten Wähler aus der Stadtkreise betrug 13137. Von diesen betheiligten sich an der Wahl 7364 = ca. 56%. Von den gesammten Wählern des Wahlkreises wurden 14091 Stimmen abgegeben, von denen 52 für ungültig erklärt wurden. Die Zahl der gültigen Stimmen betrug somit 14039, und die absolute Majorität 7020. Es erhielten Prof. Dr. Vorrtius hier 4522, Dr. Alexander Meyer in Berlin 4261, Regierungs-Präsident von Tiedt in Merseburg 4119, Schriftsteller Hasenclever in Burzen 1137. Da hiernach keiner der Genannten die absolute Majorität erhalten hatte, mußte eine engere Wahl, und zwar zwischen dem Prof. Dr. Vorrtius und dem Dr. Alexander Meyer vorgenommen werden, welche am 11. November d. J. stattfand. Von den Wählern der Stadt Halle betheiligten sich bei dieser engeren Wahl 7580 = ca. 57%. Im ganzen Wahlkreise wurden 13621 Stimmen abgegeben, wovon 7957 auf Dr. Alexander Meyer und 5664 auf Professor Dr. Vorrtius fielen. Ersterer ist somit gewählt und hat die Wahl angenommen.

2. Militairwesen.

a. Garnisonverhältnisse.

Veränderungen in der Garnison, wie in den Commandostellen derselben sind in der Berichtsperiode nicht vorgekommen.

Nach dem Ortsstatute vom 14. März 1870 haben wir für die Unterbringung der hier garnisonirenden resp. durchmarschirenden Truppen in Miethsquartieren Sorge zu tragen und soll nur, falls die Beschaffung solcher Quartiere für einen angemessenen Preis und in genügender Zahl unmöglich ist, Naturalquartier von den Hausbesitzern gefordert werden. Dieser letzte Fall ist im Berichtsjahre nicht vorgekommen, vielmehr sind die Mannschaften der Garnison sowohl, als auch die durchmarschirenden Truppen in Miethsquartieren untergebracht worden. Auch die nach dem Gesetze vom 6. Mai 1880 zu einer zehnwöchentlichen Uebung einberufenen Ersatz-Reservisten I. Klasse, wie die zu einer 12tägigen Uebung eingezogenen Reservisten konnten in Miethsquartieren bequartiert werden.

Die Mannschaften des Bezirks-Commandos mit Ausnahme der Avancirten, sind in den fiskalischen Räumen der Moritzburg, das 3. Bataillon Magdeburgischen Füsilier-Regiments Nr. 36 war in der Lupe'schen Privat-Kaserne, dem Hagemann'schen, und nach Reducirung des Belegungsplanes der ersteren um 24 Mann, in anderen kleineren Quartieren untergebracht. Die zu eigenen Stuben berechtigten Chargen vom Feldwebel abwärts, wie die Verheiratheten und einige andere Unteroffiziere mietheten sich gegen einen ihnen zu dem Königlichen Servise gezahlten Serviszuschuß selbst ein. Die vom Staat errichtete Bataillons-Kaserne ist nahezu fertiggestellt.

Die Zahlung der städtischen Servis-Zuschüsse erfolgt nach folgenden Sätzen:

a. An Selbstmiether.

2 Bezirksfeldwebel der Stadt jährlich je	75 Mk. 60 Pf.
die übrigen Feldwebel	39 „ 60 „
die Fähnriche, Vicefeldwebel ıc.	36 „ — „
die Unteroffiziere	29 „ 40 „

b. Hagemann'sches Quartier

für den Unteroffizier jährlich	26 Mk. 40 Pf.
„ „ Gemeinen „	45 „ — „

c. Andere Miethsquartiere

für den Gemeinen jährlich	63 Mk. — Pf.

d. Luthe'sche Privat-Kaserne

für den Unteroffizier jährlich	11 Mk. 40 Pf.
„ „ Gemeinen	15 „ — „

Nach diesen, für die einzelnen Chargen städtischerseits zu dem Königlichen Servise bewilligten Zuschüssen gestaltet sich der Gesammtbetrag der Quartierentschädigung folgendermaßen:

a. Selbstmiether

2 Bezirksfeldwebel der Stadt jährlich je	288 Mk.
die übrigen Feldwebel „ „	252 „
die Fähnriche, Vicefeldwebel ıc. „ „	163 „
die Unteroffiziere „ „	114 „

b. Für das Hagemann'sche Quartier

für den Unteroffizier jährlich je	111 Mk.
„ „ Gemeinen „ „	90 „

c. Für die kleineren Miethsquartiere

für den Gemeinen jährlich	108 Mk.

d. Für die Privat-Kaserne

für den Unteroffizier jährlich je	96 Mk.
„ „ Gemeinen „ „	60 „

Nachweisung der hier in Garnison gewesenen und von der Stadt einquartierten Mannschaften einschließlich der Ersatz-Reservisten I. Klasse:

Im Jahre.	In Miethsquartieren und in der Privat-Kaserne.				Selbstmiether.				Einnahme und Ausgabe.							Bemerkung.
	Feldwebel.	Jähnriche.	Unteroffiziere.	Gemeine.	Feldwebel.	Jähnriche.	Unteroffiziere.	Gemeine.	Städtische Vergütung.		Städtischer Zuschuß.		Summa.			
									ℳ	₰	ℳ	₰	ℳ	₰		
1881/82.	—	2	367¹⁰⁄₅₀	5085¹⁰⁄₅₀	96	130	35¹²⁄₃₀	12	21 584	42	8 085	52	29 669	94		Auf Monate einquartiert.
1880/81.	—	9	370¹⁵⁄₃₀	4943¹⁰⁄₃₀	96	130	39¹⁵⁄₃₀	3	21 169	04	7 738	96	28 908	—		

b. Verpflegung.

In den Vergütungssätzen für Verpflegung auf Durchmärschen hat sich nichts geändert. Der, zu der staatlicherseits gezahlten Entschädigung für Verpflegung gewährte städtische Zuschuß regelt sich nach Höhe der ersteren dergestalt, daß mit derselben der Satz von 1 Mk. 50 Pf. für die volle Verpflegungsportion und 50 Pf. für je eine Mittags-, Abend- oder Frühstücksportion erreicht wird. Außer der Verpflegung für die Mannschaften mußte auch die Fourage für den mittleren Marktpreis seitens der Stadt geliefert werden. Zu diesem Preise sind jedoch die Fouragesorten bei freihändiger Beschaffung und in kleineren Quantitäten nicht zu erlangen und mußten daher auch hier Zuschüsse seitens der Stadt gezahlt werden.

Die Zahl der verabreichten Verpflegungsportionen und der verabreichten Fourage wird in nachstehender Uebersicht nachgewiesen:

Im Jahre.	Zahl der Portionen mit Brod				Fourage.						Einnahme und Ausgabe.					
	volle Tages Kost.	Mittags Kost.	Abend Kost.	Morgen Kost.	Hafer.			Heu.			Stroh.			Staatliche Vergütung.	Städtischer Zuschuß.	Summa
					Ctr.	kg	gr	Ctr.	kg	gr	Ctr.	kg	gr	ℳ ₰	ℳ ₰	ℳ ₰
1881/82.	122	—	38	38	11	3	400	3	6	—	3	32	—	256 70	105 01	361 71
1880/81.	16	—	32	32	—	—	—	—	—	—	—	—	—	27 04	28 96	56 —

c. Durchmarsch-Einquartierung.

Außer wenigen kleineren durchmarschirenden Commandos mußten die zu einer 12tägigen Uebung einberufenen Reserven, wie die von dem Manöver zurückkehrende 7. Batterie des Thüringischen Feld-Artillerie-Regiments Nr. 19 in Durchmarschniethsquartieren untergebracht werden, wohingegen die zur Uebung einberufenen Landwehr-Infanterie-Mannschaften, wie bereits in den letzten Jahren, in Torgau übten. Für diese Durchmärsche wurde einschließlich des Königlichen Servises folgende Vergütung gezahlt:

Für 1 General 6 Mk., für 1 Stabsoffizier 4 Mk., für 1 Hauptmann 3 Mk., für 1 Lieutenant 2 Mk., für 1 Feldwebel 1 Mk. 50 Pf., für 1 Fähnrich ꝛc. 1 Mk., für 1 Unteroffizier 75 Pf., für 1 Gemeinen 50 Pf., für 1 Pferd 40 Pf. und für 1 Geschäftszimmer 2 Mk. pro Tag.

Die folgende Nachweisung ergiebt die bequartierten Durchmärsche und Uebungsmannschaften:

Im Jahre.	Es waren einquartiert auf einen Tag										Einnahme und Ausgabe.		
	Generale.	Stabs offiziere.	Hauptleute.	Lieute- nants.	Feldwebel.	Fähnrich.	Unter- offiziere.	Gemeine.	Pferde.	Geschäfts- zimmer.	Staatliche Vergütung. ℳ ₰	Städtischer Zuschuß. ℳ ₰	Summa. ℳ ₰
1881/82.	—	2	19	48	23	4	247	2534	107	—	404 42	1323 13	1727 55
1880/81.	—	—	—	3	14	1	170	1868	2	—	256 83	885 47	1142 30

d. Vorspann-Leistung.

Der Vorspann wird nach dem Ortsstatut vom 14. März 1870 in gleicher Weise wie die Mieths-Quartiere im Wege freier Vereinbarung beschafft und nur im Falle der Unmöglichkeit der Beschaffung für einen angemessenen Preis, von den Zugviehbesitzern gefordert. Hierauf bezüglich ist ein Contract mit einem Unternehmer abgeschlossen, welcher sämmtlichen Militair-Vorspann zu stellen hat. Durch die Abnahme der Durchmarschseinquartierung sind übrigens auch die Vorspannrequisitionen bedeutend reducirt.

Die folgende Tabelle weist den gestellten Vorspann nach:

Im Jahre.	Es wurde an Vorspann gestellt:				Einnahme und Ausgabe.		
	zweispännige Wagen		einspännige Wagen		Staatliche Vergütung.	Städtischer Zuschuß.	Summa.
	auf einen ganzen Tag.	auf einen halben Tag.	auf einen ganzen Tag.	auf einen halben Tag.	ℳ ₰	ℳ ₰	ℳ ₰
1881/82.	6	—	3	—	99 —	54 —	153 —
1880/81.	5	—	3	—	86 50	48 50	135 —

Nach den vorstehenden Tabellen hat die Stadt Halle a. S. für Garnison-Einquartierung, Verpflegung, Durchmarscheinquartierung und Vorspann im Rechnungsjahre 1881/82 folgende Einnahmen und Ausgaben gehabt:

Bezeichnung des Zweckes der Einnahme und Ausgabe.	Einnahme und Ausgabe.					
	Staatliche Vergütung.		Städtischer Zuschuß.		Summa.	
	ℳ	₰	ℳ	₰	ℳ	₰
Für Garnison-Einquartierung . . .	21 584	42	8 085	52	29 669	94
„ Verpflegung	256	70	105	01	361	71
„ Durchmarsch-Einquartierung .	404	42	1 323	13	1 727	55
„ Vorspann	99	—	54	—	153	—
Summa	22 344	54	9 567	66	31 912	20
1880/81.	21 539	41	8 701	89	30 241	30

e. Ersatzwesen.

Halle bildet als Stadtkreis einen eigenen Aushebungs-Bezirk. Die auf das Ersatzwesen bezügliche Correspondenz führt der Civil-Vorsitzende der Ersatz-Commission, hier der Erste Bürgermeister resp. dessen Vertreter. Diese Correspondenz ist sehr umfangreich und erstreckt sich über das ganze deutsche Reich. Das Ein- und Ausgangsjournal über Militairangelegenheiten weist für das vorige Jahr 6410 Nummern nach.

Die nachfolgende Tabelle giebt ein Bild der im militairpflichtigen Alter gestandenen resp. zur Vorstellung gebrachten und controlirten Mannschaften.

Im Jahre	Zahl der vorhandenen Militair- pflichtigen.	Hiervon sind									
		un- ermittelt geblieben.	ohne Entschul- digung aus- geblieben.	ander- wärts ge- mustert.	zurück- gestellt.	aus- geschlossen als unwürdig,	aus- gemustert als dauernd untauglich	der Ersatz-Reserve I. Klasse	II. Klasse überwiesen.	freiwillig eingestellt.	aus- gehoben und eingestellt.
1881.	2627	18	40	455	1391	6	107	248	105	103	154
1880.	2424	14	50	349	1218	2	258	113	128	102	150

Als unsichere Heerespflichtige wurden im Laufe des Jahres 1881 4 Mann eingestellt und wegen Entziehung von der Militair-dienstpflicht wurden 5 Mann gerichtlich verurtheilt.

XXIII. Steuer-Verhältnisse.

A. Directe Staatssteuern.

Die Veranlagung ergab folgende Resultate:

	im Jahre 1881/82.	1880/81.	1881/82.	1880/81.
1. Grundsteuer			8 112 Mk.	8 508 Mk.
2. Gebäudesteuer			133 620 „	127 540 „
3. Gewerbesteuer				
Klasse A. I. Fabrikanten, Banquiers x.	10 242 Mk.	10 314 Mk.		
„ A. II. Kaufleute x.	33 942 „	33 630 „		
„ B. Kleinhändler	29 304 „	28 077 „		
„ C. Wirthe und Conditoren	11 226 „	10 788 „		
„ H. Handwerker	9 063 „	8 319 „		
„ K. Schiffer und Lohnfuhrleute	1 217 „	1 160 „		
„ L. Hausirer	7 800 „	8 370 „		
Soll nach der Veranlagung:	102 794 Mk.	100 664 Mk.		
Wirklich erhoben sind:			95 951 Mk.	91 385 Mk.

	Anzahl der Censiten.					
4. Klassificirte Einkommensteuer:	1881/82.	1880/81.	1881/82.	1880/81.	1881/82.	1880/81.
zum Steuersatze der 12. Klassensteuerstufe	2	18				
in der 1. Stufe . . .	340	424				
2. „	236	225				
3. „	199	182				
4. „	141	101				
5. „	113	91				
6. „	122	102				
7. „	51	48				
8. „	50	40				
9. „	40	39				
10. „	26	23				
11. „	30	18				
12. „	18	15				
13. „	11	14				
14. „	7	2				
15. „	8	5				
16. „	6	4				
17. „	3	3				
18. „	3	1				
19. „	1	1				
20. „	2	1				
21. „	1	1				
22. „	1	—				
24. „	—	1				
26. „	1	—				
28. „	2	—				
29. „	—	1				
32. „	1	1				
Summa nach den Veranlagungs-Rollen:	1433	1361	252 900 Mk.	221 922 Mk.		

Ab der gesetzlich bewilligte 3 monatliche Steuererlaß der 5 untersten
Stufen sowie derjenige Betrag, welcher den zum Satze der 12. Klassen-
steuerstufe veranlagten Einkommensteuerpflichtigen in Folge der Kontingentirung
der Klassensteuer mit 12 Pf. für je 3 Mark gewährt worden ist, mit zusammen rot. . . . . 30 387 Mk. — Mk.

Verbleibt Soll: 222 513 Mk. 221 922 Mk.

Wirklich erhoben sind: 218 429 Mk. 219 136 Mk.

456 112 Mk. 446 569 Mk.

Im Jahre 1881/82 waren zur Klassificirten Einkommensteuer veranlagt überwiegend aus:

a) Grundvermögen . . . . 80 Personen
  oder ca. 5,58 % d. Steuerpfl. geg. 5,7 % im Vorjahre

b) Kapitalvermögen . . . . 305 „
  oder ca. 21,28 % d. Steuerpfl. geg. 21,33 % im Borj.

c) Gewerbebetrieb . . . . 443 „
  oder ca. 30,92 % d. Steuerpfl. geg. 32,62 % im Borj.

d) Gehalt, Emolumente, Pensionen 2c. . . . . 370 „
  oder ca. 25,82 % d. Steuerpfl. geg. 26,89 % im Borj.

e) Grund- und sonstigen Vermögen . . . . . 235 „
  oder ca. 16,40 % d. Steuerpfl. geg. 13,59 % im Borj.

zusammen 1 433 Personen.

mit einem Gesammt-Brutto-Jahreseinkommen von . . 9 821 344 Mk.

	Anzahl der Censiten.					
	1881/82.	1880/81.	1881 82.	1880/81.	1881/82.	1880/81.

mithin die Person mit einem durchschnittlichen Brutto-
Jahreseinkommen von 6853,69 Mk. und nach Abzug
der Lasten und Schuldenzinsen von . . . . . 591550 Mk.

mit einem Gesammt-Netto-Jahreseinkommen von . . . 9 229 794 Mk.
gegen . . . . . . 8 127 271 „

im Vorjahre, oder pro Person ein durchschnittliches Netto-
Jahreseinkommen von . . . . 6446,89 „
gegen . . . . . . 5971,55 „
im Vorjahre.

5. Klassensteuer :

In der	Stufe		1881/82	1880/81		
	1. Stufe	. . . .	7896	8676		
	2. „	. . . .	4303	4337		
	3. „	. . . .	1085	1090		
	4. „	. . . .	1062	1034		
	5. „	. . . .	545	555		
	6. „	. . . .	644	610		
	7. „	. . . .	257	294		
	8. „	. . . .	357	361		
	9. „	. . . .	335	345		
	10. „	. . . .	388	404		
	11. „	. . . .	192	188		
	12. „	. . . .	346	352		

Soll nach der Veranlagung: 16 610   16 206   184 509 Mk.   184 650 Mk.

Ab derjenige Betrag, welcher den Pflichtigen in Folge Kontingentirung
der Klassensteuer mit 12 Pf. für je 3 Mk. der veranlagten Steuer zu
Gute gekommen, sowie pro 1891/82 der gesetzliche 3 monatliche Steuererlaß in sämmtlichen Stufen mit . . . . 51 679 Mk.   7 386 Mk.

Verbleibt Soll: 132 890 Mk.   177 264 Mk.

Wirklich erhoben sind: 127 264 Mk.   170 283 Mk.

Summa der directen Staatssteuern: 583 380 Mk.   616 852 Mk.

Weniger: 33 472 „   — „

B. Kommunalsteuern.

1. Als Gemeindeeinkommensteuer wurden 100% Zuschlag zu der Klassen- und Klassificirten Einkommensteuer erhoben und es sind aufgekommen . . . .   406 541 Mk.   382 008 Mk.

2. Grund- und Miethssteuer: es wurden vom Nutzungswerthe der Grundstücke 2½% als Grundsteuer und von dem Miethswerthe 5% als Miethssteuer erhoben.   1881/82.   1880/81.

Die Gesammtzahl d. besteuert. Grundstücke betrug   3339   3311
Darunter Hausgrundstücke   3223   3207

Grundsteuer ging ein: 135 779 Mk.   130 503 Mk.

Die Gesammtzahl d. vermieth. Wohnungen betrug 16 781   16 149
Davon waren voll besteuert 15 078   14 242
Theilweise befreit   606   844
Ganz befreit 1 097   1 063

Miethssteuer ging ein . . . .   271 557 Mk.   261 007 Mk.

Mithin belief sich der Ertrag der Grund- und Miethssteuer zusammen auf . . . . 407 336 Mk.   391 510 Mk.

Summa der Kommunalsteuern ad 1 und 2: 813 877 Mk.   773 518 Mk.

mehr: . . . .   40 359 „

Es entfallen pro Kopf der Bevölkerung directe Staatssteuern . . . .   8,16 „   8,63 „

Kommunalsteuern ad 1 und 2:   11,38 „   10,92 „

zusammen: 19,54 Mk.   19,45 „

3. **Hundesteuer.** Es gingen ein:

Im I. Semester 1881/82 für 803 Hunde à 4 Mk. 50 Pf.	. . . .	3613 Mk. 50 Pf.
„ II. „ „ 812 „ à „ „	. . . .	3654 „ — „
		7267 Mk. 50 Pf.
Strafgelder	. . . .	700 „ 50 „
	Summa	7968 Mk. — Pf.
Hiervon:		
An die Kämmerei abgeliefert	. . . .	7899 Mk. 59 Pf.
An die Militair-Behörde (die von Militairpersonen gezahlte Steuer nach		
Abzug von 4% Tantième) abgeliefert	. . . .	56 Mk. 16 Pf.
Sonst zurückgezahlte Steuer	. . . .	11 „ 25 „
Buchbinderlohn	. . . .	1 „ — „
		7968 Mk. — Pf.

Im Vorjahre betrug die Einnahme resp. Ausgabe . . . 7787 Mk. — Pf.

mithin jetzt mehr . . . 181 „ — „

4. **Bürgerrechtsgeld** wird auf Grund des von der Königl. Regierung zu Merseburg unterm 7. October 1874 bestätigten Regulativs vom 24. Juli 1874 und Nachtrags vom 26. October 1875, bestätigt am 5. November 1875 — nach Maßgabe des jährlichen Klassen- resp. Einkommensteuer-Betrages, welches der Verpflichtete zur Zeit des Erwerbes des Bürgerrechtes zu zahlen hat, in folgenden Beträgen erhoben:

a) Bei einem jährlichen Steuerbetrage von 12 bis 24 Mk. incl., mit 15 Mk.

b) Bei einem jährlichen Steuerbetrage von 30 bis 48 Mk. incl., mit 30 Mk.

c) Bei jedem höheren Steuerbetrage mit 45 Mk.

Es gingen ein pro 1881/82 3938 Mk., pro 1880/81 5781 Mk.

In Gebäudesteuer-Angelegenheiten ist die Nachweisung der im Jahre 1880/81 im Bestande der Gebäude vorgekommenen Veränderungen (Neu- und Umbauten) mit 327 Positionen aufgestellt und außerdem sind 185 Stück Gebäudebeschreibungen behufs Veranlagung neu erbauter und im Bestande veränderter Gebäude entworfen worden. Gegen die Gebäudesteuer-Veranlagung im Jahre 1881/82 sind nur wenige Reclamationen angebracht, welche durch Rücksprache mit den Reclamanten Erledigung gefunden haben.

Die Gewerbesteuer-Veranlagungsrolle

enthielt	. . . .	3560
besteuerte und	. . . .	68

auf Grund gesetzlicher Vorschriften in den Klassen B und H von der Steuer befreiter Personen.

Zugänge waren	. . . .	1064
Abgänge	. . . .	872

zu registriren.

Reclamationen sind gegen die Gewerbesteuer-Veranlagung pro 1881/82 angebracht	. . . .	73
davon sind als unbegründet zurückgewiesen	. . . . . .	37
und berücksichtigt worden		36.

Zwei Rekursgesuche waren ebenfalls zu berücksichtigen.

An Gewerbelegitimationskarten rc. sind 321 Stück ausgefertigt; Anträge auf Hausirgewerbescheine 342 entgegengenommen und in 21 Nachweisungen der königlichen Regierung eingereicht.

Die Einkommens-Nachweisung für die klassificirte Einkommensteuer enthielt 1433 Positionen, und es waren hierzu 73 Zugangs- und 175 Abgangspositionen zu bearbeiten.

Remonstrationen sind erhoben	. . . .	160
davon haben	. . . .	89
berücksichtigt werden können, dagegen	. . . .	71
zurückgewiesen werden müssen.		
Gegen die Remonstrationsentscheidungen sind bei der Bezirks-Commission Reclamationen eingelegt		20
hiervon sind	. . . .	11
zurückgewiesen und		9
berücksichtigt worden.		

In Gewerbesteuer-Untersuchungs-Sachen sowie in Angelegenheiten der Veranlagung rc. der Gewerbesteuer und klassificirten Einkommensteuer sind 396 Termine abgehalten worden.

Zum Zwecke der Klassensteuer-Veranlagung sind behufs Aufnahme der Bevölkerung in hiesiger Stadt 15959 Stück Personenstandszettel ausgegeben und wieder eingeholt worden, hierunter befanden sich 1304 Stück mangelhaft aufgestellt, welche durch Ladung der betreffenden Personen an Amtsstelle haben vervollständigt werden müssen.

Die auf Grund dieser Personenstandszettel aufgestellte vereinigte Einkommens-Nachweisung und Klassensteuer-Rolle enthielt in 4 Foliobänden 28354 Positionen. Unter den aufgeführten Personen befanden sich:

14765 Einzelsteuernde und
13589 Haushaltungsvorstände.

Davon waren besteuert

6456 Einzelsteuernde und
11587 Haushaltungsvorstände

und steuerfrei

8309 Einzelsteuernde,
2034 Haushaltungsvorstände.

Die ermittelte Bevölkerung bezifferte sich auf 70989; zu bemerken ist hierzu, daß bei der Klassensteuer-Veranlagung die Bevölkerung nie so genau festzustellen ist, wie bei der allgemeinen Volkszählung, da bei Aufnahme des Personenstandes uns nicht die Mittel zu Gebote stehen, wie bei jener, bei welcher sich Hunderte von Mitbürgern als Zähler, Revisoren ꝛc. betheiligen, sowie daß bei der Volkszählung alle ortsanwesenden Personen mitgezählt werden.

Die Gesammtzahl der gegen die Klassensteuer-Veranlagung angebrachten Reklamationen belief sich auf . . . 657

Davon wurden zurückgezogen vor der Entscheidung 9
als unbegründet zurückgewiesen 133
berücksichtigt (335 Ermäßigungen und 170 Freilassungen) 505
und anderweit erledigt 10
Gegen die Reklamationsentscheidungen wurden 19
Rekurse erhoben, davon sind 13
berücksichtigt und 6
zurückgewiesen worden.
Zugänge waren 7168
Abgänge 6241
zu registriren, überwiesen wurden von hier nach auswärts . . . . 935 Personen,
dagegen von auswärts nach hier . . . . 1132 „

Steuerveranlagungszettel (enthaltend die Klassen-, Gemeinde-Einkommen-, Staats-, Grund- und Gebäude-Steuer, sowie die Gewerbesteuer) sind einschließlich derjenigen für Zugänge im Laufe des Jahres zusammen 26057 Stück ausgefertigt und ausgetragen. Wegen Klassensteuer-Rückständen sind in Bezug auf körperliche Sachen Pfändungen vollzogen:

280 in der 1. Stufe,
197 „ „ 2. „
52 „ „ 3. „
92 „ „ 4. — 12. Stufe.
zusammen 621 und

fruchtlose Pfändungsversuche ausgeführt:

1190 in der 1. Stufe,
140 „ „ 2. „
13 „ „ 3. „
35 „ „ 4. — 12. Stufe
zusammen 1378.

Für die Gemeinde-Einkommensteuer werden besondere Listen nicht geführt, hierzu vielmehr die Klassensteuer-Veranlagungs-Rolle wie auch die Mutationslisten mit verwendet.

Fremden und juristische Personen waren im Jahre 1881/82 zusammen 147 zur Gemeinde-Einkommensteuer veranlagt. Die Kataster für die städtische Grund- und Miethssteuer enthielten zusammen 17600 Positionen, Wohnungs- und Miethsveränderungs-Nachweisungen sind 13807 ausgegeben und wieder eingeholt worden und Mieths- resp. Grundsteuer-Zugänge waren 5515
Abgänge 6064

zu registriren. Hierauf bezl. Veranlagungsausschreiben waren 22016 Stück auszufertigen und auszutragen. Von der Revisionskommission sind 30 Reclamationen entschieden, wovon 24 berücksichtigt und die übrigen abgewiesen worden sind.

XXIV. Finanzwesen.

Ueberficht
über das Vermögen und den Schuldenstand der Gemeinde.

I. Kämmerei-Vermögen.

Bemerkungen: die in Colonne „Art der Schätzung" gegebenen Abkürzungen bedeuten und zwar:

R. Sch. Runde Schätzung,
N.-W. Nutzungs-Werth,
F.-T. Feuer-Taxe,
K.-W. Kauf-Werth,
B.-W. Bau-Werth,

der Feuertaxe ist bei Gebäuden der Werth des Grund und Bodens mit 10% der Taxe zugerechnet worden.

Lfde. Nr.	Bezeichnung.	Jahres-Nutzung. M | S	Werth ultimo März 1892. M | S	1891. M | S	Art der Schätzung.	Bemerkungen.
	A. Activa.					ad 1. Von den Parzellen Nr. 60-61 des Rittergutes sind 81,01 Ar an die Thüringer Bahn zur An legung eines Güterbahn hofes in Ammendorf für 6351 Mk. 27 Pf. ab getreten.
	I. Grundstücke.					
	a. Geschlossene Güter.					
1.	Die Rittergüter Beesen und Ammendorf	20 963 | 42	743 800 | —	750 150 | —	R. Sch.	
2.	Das Rest-Rittergut Freiimfelde . . .	8 398 | 50	167 980 | —	167 980 | —	N. W.	
	Summa ad I a.	29 261 | 92	911 780 | —	918 130 | —		
	Gegen 1891 weniger	— | —	6 350 | —			
	b. Ackergrundstücke.					
1.	Die sogenannte Gymnasialhufe . . .	680 | —	13 600 | —	13 600 | —		
2.	Die ehemalige Trift zwischen Wörmlitzer- und Thorstraße incl. des früheren Schweineteiches	30 | —	600 | —	600 | —	„	
3.	Der ehemalige Giebichensteiner Pfarracker zwischen der Reil- und Triftstraße .	1 161 | —	72 870 | —	74 540 | —	N. W.	ad 3. 1395 qm Terrain sind an den Geometer Renner zur Anlegung einer Straße für 1674 Mk. abgetreten.
4.	Der ehemalige Hävert'sche Ackerplan .	1 105 | —	36 700 | —	36 700 | —	„	
5.	Der Acker an der Dessauerstraße .	25 | 85	1 160 | —	1 160 | —	„	
6.	Der ehemalige Tamm'sche Acker am alten Wasserthurm	1 110 | —	22 200 | —	22 200 | —	N. W.	
7.	Der ehemalige Domainenacker in Diemitzer und Büschdorfer Flur	1 885 | —	37 700 | —	38 200 | —	„	
8.	Die ehemaligen Erdmann'schen Ackerpläne an der Merseburgerstraße . . .	2 534 | —	71 200 | —	71 200 | —	R. W.	
	Summa ad I b.	8 530 | 85	256 030 | —	258 200 | —		
	Gegen 1891 weniger	— | —	2 170 | —			
	c. Wiesen-Grundstücke.					
1.	Die Pulverweiden-Wiese	3 900 | 54	78 000 | —	93 000 | —	N. W.	ad 1. Bei der 1891 er folgten Neuverpachtung hat sich der Jahres-Ertrag um 750 Mk. vermindert.
2.	Die große Roths-Wiese	1 951 | 10	39 020 | —	39 020 | —	„	
3.	Der mit Soolweiden bestandene Theil dieser Wiesen	146 | —	2 920 | —	6 120 | —		

Lfbr. Nr.	Bezeichnung.	Jahres-Nutzung.		Werth ultimo März 1882.		Werth 1881.		Art der Schätzung.	Bemerkungen.
		ℳ.	₰	ℳ.	₰	ℳ.	₰		
4.	Die Spitz-Wiese	1607	18	20140	—	20140	—	N. W.	ad 5. Der Nutzungs-Er-
5.	Die kleine oder Würfel-Wiese	342	—	6840	—	9940	—	"	trag hat sich durch Her-
6.	Die ehemalige Glaucha'sche Gemeinde-Wiese	370	—	7400	—	7400	—	"	stellung neuer Wege und
	Summa ad I. c.	7716	82	154320	—	175620	—		Anlagen um 155 ℳ. ver-
	(Gegen 1881 weniger	—	—	21300	—				mindert.
	d. Gärten, Plätze, Spinnbahnen ꝛc.								
1.	Der Rest des ehemaligen Wolfhagen'schen Gartengrundstücks, Schimmelgasse 1 .	730	—	14600	—	14600	—	"	ad 1. Von dem Reste des ehemaligen Gartengrund-
2.	Der ehemalige Berg'sche Garten, Böl- bergerweg Nr. 46	526	37	36300	—	36300	—	N. W.	stücks ist eine hinter dem Hause gr. Steinstraße 39/40 liegende Parzelle von
3.	Der Gartenfleck unterhalb der Schiffer- brücke .	18	—	360	—	360	—	N. W.	6 Ar 3 qm an Dr. Meins für 1524 ℳ. 05 ₰.
4.	Der Gartenfleck vor Königstraße Nr. 3 (79,5 qm)	—	—	4000	—			N. Sch.	25 ℳ. 35 ₰. pro qm) verkauft.
5.	Die Vorgärten in der neuen Promenade und an der Baberri (8 Stück) .	6	50	140	—	140	—	N. W.	Da durch diesen Ver- kauf das verpachtete Ter-
6.	Der städtische Holzplatz	933	06	18660	—	20380	—	"	rain indeß nicht berührt wurde, so konnte eine Ab-
7.	Der Platz in der Hirtengasse (früher Hirtenteich)	63	—	1260	—	1260	—	"	schreibung auf den nach dem Nutzungsertrage ge-
8.	Der Platz links von der Elisabethbrücke .	430	—	8600	—	8600	—	"	schätzten Werth nicht er-
9.	Der Platz hinter dem Gymnasium . .	—	—	26430	—	26430	—	N. W.	folgen.
10.	Der Baumaterial-Lagerplatz an der Ber- linerstraße	—	—	6000	—	6000	—	N. Sch.	ad 4. Durch Stadtverord- neten-Beschluß v. 19./4. 68
11.	Der Baumaterial-Lagerplatz hinter der Arbeits-Anstalt, Margarethenstraße .	—	—	1000	—	1000	—	"	auf 4000 ℳ. geschätzt.
12.	Der Roßplatz, Dessauer- und Berlinerstr.	—	—						
13.	Sonstige verpachtete resp. genutzte Plätze, Spinnbahnen, Schlippen, Straßenflecke ꝛc.	20216	01	404320	—	412260	—	N. W.	
	Summa ad I. a.	22922	94	521730	—	527390	—		
	(gegen 1881 weniger	—	—	5660	—				
	e. Haus-Grundstücke, Thürme ꝛc.								
	1. Verwaltungs-Gebäude.								
1.	Das Rathhaus, Markt Nr. 1 . . .	12156	55	181050	—	181050	—	J. T.	
2.	Das Waagegebäude, Markt Nr. 25 . .	1547	—	127600	—	127600	—	"	
3.	Das Polizei-Gebäude, Rathhausgasse Nr. 20	135	—	66000	—	66000	—	"	
4.	Das Rathskeller-Gebäude mit Anbau, Markt Nr. 2	8465	—	104070	—	104070	—	"	
5.	Das Haus der Arbeitsanstalt, große Steinstraße Nr. 34	—	—	32680	—	32680	—	"	
6.	Das Haus Gartengasse Nr. 1/3, Asyl für Obdachlose	—	—	27610	—	27610	—	N. W.	
7.	Das Haus alte Promenade Nr. 10, Po- lizei-Revier-Bureau IV . . .	345	—	7130	—	7130	—	J. T.	
8.	Das Haus Oberglaucha Nr. 1, Polizei- Revier-Bureau III	150	—	26190	—	26190	—	"	

Lfde. Nr.	Bezeichnung.	Jahres-Nutzung laut Rechnung. M.	Pf.	Werth ultimo März 1882. M.	Pf.	1881. M.	Pf.	Art der Schätzung.	Bemerkungen.
	2. Schul-Gebäude.								
9.	Das Gymnasial-Gebäude, Sophienstraße Nr. 11	—	—	301 740	—	301 740	—	V. B.	incl. 32 000 Mk. f. Grund u. Boden.
10.	Das 1. Volksschul-Gebäude, Neue Promenade Nr. 13	—	—	221 490	—	221 490	—	J. T.	
11.	Das 2. Volksschul-Gebäude, Hermannstraße Nr. 14	120	—	229 620	—	229 620	—	V. B.	
12.	Das 3. Volksschul-Gebäude, Taubengasse Nr. 10	60	95	204 940	—	—	—	"	Noch im Bau begriffen, dem Bau-Werth a 162 185 Mk. sind die Anschaffungskosten des zur Baustelle verwendeten Grundstücks Taubengasse Nr. 10 mit 12 450 Mk. zugerechnet.
13.	Das Bürgerknaben-Schulgebäude, großer Sandberg Nr. 2	—	—	130 240	—	130 240	—	J. T.	
14.	Das Bürgermädchen-Schulgebäude, große Steinstraße Nr. 42 a	—	—	215 330	—	166 440	—	V. B.	
15.	Das Schulgebäude zu Neumarkt, Breitestraße Nr. 35	—	—	15 240	—	15 240	—	J. T.	
16.	Die Turnhalle, Berlinerstraße Nr. 1	1 505	—	24 880	—	24 880	—	"	ad 14. Das Gebäude ist mit einem Kosten-Aufwande von 45885 Mk. 32 Pf. durch Anbau eines Flügels erweitert worden.
	3. Vermiethete Gebäude.								
17.	Das Pfännerstubengebäude, Markt Nr. 3	3 755	—	26 620	—	26 620	—	J. T.	
18.	Der Anbau am rothen Thurm	6 175	—	33 000	—	33 000	—		
19.	Das Haus Schimmelgasse Nr. 4	240	—	5 450	—	5 450	—	R. B.	
20.	Das Haus Klaudthorstraße Nr. 9	150	—	6 100	—	6 100	—	J. T.	
21.	Die Familienhäuser, Klosterstraße Nr. 1—9	5 276	50	114 180	—	114 180	—	V. B.	ad 21./23. Ehemalige Steuer-controlhäuser.
22.	Das Haus Klausthor-Vorstadt Nr. 8	1 470	—	21 740	—	21 740	—	R. B.	
23.	Das Haus Steinweg Nr. 27 a	195	25	2 900	—	2 900	—	"	
24.	Das Haus Taubengasse Nr. 10	—	—	—	—	42 450	—	"	ad 24. Das Gebäude ist abgebrochen und das Terrain zum Bauplatz für die neue Volksschule verwendet worden.
25.	" " Alte Promenade Nr. 11	159	—	7 550	—	7 550	—	"	
26.	" Theatergebäude, daselbst Nr. 17	4 200	—	87 300	—	87 300	—	J. T.	
27.	" Haus Leipzigerstraße Nr. 106	—	—	—	—	51 550	—	R. B.	ad 27. Das Gebäude ist behufs Erweiterung der unteren Leipzigerstraße abgebrochen worden.
28.	" Alte Promenade Nr. 14 b, 99 qm Hofraum und 1 Werkstattsgebäude (früher Pietsche)	120	—	9 120	—	—	—	"	
29.	Das Haus Alte Promenade Nr. 15, früh. Wolff	580	—	16 080	—	—	—	"	
30.	Das Haus Vockshörner Nr. 2, früh. Treff	105	—	6 090	—	—	—	"	
31.	" Mühlgraben Nr. 10a früh. Thieme	950	—	18 220	—	—	—	"	ad 28. 33. und 35. Die Grundstücke sind neu erworben.
32.	" gr. Ulrichstr. 22 früh. Grundmann	1 410	—	33 950	—	—	—	"	
33.	" U. Lerchenfeld Nr. 1—2, früher Ehrlich	—	—	13 150	—	—	—	"	
	4. Sonstige Gebäude.								
34.	Das Haus Oberglaucha Nr. 21	—	—	3 900	—	3 900	—	R. B.	ad 34. Zum Abbruch bestimmt.
35.	" " großer Berlin Nr. 10a früher Kempiad	—	—	37 890	—	—	—	"	ad 35. Zur Baustelle für ein neues Rathswind-Gebäude bestimmt.
36.	Das Zeughaus auf dem Rathshofe	—	—	49 000	—	49 000	—	J. T.	

Lfd. Nr.	Bezeichnung.	Jahres-Nutzung.		Werth ultimo März				Art der Schätzung.	Bemerkungen.
		ℳ	₰	1882. ℳ	₰	1881. ℳ	₰		
37.	Die Krankenbaracke im Berg'schen Garten	—	—	11 460	—	11 460	—	B. W.	ad 39. Mit einem Aufwande
38.	Die Armenbadeanstalt in den Pulverweiden	100	—	1 510	—	1 510	—	L. W.	v. 790 M. erbaut und unter
39.	Die Verkaufshalle bei Leipzigerstr. Nr. 106	250	—	1 000	—	—	—	B. W.	Zurechnung des Grund und Bodens auf 1000 Mt. geschätzt.
	5. Die Thürme.								
40.	Der rothe Thurm	—	—	308 000	—	308 000	—	J. T.	
41.	Die blauen Thürme	—	—	85 800	—	85 800	—	"	
42.	Die Hausmanns-Thürme	—	—	53 900	—	53 900	—	"	
43.	Der Leipzigerthor-Thurm	—	—	20 750	—	20 750	—	"	
	Summa ad I e.	49 616	25	2 890 460	—	2 595 140	—		
	Gegen 1881 mehr	—	—	295 320	—	—	—		
	Wiederholung.								
	Titel I. Grundstücke.								
a.	Geschlossene Güter	29 261	92	911 780	—	918 130	—		
b.	Acker-Grundstücke	8 530	85	256 030	—	258 200	—		
c.	Wiesen-Grundstücke	7 716	82	154 320	—	175 620	—		
d.	Gärten, Plätze, Spinnbahnen ꝛc. . . .	22 922	94	521 730	—	527 390	—		
e.	Hausgrundstücke, Thürme ꝛc.	49 616	25	2 890 460	—	2 595 140	—		
	Summa ad Tit. I	118 048	78	4 734 320	—	4 474 480	—		
	Gegen 1881 mehr	—	—	259 840	—	—	—		
	II. Renten u. Berechtigungen.								ad I. Der Jahres-Ertrag
1.	Erbzinsen und Lehngeld, Schoß, Heugeld, Betglockengeld, Rolands- und Legatenzinsen	1 113	77	22 280	—	22 820	—		war in Folge einiger Ab-lösungen und eines Aus-falls an Lehngeldern um circa 28 M. geringer als 1880/81.
2.	Erbpächte und Canon	2 803	78	56 080	—	56 080	—		
3.	Pachtrente von zum Friedhofe gezogenen Aeckern	892	—	17 840	—	17 840	—		
4.	Jagd- und Fischerei-Berechtigkeiten . .	213	69	4 280	—	4 300	—		
5.	Nutzung von Soolgütern (4,2 Kuxe der Consolidirten Hallschen Pfännerschaft)	63	—	1 260	—	1 260	—		
	Summa ad II	5 086	24	101 740	—	102 300	—		
	Gegen 1881 weniger	—	—	560	—	—	—		

III. Hypotheken-Forderungen.

Laufende №	Verpfändetes Grundstück. Grundbuch von	Band	Blatt	Straße rc.	Besiger resp. Schuldner.	Laut Hypotheken-Brief vom	Zinsfuß %	Forderung ultimo März 1882 M | S	Forderung ultimo März 1881 M | S	Bemerkungen.
1.	Halle a. S.	1	13	gr. Ulrichstr. 12	Glück, Bildhauer	21./1. 80.	4½	40 000 —	40 000 —	Zinsfuß v. 1./4. 82 auf 4½% herabgesetzt.
2.	„	42	1529a	gr. Steinstr. 40	Dr. Weske, Arzt	30. 7. 73.	5	4 500 —	4 500 —	
3.	„	42	1529a	do. 39	Derselbe	6./4. 82.	4½	7 500 —	—	Nachstand. Kaufgelder. Neu erworben.
4.	„	43	1544c	Martinsberg 4 .	Herzfeld, Justizrath .	20. 12. 75.	5	9 100 —	9 100 —	
5.	„	—	1754	Mittelwache 7 .	Glauchaische Kirche .	31./1. 23.	—	2 100 —	2 100 —	Bei der Insufficienz des Rerars zinsfrei.
6.	„	—	1876	Schätzengasse 15	Wilke, Arbeiter	{ 13. 1. 32. } { 2. 9. 34. }	4	120 —	120 —	
7.	„	—	1890	Oberglaucha 25	Dietrich, Viehhalter .	17./9. 30.	4	750 —	750 —	
8.	„	76	2838	Karlstraße 27 .	Krause, Bauunternehmer .	{ 27./2. 74. } { 5./10. 74. } { 20. 11. 79. }	4½	15 000 — | 7 500 — | 3 000 —	25 500 —	Zinsfuß v. 1./10. 1881 auf 4½% herabgesetzt.
9.	„	80	3032	Martinsberg 9 .	Zeißing, Rentier .	5. 12. 78.	4½	40 000 —	40 000 —	Teegl. vom 1./4 1881 ab.
10.	„	84	3240	Necker	Ander-Zieberei-Comp. .	6. 4. 78.	4½	25 000 —	25 000 —	
11.	„	85	3276	Böllbergerw. 4 f	Gebuhn, Tischlermeister .	—	5	150 —	150 —	
12.	„	85	3310	Blumenstr. 16 .	Schreiber, königl. Garnison-Bau-Inspector . .	17./6. 79.	4½	30 000 —	30 000 —	Teegl. v. 1./4. 82. ab.
13.	„	87	3394	Ecke d. Berliner- und Blumenstr.	Kuhnt, Maurermeister .	6./4. 80.	4½	20 000 —	20 000 —	Teegl. v. 1./4. 81.
14.	„	88	3431	Poststraße 13 .	Höpfner, Photograph .	17./1. 80.	4½	11 700 —	11 700 —	Das Kapital ist bei pünktl. Zinszahlung b. 1./10. 84 unkündbar.
15.	„	91	3494	Friedrichsplaß	Kuhnt, Maurermeister .	12./2. 81.	4½	15 000 —	15 000 —	
16.	Hohenpriesnitz, Rittergut . . .	III	44	Arris Delitzsch	Graf von Hohenthal .	{ 9./4. 82. } { 1881. }	4½	9 000 —	9 000 —	
17.	Zscherben, Rittergut .	—	221/59		Ander-Zieberei Comp. .	16./5. 72.	4½	300 000 —	300 000 —	
18.	Giebichenstein und	1	14		Banse, August, Oeconom .	{ 27./2. 59. } { 22. 12. 79. }	4½	4 800 —		
	Cröllwitz . . .	1	9		„	{ 22./2. 59. } { 22./12. 79. }	4½	7 200 —		
	do. u. Troth. Flur	1	5		„	{ 18. 1. 49. } { 22 12/79. }	4½	3 000 —	51 000 —	
	do. u. Giebichenst.	XI	460		„	{ 1./11. 75. } { 22. 12. 79. }	4½	9 000 —		
		1	9		„	22./12. 79.	4½	27 000 —		
					Summa ad III.			591 320 —	583 820 —	
					Gegen 1881 mehr			7 500 —	—	

Außerdem stehen der Stadt noch zu:

3600 Mk. eingetragen auf Halle, Band 6, Blatt 212 — Poststraße — Geheimrath Prof. Dr. Volkmanns Erben — zahlbar für den Fall, daß die Front des Grundstücks in der Poststraße bebaut wird.

13

Lfd. Nr.	Bezeichnung.	Zins-fuß. %	Nennwerth ultimo März 1882. M. ₰	1881. M. ₰	Cours-Werth am 31. März 1882. %	M. ₰	Bemerkungen.
	IV. Sonstige Forderungen.						
1.	Dargeliehenes Betriebskapital des Leihamts	4	30 000 —	30 000 —	—	—	120 000 Mk. sind am 14./1. 1881 zurückgezahlt.
2.	Darlehn der Gasanstalt zum Bau der Filiale	5	170 775 —	290 775 —	—	—	
3.	Ehemalige Anleihe der Gasanstalt von 1856 Dieselbe ist zum 1./10. 1880 gekündigt und von der Kämmerei eingelöst . .	5	142 200 —	167 100 —	—	—	24 900 Mk. desgl. am 1./4. 1881.
4.	Dargeliehenes Anlagekapital d. Wasserwerks	4½	1 778 338 58	1 649 650 93	—	—	21 312 Mk. 35 Pf. sind am 31. 3. 1882 zurückgezahlt, dagegen 150 000 Mk. neu dargeliehen.
5.	Nach dem Testament des verstorbenen Zimmermstrs. Rudloff hat die Stadt Anspruch auf ein der hiesigen Taubstummen-Anstalt vermachtes Legat von 1340 Mk. zahlbar bei Auflösung dieser Anstalt. Vermerkt zu Folge Verfügung vom 27./6. 1878. J.-Nr. 3074 78. A.	—	— —	— —	—	—	
	Summa ad IV.	—	2 121 313 58	2 137 525 93	—	—	
	Gegen 1881 weniger		16 212 35	—	—	—	
	V. Effecten.						
1.	Preußische 4% consolidirte Staatsanleihe	4	246 300 —	246 300 —	101,₄₀	249 255 60	
2.	Königl. sächsische Staatsrente	3	60 000 —	60 000 —	80,₃	48 180 —	
3.	Russisch-Englische Staats-Anleihe 1875, 400 Pfd. Sterling	4½	8 000 —	8 000 —	76,₉	6 152 —	
4.	Rentenbriefe der Provinz Sachsen . .	4	140 250 —	140 250 —	100,₈₀	141 372 —	
5.	Hallesche Stadtobligationen von 1818 .	3½	3 600 —	3 600 —	96,₂₅	3 465 —	
6.	Dergleichen von 1848	4	1 200 —	1 200 —	100,₀₀	1 200 —	
7.	Hypotheken-Anleihe der Mansfelder Kupferschieferbauenden Gewerkschaft zu Eisleben von 1875	5	28 000 —	28 000 —	104,₅	29 260 —	
8.	Preußische Central-Bodencredit-Pfandbriefe von 1879	4½	45 000 —	45 000 —	102,₂₅	46 012 50	
9.	Braunschweig-Hannover'sche Hypotheken-Pfandbriefe	4	—	29 000 —	—	—	29 000 Mk. sind am 14./11. 1881 verkauft.
	Eisenbahn-Stamm-Actien.						
10.	Bergisch-Märkische . . .	4	27 000 —	27 000 —	125,₀₀	33 750 —	
11.	Berlin-Görlitzer . . .	4	—	42 000 —	—	—	42 000 Mk. desgl.
12.	Halle-Sorau-Gubener . . .	4	300 000 —	300 000 —	19,₂₀	57 600 —	
13.	Hessische Ludwigsbahn	4	—	30 000 —	—	—	30 000 Mk. desgl. am 21./3. 1882.
14.	Niederschlesisch-Märkische — vom Staate garantirt	4	34 800 —	35 100 —	100,₂₅	34 887 —	300 Mk. sind zum 2/1. 82 ausgeloost.
15.	Stargard-Posener — v. Staate garantirt .	4½	12 300 —	13 200 —	103,₄₀	12 681 30	900 Mk. sind zum 2/1. 82 ausgeloost.
16.	Thüring. Eisenbahn-Stamm-Actien Lit. B.	4	30 000 —	30 000 —	100,₇₅	30 225 —	
17.	Magdeb.-Halberstädter Eisenbahn-Stamm-Prioritäts-Actien Lit. B.	3½	68 100 —	68 100 —	88,₃₀	60 132 30	
18.	Dergleichen Lit. C. . .	5	25 200 —	25 200 —	126,₂₅	31 815 —	

Lfd. №	Bezeichnung.	Zins- fuß. %	Nennwerth ultimo März 1882. ℳ ₰	1881. ℳ ₰	Cours-Werth am 31. März 1882. % ℳ ₰	Bemerkungen.
	Eisenbahn-Prioritäts-Obligationen.					
19.	Aachen-Mastrichter I. Emission . . .	4½	—	36600 —	— —	36600 Mt. find zum 2.1.82 gekündigt u. zurückgezahlt.
20.	„ II. „	4½	—	4500 —	— —	4500 Mt. desgl.
21.	„ III. „	4½	—	300 —	— —	300 Mt. desgl.
22.	Bergisch-Märkische II. Serie	4½	—	4800 —	— —	4800 Mt. find am 24/3. 82 verkauft.
23.	„ III.	3½	6600 —	6600 —	93..	6177 60	
24.	„ III. „ Lit. B.	3½	2100 —	2100 —	93..	1965 60	
25.	„ III. „ Lit. C.	3½	60000 —	60000 —	93..	56160 —	
26.	„ VII. „	4½	—	1200 —	— —	1200 Mt. am 24.3. 1882 verkauft.
27.	„ VIII. „	4½	25000 —	25000 —	102..	25687 50	4000 Mt. am 14.11.81 verk.
28.	Berlin-Anhalter Lit. C.	4½	—	6000 —	— —	1500 Mt. zum 1.7.81 ausge- loost Courséstand 7./3.82.
29.	Berlin-Anhalter-Oberlausitzer	4½	98700 —	100200 —	103..	101661 —	1500 Mt. am 21./2.82 verk.
30.	Berlin-Dresdener	4½	—	14500 —	— —	14500 Mt. am 21./2.82 verk.
31.	Berlin-Görlitzer I. Emission	4½	24600 —	24600 —	102..	25276 50	300 Mt. z. 1.7.81 ausgeloost.
32.	„ Lit. B.	4½	42000 —	42000 —	102..	43155 —	
33.	Berlin-Potsdam-Magdeburger Lit. C. Neue Emission	4	10200 —	10200 —	100..	10220 40	
34.	Desgleichen Lit. E.	4½	45000 —	45000 —	102..	46237 50	
35.	Berlin-Stettiner II. Emission	4	3000 —	3000 —	100..	3018 —	
36.	„ VI.	4	3000 —	3000 —	100..	3018 —	
37.	Breslau-Schweidnitz-Freiburger Lit. K.	4½	30000 —	30000 —	102..	30825 —	60000 Mt. am 24.3.1882 verkauft.
38.	Cöln-Mindener VI. Emission Lit. D.	4½	20100 —	20100 —	102..	20682 90	
39.	Halle-Sorau-Gubener I. Emission	4½	9000 —	9000 —	103..	9337 50	
40.	„ II.	4½	30000 —	30000 —	103..	31125 —	
41.	„ Lit. B.	4½	147300 —	148200 —	103..	152823 75	900 Mt. zum 1.10.1881 ausgeloost.
42.	Hessische Ludwigsbahn de 1869	4½	15000 —	15000 —	102..	15405 —	
43.	Hessische Ludwigsbahn-Prioritäten de 1869	4½	10200 —	10200 —	102..	10475 40	600 Mt. zum 1.6.1881 ausge- loost, der Zinsfuß ist v. 1.10.1881 ab auf 4% herabgesetzt.
44.	„ 1874	4	55800 —	56400 —	99..	55680 50	
45.	Märkisch-Posener Prioritäten	4½	23700 —	23700 —	103..	24470 25	
46.	Magdeburg-Halberstädter von 1865	4½	16800 —	16800 —	102..	17262 —	
47.	„ 1873	4½	20100 —	20100 —	102..	20652 75	
48.	Magdeburg-Leipziger Lit. A.	4½	33000 —	108600 —	104..	34518 —	75600 Mt. im Decbr. 1881 verkauft.
49.	„ B.	4	24300 —	24300 —	100..	24421 50	
50.	Magdeburg-Wittenberger-Rente	3	45000 —	45000 —	84..	38025 —	12000 Mt. z. 1.7.81 ausgeloost 14680 Mt. am 6./9.81 verk.
51.	Ostpreußische Südbahn I. Emission	4½	31500 —	80400 —	102..	32287 50	300 Mt. desgl.
52.	„ II. „	4½	—	300 —	— —	300 Mt. desgl.
53.	„ III. „	4½	—	3000 —	— —	3000 Mt. desgl.
54.	Rheinische III. Emission von 1873	4½	60000 —	60000 —	103..	61800 —	301500 Mt. Summa Abgänge.
	Summa ad V.		1921750 —	2283550 —	—	1658336 65	
	Courswerth ult. März 1881		—	—	—	2031838 55	
	Ult. März 1882 weniger		361800 —	—	—	343501 70	ad 2. Der Bestand d. Stadt- schuldenkasse a 26004 Mt. 23 Pf. ist nach Auflösung derselben ult. März 1882 an die Kämmerei abge- führt.
	VI. Baare Kassenbestände.						
1.	Der Kämmerei incl. der bei H. J. Lehmann auf laufenden Conto belegten 29038,82 ℳ.		73637 38	75765 05	— —		
2.	Der Stadtschulden Kasse		—	26922 21	— —		

13*

Laufende Nr.	Bezeichnung	Rennwerth ultimo März				Bemerkungen.
		1882		1881		
		ℳ	₰	ℳ	₰	
3.	Eiserner Bestand des Paßbureaus	288	—	288	—	
4.	„ „ der Transportkasse	60	—	60	—	
5.	„ „ der Portokasse des Magistrats . . .	51	—	51	—	
6.	„ „ „ „ der Polizei-Verwaltung .	36	—	36	—	
	Summa ad VI.	74 072	38	103 122	26	
	Gegen 1881 weniger	29 049	88	—	—	
	VII. Vorschüsse der Kämmerei					Pro 1882 sind die Vorschüsse des Pflaster- stein- und Kanalbedeckfonds ausge- schieden und diese besonders geführt.
	in Summa	7 892	71	37 616	73	
	Gegen 1881 weniger	29 724	02	—	—	
	VIII. Einnahme-Reste					
	in Summa	280 150	44	485 262	77	
	Gegen 1881 weniger	205 112	33	—	—	
	IX. Inventarienstücke etc.					
1.	Inventarienstücke im Rathhause und Waagegebäude . .	25 429	—	25 429	—	ad 1., 14. Werth-Feuertaxe v. Jahre 1879.
2.	„ „ Polizeigebäude	7 131	—	7 131	—	ad 15. Werth-Feuertaxe v. Jahre 1881
3.	„ im II. Polizeirevier-Bureau, Leipzigerstr. 29	260	—	260	—	ad 16. Werth-Feuertaxe v. Jahre 1882.
4.	„ „ III. „ Oberglaucha 1 .	250	—	250	—	
5.	„ „ IV. „ alte Promenade 10	250	—	250	—	
6.	„ im Polizeiwachtlokale auf dem Bahnhofe	200	—	200	—	
7.	„ Subsellien ꝛc. im Gymnasial-Gebäude	11 445	—	11 445	—	
8.	„ „ „ Volksschulgebäude (neue Promenade)	7 350	—	7 350	—	
9.	„ „ „ Volksschul-Gebäude (Hermannstraße)	14 930	—	14 930	—	
10.	„ „ „ Bürgerknaben-Schulgeb.	2 535	—	2 535	—	
11.	„ „ „ Bürgermädchen „	11 060	—	11 060	—	
12.	„ „ „ Neumarkt-Schulgeb.	460	—	460	—	
13.	„ Decorationen ꝛc. im Theatergebäude	19 887	—	19 887	—	
14.	Die Uhr im Leipziger-Thor-Thurm	1 350	—	1 350	—	
15.	Acht Stück Oelgemälde aus der Haupthalle der Gewerbe- und Industrie-Ausstellung von 1881	1 200	—	—	—	Im Rathhause.
16.	Acht Stück dergl., theils Geschenke, theils Gewinne vom Halleschen Kunstverein	11 850	—	—	—	Im Conferenz-Zimmer des Waagege- bäudes.
	Summa ad IX.	115 527	—	102 477	71	
	Gegen 1881 mehr	13 050	—	—	—	
	X. Vorräthe an Bau-Materialien.					ad X. Die entsprechenden Posten des Vor- jahres sind unter der Summe der Vorschüsse enthalten. Sie betrugen 27 907 Mk. 65 Pf.
1.	Pflastersteine auf den Lagerplätzen	37 510	49	—	—	
2.	Gußeiserne Kanalbedeckel und Sandsanglasten	2 056	03	—	—	
	Summa ad X.	39 566	52	—	—	

Tit.	Bezeichnung.	Neuwerth ultimo März 1882. ℳ	S	Courswerth ultimo März 1881. ℳ	S	Courswerth ultimo März 1882. ℳ	S	Ult. März 1882 mehr ℳ	S	weniger ℳ	S	Bemerkungen
	A. Activa.											
	Wiederholung.											
I.	Grundstücke	4 734 320	—	4 474 480	—	4 734 320	—	259 840	—	—	—	
II.	Renten und Berechtigungen . . .	101 740	—	102 300	—	101 740	—	—	—	560	—	
III.	Hypotheken-Forderungen	591 320	—	583 820	—	591 320	—	7 500	—	—	—	
IV.	Sonstige Forderungen	2 121 313	58	2 137 525	93	2 121 313	58	—	—	16 212	35	
V.	Effecten	1 921 750	—	2 031 838	55	1 688 336	85	—	—	343 501	70	
VI.	Baare Cassenbestände	74 072	38	103 122	26	74 072	38	—	—	29 049	88	
VII.	Vorschüsse der Kämmerei . . .	7 892	71	37 616	73	7 892	71	—	—	29 724	02	
VIII.	Einnahme-Reste	280 150	44	485 262	77	280 150	44	—	—	205 112	33	
IX.	Inventarienstücke ꝛc.	115 527	—	102 477	—	115 527	—	13 050	—	—	—	
X.	Vorräthe an Baumaterialien . . .	39 566	52	—	—	39 566	52	39 566	52	—	—	
	Summa	9 987 652	63	10 058 443	24	9 754 239	48	319 956	52	624 160	28	
										304 203	76	

Laufende Nr.	Bezeichnung.	Zinsfuß. %	Bestand ultimo März 1882 ℳ	S	1881 ℳ	S
	B. Passiva.					
	I. Consolidirte Anleihen.					
1.	Anleihe von 1818	3½	63 450	—	69 450	—
	Ausgeloost, resp. getilgt sind zum 2./1. 1882					
	9 Stück Obligationen Lit. A à 300 Mk. . . . . 2700 Mk.					
	4 „ „ B „ 150 „ . . . . 600 „					
	34 „ „ C „ 75 „ . . . . 2550 „					
	5 „ „ D „ 30 „ . . . . 150 „					
	Summa 6000 Mk.					
	und noch im Cours					
	210 Stück Lit. A à 300 Mk. . . . . 63000 Mk.					
	3 „ „ B „ 150 „ . . . . 450 „					
	Summa 63450 Mk.					
2.	Anleihe von 1843	4	20 550	—	23 850	—
	Ausgeloost resp. getilgt zum 1./4. 1882					
	9 Stück Obligationen Lit. A à 300 Mk. . . . . 2700 Mk.					
	4 „ „ B „ 150 „ . . . . 600 „					
	Summa 3300 Mk.					
	und noch im Cours					
	68 Stück Lit. A à 300 Mk. . . . . 20400 Mk.					
	1 „ „ B „ 150 Mk. . . . . 150 „					
	Summa 20550 Mk.					

Lau- fende Nr.	Bezeichnung.	Zins- fuß. %	Bestand ultimo März 1882. ℳ ₰	1881. ℳ ₰
3.	Anleihe von 1867	4½	1 588 800 | —	1 613 400 | —
	Ausgelooft resp. getilgt zum 1./10. 1881			
	4 Stück Obligationen Lit. A à 1500 Mk. . . . . 6000 Mk.			
	50 „ „ B „ 300 „ . . . . . 15000 „			
	24 „ „ C „ 150 „ . . . . . 3600 „			
	Summa 24600 Mk.			
	und noch im Cours			
	179 Stück Lit. A à 1500 Mk. . . . . 268500 Mk.			
	3539 „ „ B „ 300 „ . . . . . . 1061700 „			
	1724 „ „ C „ 150 „ . . . . . . 258600 „			
	Summa 1588800 Mk.			
4.	Die Anleihe beim Reichs-Invalidenfonds von 1874	4½	2 718 800 | —	2 759 600 | —
	Stadtobligationen sind zu derselben bisher nicht ausgefertigt.			
	40800 Mk. sind am 14./8. 1881 getilgt.			
	Summa ad I		4 391 600 | —	4 466 300 | —
	Gegen 1881 weniger		74 700 | —	—

II. Hypotheken und sonstige Darlehns-Schulden.

Lau- fende Nr.	Bezeichnung.	Zins- fuß. %	1882. ℳ ₰	1881. ℳ ₰
1.	An den Siechenhausfonds, } auf dem Rittergute Serfen u. Ammendorf haftend	4	45 000 | —	45 000 | —
2.	„ „ Schmidt'schen Legaten.. }	4	30 000 | —	30 000 | —
3.	„ die Wittwe und Geschwister Werg, rückständige Kaufgelder auf dem Grund- stücke Völlbergerweg 46 haftend	4½	36 000 | —	36 000 | —
4.	„ das Bürgerrettungs-Institut	3½	4 800 | —	4 800 | —
5.	„ die Wegebaukasse	4	3 000 | —	3 000 | —
6.	„ den Gerichtsamtmann Keferstein in Erfurt	4	3 000 | —	3 000 | —
7.	„ den Regierungsrath Schweitzer in Schwerin	4	1 800 |	1 800 |
	Ad 6./7. Uebernommene ehemalige Hypotheken auf dem zur Poststraße ver- wendeten Schießgraben-Grundstück.			
8.	„ W. Nebert, Stärkefabrikant. Auf d. Lerchenfeld 1/2 haftend	5	3 600 | —	—
9.	„ Teubner, verehel. geb. Boy desgl.	5	3 000 | —	—
10.	„ Alb. Schelling, Rentier. Auf gr. Berlin 16a	4½	3 300 | —	—
11.	„ Otto Brauer, desgl.	5	7 800 | —	—
12.	„ Chr. Glaser, Schmiedemeister desgl.	5	6 000 | —	—
13.	„ Franz Hoffmann, Gürtler desgl.	5	4 500 | —	—
	Ad 8./13. Beim Ankauf übernommene Hypotheken der betreffenden Grundstücke.			
	Summa ad II		151 800 | —	123 600 | —
	Gegen 1881 mehr		28 200 | —	—

Laufende Nr.	Bezeichnung.	Zins-fuß. %	Jahres-Leistung. M ₰		Bestand ultimo März				Bemerkungen.
					1882. M ₰		1881. M ₰		
	III. Alle Schulden aus Stiftungen, Legaten, Stipendien und sonstigen Verpflichtungen.								ad III. Der Kapital-Betrag der einzelnen Schuldposten ist, sofern der wirkliche Betrag z. B. nicht bekannt, zum 20fachen Betrag der Jahresleistung angenommen.
1.	An die Kaffe der Marien-Pfarrkirche in Erfurt	2½	75	—	3000	—	3000	—	
2.	„ des königl. Rentamt der Kirchen- und Schulfonds in Erfurt	2½	75	—	3000	—	3000	—	
3.	„ die Domkirche zu Halle								
	a. Zuschuß	—	195	—	3900	—	3900	—	
	b. Frein'sches Legat .	—	7	90	158	—	158	—	
4.	„ die Kirche zu U. L. Frauen in Halle								
	a. Verglichener Zuschuß an Stelle von Zinsen alter Capitalien	—	2127	—	42540	—	42540	—	
	b. Rente für abgetretene Löben am rothen Thurm und an der Marktkirche	—	579	—	11580	—	11580	—	
	c. Das Prillwitz'sche Legat	3	47	25	1575	—	1575	—	
5.	„ die St. Ulrichskirche in Halle								
	a. Zuschuß zur Besoldung der Prediger .	—	981	75	19635	—	19635	—	
	b. Das Wahl'sche Legat .	—	21	—	420	—	420	—	
	c. Erbzins rc. vom Tade'schen Hause, Bauhof 2	—	—	44	9	—	9	—	
6.	„ die St. Moritzkirche in Halle								
	a. Zuschuß zu den Prediger-Gehältern incl. Adjuncten	—	1077	13	21543	—	21543	—	
	b. Das Frein'sche Legat .	—	13	12	262	—	262	—	
	c. Canon für den abgetretenen Küstergarten.	—	45	—	900	—	900	—	
7.	„ die St. Laurentii-Kirche in Halle, Neumarkt								
	Für die eingezogene Hülfslehrerstelle	—	33	75	675	—	675	—	
8.	„ die St. Georgen Kirche in Halle, Glaucha								
	a. Das Crell'sche Legat	—	37	—	740	—	740	—	
	b. Das Schildbach'sche Legat	—	7	88	158	—	158	—	
	c. Das Frein'sche Legat	—	7	87	157	—	157	—	
9.	„ die Geistlichen und Kirchenbedienten zu U. L. Frauen								
	Das Frein'sche Legat	—	47	25	945	—	945	—	
10.	„ die hiesige Gottesackerkaffe								
	(Eiserner Bestand der früheren Petri-Capellen-Kaffe. .	2½	6	56	262	50	262	50	
11.	„ die hiesige Hospitalkaffe								
	Unablösliche Grundzins	—	1312	50	26250	—	26250	—	
12.	„ das Potsdam'sche Militair-Waisenhaus								
	von Tiepenbruch'sche Capital	ca. 3½	900	—	28500	—	28500	—	
13.	„ das von Jena'sche Fräuleinstift, Rente	—	300	—	6000	—	—		ad 13. Der Posten ist 1882 neu eingestellt.
14.	Das Unzer'sche Stipendium	—	55	13	1103	—	1103	—	
15.	Unablösliches Capital, dessen Zinsen für Studirende an die königl. Regierung zu Merseburg zu zahlen sind	3	220	50	7350	—	7350	—	
16.	Stipendium für Studirende, zahlbar auf Anweisung der königl. Regierung zu Magdeburg	—	1500	—	30000	—	30000	—	
17.	Das Hoffmann'sche Stipendium für einen Schüler der III. lateinischen Klasse der Francke'schen Stiftungen (zu Weihnacht.)	—	15	—	300	—	300	—	
18.	Stipendium f. 3 verdiente Zöglinge der Francke'schen Stiftungen. (Zahlbar am Geburtstage v. A. H. Francke, 22. März.)	—	450	—	9000	—	9000	—	
19.	Forderung der früheren Röhrwaffer-Berechtigten für Aufgabe ihrer (133½) Berechtigungen	—	—	—	9612	—	14418	—	ad 19. 4806 Mk. sind im Mai 1881 zurückgezahlt.
	Summa ad III.		10139	01	229574	50	228380	50	
	Gegen 1881 mehr		—	—	1194	—	—	—	

Laufende Nr.	Bezeichnung.	Zins-fuß.	Bestand ultimo März 1882 ℳ ₰	1881 ℳ ₰	Bemerkungen.
	IV. Asservate der Kämmerei in Summa	—	2 758 16	8 597 20	
	Gegen 1881 weniger		5 839 04	— —	
	V. Reserve-Fonds.				ad. V. Das Vermögen des Fonds wird nicht getrennt verwaltet ist vielmehr im allgemeinen Kämmerei-Vermögen enthalten. Am Jahresschluß werden Zins. à 4½% und die etwaigen Totalzinsen gutgeschrieben.
1.	Sammelfonds zur Deckung außerordentlicher Bedürfnisse beim Armenwesen	4½	31 835 05	30 464 16	
2.	Desgl. zur Deckung des an den Halle-Sorau-Gubener Eisenbahn-Stamm-Actien erlittenen Coursverlustes	„	31 377 39	30 026 21	
3.	Pensionsfonds	„	6 366 86	6 092 69	
4.	Sammelfonds zur Beschaffung eines Kanalprojects	„	4 329 23	4 142 80	
5.	Desgl. zur Deckung bisher nicht amortisirter Schulden . . .	„	17 873 41	15 920 97	cfr. Tit. II. Nr. 1—7.
6.	Desgl. zur Deckung der Kosten für Pflasterung der V. Vereins, und der Wörmlitzerstraße	„	6 552 15	6 270 —	ad. d. Gebildet aus der v. Wohnungs-Verein geleist. Zahlung à 6000 Mk.
7.	Allgemeiner Kämmerei-Reservefonds	„	50 541 34	47 790 76	
	Summa ad V.		148 875 43	140 707 59	
	(gegen 1881 mehr		8 167 84	—	
	VI. Ausgabe-Reste.				ad. VI. 2. Die ult. März 1882 verbliebenen Ausgabe-Reste sind nach Auflösung der Stadtschulden-kasse auf die Kämmerei übernommen.
1.	Der Kämmerei	—	526 337 89	924 932 98	
2.	Der Stadtschulden-Kasse . . .	—	— —	26 922 21	
	Summa ad VI.		526 337 89	951 855 19	
	Gegen 1881 weniger		425 517 30		

Tit.	Bezeichnung.	Bestand ultimo März 1882 ℳ ₰	1881 ℳ ₰	Ult. März 1882 mehr ℳ ₰	weniger ℳ ₰
	B. Passiva.				
	Wiederholung.				
I.	Consolidirte Anleihen	4 391 600 —	4 466 300 —	—	74 700 —
II.	Hypotheken- und sonstige Darlehns-Schulden	151 800 —	123 600 —	28 200 —	—
III.	Alte Schulden aus Stiftungen, Legaten x. . . .	229 574 50	228 380 50	1 194 —	—
IV.	Asservate der Kämmerei	2 758 16	8 597 20	—	5 839 04
V.	Reserve-Fonds	148 875 43	140 707 59	8 167 84	—
VI.	Ausgabe-Reste.	526 337 89	951 855 19	—	425 517 30
	Summa	5 450 945 98	5 919 440 48	37 561 84	506 056 34
	Bilanz.				468 494 50
	Activa-Courswerth	9 754 239 48	10 058 443 24	—	304 203 76
	Passiva	5 450 945 98	5 919 440 48	—	468 494 50
	Reines Vermögen	4 303 293 50	4 139 002 76	—	—
	Gegen 1881 mehr	164 290 74	—	—	164 290 74

II.

Vermögen

der

von der Kämmerei abgezweigten Kassen, der Institute und Stiftungen.

Laufende Nummer	Bezeichnung der Kassen und Fonds.	Grundstücke.				Dotal-Güter.	Renten und Berechtigungen.
		Gebäude. ℳ	Aecker und Wiesen. ℳ	Sonstige. ℳ	Summa. ℳ	ℳ	ℳ
1.	Armen-Kasse	—	18 600	—	18 600	—	—
2.	Schul-Kasse	—	—	—	—	—	—
3.	Sonntags-Schulkasse	—	—	—	—	—	—
4.	Katholische Schulkasse	—	—	—	—	—	—
5.	Kasse der Arbeitsanstalt der Volksschule .	—	—	—	—	—	—
6.	Fonds für den Volksschulsaal	—	—	—	—	—	—
7.	Stipendienfonds des städtischen Gymnasiums . .	—	—	—	—	—	—
8.	Kasse der Fortbildungsschule	—	—	—	—	—	—
9.	Gasanstalt	654 348	—	—	654 348	—	—
10.	Wasserwerk	508 548	17 593	—	526 141	—	—
11.	Sparkasse	—	—	—	—	—	—
12.	Leihamt	—	—	—	—	—	—
13.	Nichamt	—	—	—	—	—	—
14.	Gottesackerkasse	61 705	—	205 000	266 765	—	1 463
15.	Fonds für Unterhaltung der Friedhofskapelle . .	—	—	—	—	—	—
16.	Tageblattskasse	—	—	—	—	—	—
17.	Kirchenhausfonds	13 110	—	1 040	14 150	—	—
18.	v. Rizenberg-Stiftung	—	—	—	—	—	—
19.	Hospital St. Cyriaci und Antonii	131 250	434 550	150 000	715 800	6 600	107 484
20.	Ehrlich-Stiftung	—	—	—	—	—	—
21.	Brumhard-Stiftung	—	—	—	—	—	—
22.	Bernheim- „	—	—	—	—	—	45
23.	Eisenberg- „	—	—	—	—	—	290
24.	Erdmann- „	—	—	—	—	—	15
25.	v. Ritter- „	—	—	—	—	—	—
26.	v. Schlüffer- „	—	—	—	—	18 900	—
27.	Bucherei- „	—	—	—	—	—	70
28.	Stiftung der Sparkassen-Gesellschaft . . .	—	—	—	—	—	175
29.	Schmidt'scher Legatenfonds	—	—	—	—	—	—
30.	Bürgerrettungs-Institut	—	—	—	—	—	—
31.	Domcapitularischer Stipendienfonds	—	—	—	—	6 554	—
32.	Landwehr-Unterstützungs-Fonds	—	—	—	—	—	45
33.	Stiftung für Krieger-Waisen von 1870/71 . . .	—	—	—	—	—	—
34.	Rückerstattungsfonds der Landwehrdarlehne . . .	—	—	—	—	—	40
35.	Fonds für Erhaltung des Kriegerdenkmals auf dem Königsplatze	—	—	—	—	—	45
36.	Kirchlicher Freikur-Fonds	—	—	—	—	—	—
	Summa	1 369 021	470 743	356 040	2 195 804	32 054	109 662

Hypotheken u. sonstige Forderungen. ℳ	Effecten.		Baar-bestände. ℳ	Sonstige Werth-Objecte. ℳ	Capitalwerth in Summa. ℳ	Betrag der Schulden. ℳ	Reines Vermögen ult. 1881 resp. ult. 1881/82. ℳ	Reines Vermögen ult. 1880 resp. ult. 1880/81. ℳ	Bemerkungen.
	Rennwerth. ℳ	Curswerth. ℳ							
6398	77952	77033	7789	12000	121820	71683	50137	45851	ad 1—8, 10, 14—21. Status von ult. März.
—	16740	16657	—	—	16657	2898	6759	5937	
—	1200	1185	—	—	1185	—	1185	1177	
—	10700	11017	—	—	11017	...	11017	9000	
—	6300	6389	476	—	6865	—	6865	6303	
—	3000	3000	107	—	3107	—	3107	3452	
—	1650	1640	—	—	1640	—	1640	1691	
—	1000	1002	—	—	1002	—	1002	1007	
86731	—	—	16848	741645	1499572	343740	1155832	1081310	ad 9. Status vom 30. Juni.
—	14500	15051	17277	1737398	2295867	1892668	403201	372203	ad 11—13. Status v. ult. December.
3325096	3363425	3482853	44179	—	6852128	5693816	1158312	1027626	
189735	—	—	2245	—	191980	169000	22980	24239	
—	—	—	39490	4677	44167	—	44167	37883	
2100	78675	79454	102	—	349884	23683	326201	309352	
60	2100	2125	3	—	2188	—	2188	2115	
—	17700	17730	926	997	19653	—	19653	22984	
45000	88850	89888	214	6900	156152	2400	153752	151658	
91800	57900	58622	249	—	150671	—	150671	144707	
319400	376400	385032	320	30016	1564652	24560	1540092	1553480	
114360	154000	157292	127	—	271779	—	271779	270131	
28250	100100	105922	—	540	134712	192	134520	131231	ad 21—34. Status v. ult. December.
—	950	928	2	—	975	—	975	963	
—	6200	6211	1	—	6492	—	6492	6286	
5400	600	602	—	—	6017	—	6017	6011	
—	4500	4446	—	—	4446	—	4446	4415	
—	400	418	24	—	19342	18	19324	19320	
—	29300	29371	4	—	29445	—	29445	29684	
25000	96700	97158	5	—	122338	—	122338	122298	
30000	—	—	—	—	30000	—	30000	30000	
4800	3575	3577	2	—	8379	—	8379	8245	
—	—	—	—	—	6554	—	6554	6554	ad 21—34. Die Verwaltung d. Fonds ist geschlossen. Der Bestand ist der St. Ulrichskirche überwiesen.
—	950	949	2	—	996	—	996	965	
—	1447	1447	—	—	1447	—	1447	1407	
19500	1100	1105	2	—	20647	—	20647	19660	
—	900	902	—	—	947	—	947	931	
—	—	—	—	—	—	—	—	481	
4293630	4519414	4659006	130394	2534173	13954723	8231656	5723067	5475557	

Gegen das Vorjahr mehr 247510

14*

B. Rechnungs-Resultate pro 1881/82.

I. Kämmerei-Verwaltung.

Tit.	Bezeichnung.	Ist-Einnahme 1. April 1881/82	Reste aus 1880/81	Summa	Ist-Ausgabe 1. April 1881/82	Reste aus 1880 81	Summa	Bemerkungen.
	A. Etatsmäßige Verwaltung.							
	a. Ordinarium.							
	1. Vermögens-Haushalt.							
I.	Rittergüter Beesen, Ammendorf und Freiimfelde	29 879 28	—	29 879 28	2 661 60	1 644 03	4 305 63	
II.	Aecker, Wiesen, Gärten, Plätze ic.	39 668 59	—	39 668 59	1 624 89	—	1 624 89	
III.	Gebäude für Verwaltung	22 806 55	—	22 806 55	7 176 31	—	7 176 31	
IV.	" " Schulzwecke	1 725 80	—	1 725 80	3 692 91	—	3 692 91	
V.	Vermiethete Gebäude	22 645 57	462	23 107 57	6 528 11	8 22	6 536 33	
VI.	Thürme	—	—	—	1 495 73	—	1 495 73	
	Grundbesitz Summa	116 725 79	462	117 187 79	23 179 55	1 652 25	24 831 80	
VII.	Communalanstalten	139 974 09	—	139 974 09	—	—	—	
VIII.	1. Berechtigungen	7 996 05	14 —	8 010 05	—	—	—	
	2. Zinsen	129 154 22	618 75	129 772 97	664 45	—	664 45	
IX.	1. Verzinsung der Schulden und Lasten	12 170 82	—	12 170 82	142 991 53	—	142 991 53	incl. 11900 Mk. Bestand der Schuldentilgungskasse.
	2. Tilgung derselben	13 005	—	13 005	50 729 63	—	50 729 63	
	I. Vermögens-Haushalt Summa	419 025 96	1 094 75	420 120 71	226 565 16	1 652 25	228 217 43	ad 2 incl. 13 005 Mk. Bestand der Stadt-Schuldentilgungskasse.
	daher Mehr-Einnahme						191 903 28	
							420 120 71	
	II. Wirthschafts-Haushalt.							
XI.	Central-Verwaltung:							
	1. Magistrats-Verwaltung .							
	a. Persönliche Kosten .	54 884 58		75 223 93	169 484 50	125 —	212 439 78	
	b. Sächliche Kosten .	19 977 35	362 —		42 048 15	782 13		
	2. Polizei-Verwaltung .							
	a. Persönliche Kosten .	2 707 50		15 270 27	123 410 50	—	153 291 08	incl. 14335 Mk. 27 Nachweise.
	b. Sächliche Kosten .	12 562 77			29 880 58	—		
	Central-Verwaltung Summa	90 132 20	362 —	90 494 20	364 823 73	907 13	365 730 86	
XII.	Unterrichts-Wesen	—	—	—	133 199 88	1 068 75	134 268 63	
XIII.	Armenpflege	—	—	—	129 582 71	—	129 582 71	
XIV.	A. Feuerlöschwesen	—	—	—	9 073 41	812 63	9 886 04	
	B. Gesundheits-Pflege							ad 1 incl. 787,10 restituirte Auslage.
	1. Unterhaltung, Verbesserung und Reinigung der Kanäle	6 080 79	4 661 71	10 742 50	13 525 67	2 033 73	15 559 40	ad 2 incl. 700 Mk. für einen Sprengwagen
	2. Straßen-Reinigung u. Besprengung .	3 732 07	—	3 732 07	24 380 82	—	24 380 82	

Tit.	Bezeichnung.	Ist-Einnahme.			Ist-Ausgabe.			Bemerkungen.
		1. April 1881/82. ℳ ₰	Reste aus 1880/81. ℳ ₰	Summa. ℳ ₰	1. April 1881/82. ℳ ₰	Reste aus 1880/81. ℳ ₰	Summa. ℳ ₰	
	3. Oeffentl.Bedürfnißanstalten	—	—	—	391 14	—	391 14	
	4. Impfwesen, Fleischcontrole und sonstige Kosten . .	—	—	—	3504 94	—	3504 94	ad 4. incl. 715 ℳ. 20 ₰. Kosten der Hygiene-Ausstellung in Berlin und 831 ℳ. 60 ₰. Kosten betreff. Schlachthausbau.
XIV.	C. Förderung des Verkehrs:							
	1. Unterhaltung der Verkehrswege und Brücken . . .	16045 34	5050 43	21095 77	63534 77	18138 86	81673 63	
	2. Straßenbeleuchtung . . .	—	—	—	61185 87	—	61185 87	
	3. Schutt- u.Materialienplätze, Stadtuhren, Telegraphenamt.	—	—	—	3723 29	—	3723 29	
	D. Verschönerungs-Anlagen ꝛc.	459 60	—	459 60	8080 61	12721 47	20802 08	
	E. Wasser-Versorgung . . .	—	—	—	79513 50	—	79513 50	
	F. Staats-, Provinz-, Kreis- und sonstige Lasten . . .	4350 —	—	4350 —	41939 94	311 17	42251 11	*Beitrag zur Neuverglasung der Fenster der Marktkirche.
XV.	Förderung von Kunst, Wissenschaft u. sonst. gemeinnütziger Zwecke	100 —	—	100 —	8192 50	—	8192 50	
	II. Wirthsch.-Haushalt Summa	120900 —	10074 14	130974 14	944652 86	35993 72	980646 58	
	daher Mehr-Ausgabe	—	—	849672 44				
				940646 58				
X.	III. Communal-Steuern.							
	1. 100% Communalzuschlag zur Staats-Einkommen- u. Klassensteuer	405883 67	85 25	405968 92	403 —		403 —	
	2. Grund- und Miethssteuer	407701 74	18294 96	425996 70	—		—	
	3. Wanderlager-Steuer . .	199 70	—	199 70	—		—	
	III. Communal-Steuern Summa	813785 11	18380 21	832165 32	403 —	—	403 —	
	daher Mehr-Einnahme						831762 32	
							832165 32	Erzielter Ueberschuß. ℳ ₰ / Erforderter Zuschuß. ℳ ₰
	Wiederholung.							
I.	Vermögens-Haushalt . . .	419025 96	1094 75	420120 71	226565 18	1652 25	228217 43	191903 28
II.	Wirthschafts-Haushalt . .	120900 —	10074 14	130974 14	944652 86	35993 72	980646 58	— / 849672 44
III.	Communal-Steuern . . .	813785 11	18380 21	832165 32	403 —		403 —	831762 32
	Summa	1353711 07	29549 10	1383260 17	1171621 04	37645 97	1209267 01	173993 16 / —
	Hierzu Bestand v. Jahre 1880/81	—	75765 05	75765 05	—	—	—	75765 05
	Gesammt-Summa	1353711 07	105314 15	1459025 22	1171621 04	37645 97	1209267 01	249758 21 / —
	Stand der Reste ult. März 1882	Einnahme. ℳ ₰	Ausgabe. ℳ ₰					
I.	Vermögens-Haushalt . . .	1006 35	37940 73	Aus obigem Ueberschusse bleibt das Mehr an Ausgabe-Resten à				21347 22
II.	Wirthschafts-Haushalt . .	9103 56	14185 61					
III.	Steuern	20669 21	—	noch zu decken und bleiben dann disponibel . .				228410 99
	Summa	30779 12	52126 34					
	Mehr-Ausgabe-Reste	21347 22	—					
		52126 34	—					

Tit.	Bezeichnung.	Ist-Ausgabe.		Ist-Einnahme.					
				Beiträge der Abjacerten u. sonstige Einnahmen.		Zuschüsse aus dem Kämmerei-Vermögen.		Summa.	
		ℳ	₰	ℳ	₰	ℳ	₰	ℳ	₰
I.	**b. Extraordinarium.**								
	Kanalbauten.								
	1. Für Neubau von Thonrohr-Kanälen in der Bernburger-, Blücher-, Breitestraße und am Kirchthor, Brunoswarte, Gottesackergasse, Hirten- und Schützengasse, Klanethor-Vorstadt, Klosterstraße, Kurzegasse, Landwehrstraße, Magdeburgerstraße, Mauergasse, Mittelstraße, Nieuweyerstraße, gr. Schlamm und kl. Klausstraße, Schulgasse, Schlippe am alten Markt, Taubengasse, Töpferplan und in der verlängerten Friedrichstraße	39 275	09	25 852	32	84 134	45	122 155	80
	2. Für Neubau von gemauerten Kanälen in der Lindenstraße, Merseburgerstraße und Ober-Leipzigerstr.	84 169	08	12 169	03				
	Titel I Summa	123 444	17	38 021	35	84 134	45	122 155	80
II.	**Straßenbauten.**								
	1. Für Neu- und Umpflasterungen in der Bahnhofstraße, Becherhof, Harz, Königstraße, Marktplatz, Martinsgasse, am Moritzthor und an der Glauchaischen Kirche, Moritzwinger, Raffineriestraße, Schmeerstraße, Sophienstraße, Strohhof, Unterplan und kl. Wallstraße	68 444	17	—		68 444	17	68 444	17
	2. Für Herstellung von 66 Schlackenstein-Trottoir-Uebergängen in verschiedenen Straßen	9 138	98	—		9 138	98	9 138	98
	3. Sonstige Herstellungen und zwar: Regulirung des Fußsteiges an der Schwemme, Abzugsrinnen in den Promenaden, Abtragung des Walles in der Lindenstraße und Durchbruch ꝛc. der verlängerten Friedrichstr.	6 503	49	—		6 503	49	6 503	49
	Titel II Summa	84 086	64	—		84 086	64	84 086	64
III.	**Hochbauten.**								
	1. Neubau der Volksschule, Taubengasse Nr. 10 . . .	162 835	74	350	—	162 485	74	162 835	74
	2. Erweiterung der Bürgermädchenschule	48 885	32	—	..	48 885	32	48 885	32
	Titel III Summa	211 721	06	350	—	211 371	06	211 721	06
IV.	**Sonstige Ausgaben.**								
	1. Für Betheiligung der Stadt an der hiesigen Gewerbe- und Industrie-Ausstellung	5 340	97	—		5 340	97	5 340	97
	2. Für die Erweiterung des Wasserwerks	150 000	—	—		150 000	—	150 000	—
	3. Für den Neubau des Lauffer'schen Hauses, Leipzigerstraße Nr. 106 zum Zweck der Straßenverbreiterung	31 652	44	—		31 652	44	31 652	44
	4. Für Ankauf von Hausgrundstücken und zwar: Alte Promenade Nr. 14a . . . 9117,70 Mk. Alte Promenade Nr. 15 . . . 16079,80 „ Bodshörner Nr. 2 . . . . 6076,40 „ Mühlgraben Nr. 10a . . . 18219,50 „ große Ulrichstraße Nr. 22 . . 33950,55 „ Lerchenfeld Nr. 1—2 . . . 13150,— „ großer Berlin Nr. 16a . . . 37891,80 „	134 485	75	—		134 485	75	134 485	75
	Titel IV Summa	321 479	16	—	—	321 479	16	321 479	16

Tit.	Bezeichnung.	Ist-Ausgabe.		Ist-Einnahme.				
				Beiträge der Adjacenten u. sonstige Einnahmen.		Zuschusse aus dem Kämmerei-Vermögen.		Summa
		ℳ	₰	ℳ	₰	ℳ	₰	ℳ	₰

		ℳ	₰	ℳ	₰	ℳ	₰	ℳ	₰
	Wiederholung.								
	b. Extraordinarium.								
I.	Kanalbauten	123 444	17	38 021	35	84 134	45	122 155	80
II.	Straßenbauten	84 086	64	—	—	84 086	64	84 086	64
III.	Hochbauten	211 721	06	350	—	211 371	06	211 721	06
IV.	Sonstige Ausgaben	321 479	16	—	—	321 479	16	321 479	16
	Summa	740 731	03	38 371	35	701 071	31	739 442	66
	daher Mehr-Ausgabe	—	—	—	—	—	—	1 288	37
								740 731	03
	Stand der Reste ult. März 1882.								
I.	Kanalbauten	19 849	74	21 020	27	16 285	19	37 305	46
II.	Straßenbauten	62 990	14	—	—	62 990	14	62 990	14
III.	Hochbauten	93 250	61	—	—	93 250	61	93 250	61
IV.	Sonstige Ausgaben	55 647	56	—	—	55 647	56	55 647	56
	Summa	231 738	05	21 020	27	228 173	50	249 193	77
	daher Mehr-Einnahme-Reste	17 455	72	—	—	—	—	—	—
		249 193	77						

Tit.	Bezeichnung.	Ist-Einnahme.		Ist-Ausgabe.	
		ℳ	₰	ℳ	₰
	B. Verwaltung außer dem Etat.				
	a. Aus der Bewegung des städtischen Vermögens.				
1.	Für verkaufte städtische Grundstücke und zwar:				
	a. Für 81 ar 08 qm Terrain vom Rittergut Beesen zur Anlage				
	eines Güterbahnhofs in Ammendorf . . . . ℳℓ. 6 351, 27				
	b. Für 1395 qm Terrain vom Giebichensteiner Pfarracker zur				
	Anlage einer Straße zwischen Reil- und Triftstraße . . . „ 1 674, —				
	c. Für 2 Parzellen des ehemaligen Wolfhagen'schen Gartens				
	hinter den Häusern der großen Steinstraße . . . . . . „ 15 286, 05	23 311	32	—	—
2.	Für verkaufte Holzbestände der Beesener Forsten . . .	1 613	25	123	91
3.	Für Ablösung von 6,79 ℳℓ. Erbzinsen und Lehngeld . . .	139	87	—	—
4.	Eingezogene und ausgeliehene Darlehne	120 000	—	7 500	—
5.	Geliehene und zurückgezahlte Darlehne	40 000	—	40 000	—
6.	Einlösung der gekündigten Stadtanleihe	24 900	—	1 800	—
7.	Beim Ankauf von Grundstücken übernommene Hypotheken .	48 000	—	19 800	—
8.	Für verkaufte resp. ausgeloose Effecten (361 800 ℳℓ. Nennwerth)	338 579	21	7	43
9.	Für Belegung und Abhebung disponibler Kassenbestände bei Bankhäusern .	832 803	22	832 803	22
10.	Dotation des Reservefonds	8 167	84	—	—
11.	Barnitzon'sche Concursmasse, Guthaben des ehemaligen Mobilmachungs-Fonds .	7	46	—	—
12.	Ueberschüsse bei einzelnen Kanalbauten	27	10	—	—
13.	Garantiefonds der Gewerbe- und Industrie-Ausstellung, 2. Rate à 30 % .	—	—	6 000	—
14.	Contocorrent-Stempel	—	—	—	40
15.	Zuschüsse an das Extraordinarium, siehe daselbst	—	—	101 818	63
	Summa	1 437 549	27	1 009 853	59
	daher Mehr-Einnahme			427 695	68
				1 437 549	27

Tit.	Bezeichnung.	Ist-Einnahme. ℳ	₰	Ist-Ausgabe. ℳ	₰
	b. Posten zur Verrechnung auf die Anleihe.				
1.	Beiträge und Kosten für Anschluß an früher à conto der Anleihe gebaute Straßencanäle	1 186	20	163	86
2.	Für verkaufte 5 Subsellien aus der II. Volksschule	100	—	—	—
3.	Bau der Moritzbrücke, Rest	—	—	4 397	68
4.	Zuschüsse an das Extraordinarium, siehe daselbst	—	—	599 252	68
	Summa	1 286	20	603 814	34
	daher Mehr-Ausgabe	602 528	14	—	—
		603 814	34	—	—

Wiederholung.	Ist-Einnahme. ℳ	₰	Ist-Ausgabe. ℳ	₰	Erzielter Ueberschuß resp. Mehr-Einnahme. ℳ	₰	Erforderter Zuschuß resp. Mehr-Ausgabe. ℳ	₰
A. Etatsmäßige Verwaltung.								
a. Ordinarium	1 459 025	22	1 209 267	01	249 758	21	—	—
b. Extraordinarium	739 442	66	740 731	03	—	—	1 288	37
B. Verwaltung außer dem Etat.								
a. Bewegung des städtischen Vermögens	1 437 549	27	1 009 853	59	427 695	68	—	—
b. Posten à conto der Anleihe	1 286	20	603 814	34	—	—	602 528	14
Gesammt-Summa	3 637 303	35	3 563 665	97	677 453	89	603 816	51
Verbliebener Kassen-Bestand	—	—	73 637	38	—	—	73 637	38

II. Stadt-Schulden-Kasse.

Tit.	Bezeichnung.	Betrag incl. Reste aus 1890/91. ℳ	₰	Verbliebene Reste alt. 1891/92. ℳ	₰
	Einnahme.				
1.	Wasserwerks-Kasse	98 760	39	—	—
2.	Kämmerei-Kasse	202 721	18	—	—
	Summa	301 481	57	—	—
	Dazu Kassenbestand aus dem Vorjahre	26 922	21	—	—
	Einnahme-Summa	328 403	78	—	—
	Ausgabe.				
	I. Zur Verzinsung der städtischen Schulden.				
1.	Der consolidirten Anleihen	201 096	18	11 999	23
2.	Der Hypotheken-Schulden und Darlehne	5 415	55	—	—
3.	Der Stiftungs-, Legaten- und Stipendien-Capitale	9 838	01	—	—
4.	Der Reservefonds	6 331	84	—	—
	Titel I Summa	222 681	58	11 999	23
	II. Zur Tilgung der städtischen Schulden.				
1.	Der consolidirten Anleihen	73 920	—	13 005	—
2.	Der Hypotheken-Schulden und Darlehne	1 236	—	..	..
3.	Der unverzinslichen Schulden und Lasten	5 406	—	--	--
	Titel II Summa	80 562	—	13 005	—
	III. Insgemein.				
1.	Provision und Zählgeld für Einlösung der Coupons	155	97	—	—
	Ausgabe-Summa	303 399	55	25 004	23
	Abschluß.				
	Einnahme	328 403	78	—	—
	Ausgabe	303 399	55	25 004	23
	Bestand	25 004	23	—	—
	Ausgabe-Reste	—	—	25 004	23

Bestand wie Ausgabe-Reste sind, nachdem mit Jahresschluß die Stadtschulden-Kasse aufgelöst, auf die Kämmerei übernommen worden.

Seit Einführung der Klassensteuer an Stelle der Schlacht- und Mahlsteuer und seit der gleichzeitig erfolgten Aufnahme der 3 Millionen-Anleihe (1874) hat sich das Verhältniß der Stadtschuld zur Höhe der Bevölkerung und zur Steuerkraft der Letzteren durchaus günstig gestaltet, wie die nachstehende Uebersicht zeigt.

Am Schluße des Jahres	Betrag der Stadtschuld.	Ein- wohner- zahl.	Zahl der Steuerpflichtigen			Steuerpflichtiges Einkommen der			Ein- kommen pro Kopf der Be- völkerung.	Die Stadtschuld beträgt	
			zur Klassen- Steuer.	zur klassifi- cirten Ein- kommen- Steuer.	in Summa.	Klassensteuer- Pflichtigen.	Einkommen- Steuer- Pflichtigen.	Steuer- Pflichtigen in Summa.		pro Kopf der Be- völkerung.	Procente des steuer- pflichtigen Ein- kommens.
						ℳ.	ℳ.	ℳ.	ℳ.	ℳ.	ℳ.
1875	4 938 220	61 105	14 625	1 111	15 736	13 517 220	6 471 965	19 989 185	327,13	80,61	24,70
1876	4 873 010	63 000	14 688	1 146	15 834	13 569 871	6 743 380	20 313 251	322,43	77,35	24,00
1877/78	4 820 623	65 000	15 310	1 147	16 457	14 243 205	6 925 510	21 168 715	325,67	74,16	22,77
1878/79	4 764 850	67 000	15 279	1 238	16 517	14 383 995	7 319 028	21 703 023	323,93	71,12	21,95
1879/80	4 661 300	69 000	15 820	1 278	17 098	14 682 825	7 534 615	22 217 440	321,99	67,56	20,18
1880/81	4 589 900	71 484	16 206	1 361	17 567	14 895 900	8 127 271	23 023 171	322,07	64,21	19,94
1881/82	4 543 400	73 060	16 610	1 433	18 043	15 075 930	9 945 283	25 021 213	342,76	62,24	18,16
1881/82 gegen 1875	weniger 8%	mehr 19,5%	mehr 13,57%	mehr 29%	mehr 14,66%	mehr 11,53%	mehr 53,67%	mehr 25,17%	mehr 4,78%	weniger 23%	weniger 6,54%

Man kann hieraus mit Befriedigung constatiren, daß in diesem Zeitraum trotz der durch die schnelle Zunahme der Bevölkerung bedingten erheblichen extraordinären Anwendungen für Schul- und Straßenbauten, Kanalisation rc., die Stadtschuld sogar vermindert werden konnte, während andererseits die Steuerkraft in noch höheren Proportionen wie die Einwohnerzahl gestiegen ist. Die Communal- steuern brauchten in Folge dessen nicht erhöht zu werden: es genügte nicht nur, daß unverändert 100% Zuschlag zur Klassen- und Ein- kommensteuer nebst der städtischen Grund- und Miethssteuer erhoben wurden, sondern es sind hierbei auch noch ziemlich beträchtliche Ueberschüsse angesammelt worden. Wir bliden deshalb mit vollem Vertrauen in die Zukunft: die Entwickelung unserer Stadt ist eine gesunde und wir hegen die feste Hoffnung, daß es auch fernerhin möglich sein wird, den vielseitigen Aufgaben unserer Verwaltung ohne Erhöhung der Kommunalsteuern und ohne Verringerung des Gemeinde-Vermögens gerecht zu werden.

Halle a/S., im September 1882.

Der Magistrat.

Staude.

Nachweisung

der

städtischen Behörden und ständigen Commissionen.

1. Magistrat.
2. Stadtausschuß.
3. Stadtverordneten-Versammlung.
4. Archiv- und Bibliothek-Deputation.
5. Armen-Verwaltung.
6. Curatorium der Brumhard-Stiftung.
7. Curatorium des Gymnasiums.
8. Schulcommission.
9. Schulcommission für die katholische Schule.
10. Curatorium der gewerblichen Zeichenschule.
11. Curatorium der Fortbildungsschule.
12. Commission für die Gebäudesteuer-Veranlagung.
13. Commission zur Einschätzung der klassificirten Einkommensteuer.
14. Commission zur Einschätzung der Klassensteuer.
15. Klassensteuer-Reklamations-Commission.
16. Commission zur Veranlagung der Grund- und Miethssteuer.
17. Grund- und Miethssteuer-Reklamations-Commission.
18. Kämmerei-Commission.
19. Deposital-Commission.
20. Curatorium der Sparkasse.
21. Curatorium der Gasanstalt.
22. Curatorium des Wasserwerks.
23. Curatorium des Aichamtes.
24. Curatorium für Verwaltung des Tageblatts.
25. Deputirte zu den monatlichen Kassenrevisionen.
26. Deputirte zu den außerordentlichen Kassenrevisionen.
27. Bancommission.
28. Trottoir-Commission.
29. Verschönerungs-Commission.
30. Deputation für die Verwaltung der Rittergüter Beesen und Ammendorf.
31. Deputation zur Verwaltung der städtischen Familienhäuser.
32. Deputation zur Verwaltung der Straßenbesprengung.
33. Feuer-Commission.
34. Sanitäts-Commission.
35. Deputation für das Einquartirungs- und Vorspannwesen.
36. Ersatzcommission für den Aushebungsbezirk der Stadt Halle.
37. Agrar-Commission.
38. Finanz-Commission.
39. Geschäfts-Ordnungs-Commission.

Nr.	Name.	Stand.	Gewählt am	Dauer der Wahlperiode Jahre.	Ende der Wahlperiode.		Bemerkungen.
		1. Magiſtrats-Collegium.					Eingetreten in den Magiſtrat am
1.	Staube,	1. Bürgermeiſter.	30. Januar 1882	12	31. März 1894		4./4. 81.
2.	vacat.	2. Bürgermeiſter.	—	—	—		
3.	Jordan,	beſoldeter Stadtrath und Syndicus.	11. September 1876	12	31. December 1888.		1 1. 58.
4.	Tryander,	unbeſoldeter Stadtrath.	18. October 1880	6	31. December 1886.		2. 2. 57.
5.	Jubel,	deegl.	18. October 1880	6			4. 1. 64.
6.	Hilbenhagen,	deegl.	15. October 1877	6	31. December 1883.		18./11. 72.
7.	Lamprecht,	deegl.	16. September 1878	6	18. November 1884.		18. 11. 72.
8.	v. Holly,	beſoldeter Stadt- und Polizei-Rath.	7. December 1874	12	31. December 1886.		4. 1. 75.
9.	Helm,	unbeſoldeter Stadtrath.	15. October 1877	6	31. December 1883.		4. 1. 75.
10.	Werther,	deegl.	15. October 1877	6			4./1. 75.
11.	Zerniol,	beſoldeter Stadtrath.	4. April 1875	12	30. Juni 1887.		5. 7. 75.
12.	Lohauſen,	Stadtbaurath.	15. November 1890	12	30. November 1892.		2. 12. 80.
13.	Steckner,	unbeſoldeter Stadtrath.	23. Mai 1881	6	31. December 1886.		4. 7. 81.
		2. Stadtausſchuß.					
1.	Staube,	1. Bürgermeiſter.	4. April 1881	für die	—		
2.	Jordan,	Stadtrath.	15. September 1876	Dauer ihres	—		
3.	Zerniol,	deegl.	„	Haupt-	—		
4.	v. Holly,	deegl.	„	Amtes.	—		
5.	Tryander,	deegl.	„		—		
		3. Stadtverordneten-Verſammlung.				Nach	
1.	Gneiſt,	Regierungsrath a. D.	26. November 1877	6	31. December 1883.	I.	Vorſitzender.
2.	Roth,	Rittergutsbeſitzer.	„	6	„	„	
3.	Bethge,	Bauquier.	„	6	„	„	
4.	Zenzich,	Fabrikbeſitzer.	„	6	„	„	
5.	Ernſt,	deegl.	18. December 1877	6	„	„	
6.	Kilburger,	Bauinſpector.	25. November 1881	4	31. December 1885.	„	Erſatz für Steckner.
7.	Degenkolbe,	Major a. D.	„	4	„	„	„ „ Riebed.
8.	Dr. Knoblauch,	Geh. Reg.-Rath Prof.	„	4	„	„	„ „ v. Rabede.
9.	Ziegelin,	Fabrikbeſitzer.	28. December 1881	6	„	„	„ „ Hänert.
10.	Hartmann,	Director der Jduna.	24. November 1879	6			
11.	Göcking,	Juſtizrath.	23. November 1881	6	31. December 1887.		
12.	Freiherr v. Hagen,	Bürgermeiſter und Landrath a. D.	„	6	„	„	
13.	Dr. Hüllmann,	Sanitätsrath.	„	6	„	„	
14.	Simon,	Rentier.	„	6	„	„	
15.	Dehne,	Fabrikbeſitzer.	„	6	„	„	
16.	Fiebiger,	Juſtizrath.	23. November 1877	6	31. December 1883.	II.	
17.	Kyritz,	Zimmermeiſter.	„	6	„	„	
18.	Sachs,	Kaufmann.	„	6	„	„	
19.	Dr. Freytag,	Profeſſor.	„	6	„	„	
20.	Loeſt,	Zimmermeiſter.	23. April 1881	4	„	„	Erſatz für Dr. Berd.
21.	Wolff,	Rentier.	22. November 1879	6	31. December 1885.	„	
22.	Schulze,	Baumeiſter.	„	6	„	„	
23.	Gruneberg,	Oeconom.	„	6	„	„	
24.	Demuth,	Rentier.	„	6	„	„	
25.	Lworoski,	Fabrikbeſitzer.	„	6	„	„	
26.	Meil,	Rentier.	22. November 1881	6	31. December 1887.	„	
27.	Dr. Müller,	Naturforſcher u. Herausgeber der „Natur.“	„	6	„	„	ſtellvertret. Schriftführer.
28.	Dr. Schrader,	Realſchuldirector.	„	6	„	„	ſtellvertret. Vorſitzender.
29.	Colla,	Kaufmann.	„	6	„	„	
30.	Klinkhardt,	deegl.	„	6	„	„	

Nr.	Name.	Stand.	Gewählt am	Dauer der Wahlperiode. Jahre.	Ende der Wahlperiode.	Bemerkungen.
31.	Lutze,	Kasernenbesitzer.	28. December 1881	2	31. December 1883. III.	Ersatz für Dr. Richter.
32.	Dr. Kohlschütter,	Professor.	26. November 1879	4	„	„ „ Dr. Herzberg.
33.	Breßler,	Stärkefabrikant.	17. November 1877	6	„	„
34.	Steinhauf,	Maurermeister.	19. „ „	6	„	„
35.	Hildebrandt,	desgl.	20. „ „	6	„	„
36.	Dr. Opel,	Gymnasialoberl. Prof.	17. November 1879	6	31. December 1885.	„
37.	Apelt,	Kaufmann.	18. „ „	6	„	„
38.	Graeb,	Fabrikbesitzer.	19. „ „	6	„	„
39.	Camnitius,	Rentier.	24. November 1881	4	„	Ersatz für Reinide.
40.	vacat.	—	—		—	Maurermstr. Friedrich ist ausgeschieden.
41.	Senff,	Rentier.	16. November 1881	6	31. December 1887.	„ Schriftführer.
42.	Weinad,	Kaufmann.	17. „ „	6	„	„
43.	Wächter,	desgl.	26. „ „	6	„	„
44.	Tombo,	desgl.	19. „ „	6	„	„
45.	Görlitz,	desgl.	21. „ „	6	„	„

4. Archiv- und Bibliothek-Deputation.

Nr.	Name.	Stand.	Gewählt am	Dauer der Wahlperiode. Jahre.	Ende der Wahlperiode.	Bemerkungen.
1.	Jubel,	Stadtrath	—	Dauer durch Hauptamtes.	—	Vorsitzender.
2.	Dr. Müller,	Stadtverordneter.	16. Januar 1882		—	
3.	Dr. Opel,	desgl.	„		—	

5. Armen-Verwaltung.

a. Armendirektion und Waisenrath.

Nr.	Name.	Stand.	Gewählt am	Dauer der Wahlperiode. Jahre.	Ende der Wahlperiode.	Bemerkungen.
1.	Bernial,	Stadtrath.	—			Vorsitzender.
2.	Jordan,	desgl.	—			stellvertret. Vorsitzender.
3.	Wolff,	Rentier.	—	1	31. December 1842.	Mitglieder d. Stadtver-ordneten-Versammlung
4.	Temuth,	desgl.	—	1	„	
5.	Lutze,	Kasernenbesitzer.	7. Mai 1877			Vorst. des I. Bezirkes.
6.	Dietze,	Schuhwaarenfabrikant.	19. Juli 1875			„ II. „
7.	Camnitius,	Rentier.	9. November 1864			„ III. „
8.	Keil,	Stärkefabrikant.	21. März 1881			„ IV. „
9.	Hammer,	Kaufmann.	15. Juni 1870			„ V. „
10.	Robert,	Seifenfabrikant.	29. October 1877			„ VI. „
11.	Karras,	Buchdruckereibesitzer.	8. November 1880			„ VII. „
12.	Haase,	Stärkefabrikant.	7. Juni 1880			„ VIII. „
13.	Köhle jun.,	Kaufmann.	7. Mai 1877			„ IX. „
14.	Breßler,	Stärkefabrikant.	15. Juni 1970			„ X. „
15.	Nittritz,	Universitätsregistrator.	20. März 1873			„ XI. „
16.	Gruneberg,	Oeconom.	1. Juni 1860			„ XII. „
17.	Fricke,	Buchhändler.				„ XIII. „
18.	Plaul,	Zimmermeister.	1. November 1880			„ XIV. „
19.	Nießkmann,	Fabrikant	28. Juni 1881			„ XV. „
20.	Marschner.	Rector der Volksschule.				ständiges Mitglied.

b. Armen-Vorsteher.

Nr.	Name.	Stand.	Gewählt am	Dauer der Wahlperiode. Jahre.	Ende der Wahlperiode.	Bemerkungen.
1.	Ehrhardt,	Maler.	29. November 1875			1. Bezirk.
2.	Heinrichshofen,	Glasermeister.	16. Januar 1872			
3.	Haedicke,	Schneidermeister.	2. August 1854			
4.	Peißler,	Vergolder.	17. Juli 1872			
5.	Lachmund,	Klempnermeister.	23. October 1866			
6.	Senff,	Rentier.	1. Juni 1860			
7.	Linke, E.	Kaufmann.	28. April 1879			
8.	Wiefert,	Maler.	7. Mai 1877			
9.	Berger,	Restaurateur.	20. September 1869			2. Bezirk.
10.	Schmidt, Leop.	Kaufmann.	1. August 1878			
11.	Leopold,	Schuhmachermeister.	1 Juni 1860			
12.	Raundorf,	Glasermeister.	10. November 1873			

Nr.	Name.	Stand.	Gewählt am	Dauer der Wahl-periode Jahre.	Ende der Wahlperiode.	Bemerkungen.
13.	Chrlepp,	Schlossermeister.	6. März 1876			
14.	Seibe,	Restaurateur.	4. December 1868			
15.	Uhlig,	Nadlermeister.	8. November 1875			
16.	Winkler,	Bäckermeister.	13. September 1875			
17.	Tönitz,	Kaufmann.	30. April 1867			3. Bezirk.
18.	Herzan,	Schuhwaarenfabrikaut.	1. Juni 1860			
19.	Hoffmann,	Oeconom.				
20.	Rabe,	Rentier.				
21.	Klinkhardt,	Kaufmann.	19. Juni 1866			
22.	Werner,	Rentier.	16. April 1860			
23.	Amthor sen.	Kaufmann.	5. April 1890			
24.	Lattermann,	desgl.				
25.	Schacht,	desgl.	5. October 1881			
26.	Auft jun.	Schlossermeister	29. Januar 1877			4. Bezirk.
27.	Ede,	Korbmachermeister.	9. Februar 18 74			
28.	Klapproth,	Klempnermeister.	24. Mai 1871			
29.	Seidler,	Mechanikus.	21. März 1881			
30.	Preller, Alb.	Tischlermeister.	27. Februar 1882			
31.	Winkler, Max,	Sattlermstr. und Wagenbauer.	5. Juni 1882			
32.	Schliod,	Rentier.	5. März 1877			
33.	Daute,	Fleischermeister.	7. Juli 1879			
34.	Unger,	Kaufmann.	5. März 1877			
35.	Winter, Herm.	Gelbgießermeister.	27. Februar 1882			
36.	Villmeyer,	Nagelschmiedemeister.	14. November 1871			5. Bezirk.
37.	Ridell,	Schirmfabrikant.	14. Juli 1879			
38.	Schramm,	Mehl-u.Getreidehändler.	1. Mai 1880			
39.	Hedler,	Klempnermeister.	24. August 1870			
40.	Somburg,	Bürstenfabrikant.	8. März 1880			
41.	Geitmann,	Kaufmann.	28. Januar 1878			
42.	Unger,	Schlossermeister.	3. September 1877			
43.	Weißenborn,	Glasermeister.	21. September 1874			
44.	Büttner,	Schlossermeister.	18. October 1870			6. Bezirk.
45.	Hauptmann,	Möbelfabrikant.	29. October 1877			
46.	Leonhardt,	Röhrenmeister.	8. December 1873			
47.	Böttcher, Reinh.	Papierhändler.	23. September 1878			
48.	Zimmermann,	Fleischermeister.	26. August 1879			
49.	Strachauer,	Schuhmachermeister.	9. Juli 1877			
50.	Böllmer,	Schornsteinfegermeister.	23. December 1878			
51.	Berghaus,	Holzhändler.	12. October 1869			7. Bezirk.
52.	Elitzsch,	Bäckermeister.	21. November 1872			
53.	Hund,	Stärkefabrikant.	30. April 1877			
54.	Fahlberg, Aug.	Kaufmann.	6. Mai 1878			
55.	Gebhardt, Ed.	Stellmachermeister.	8. November 1880			
56.	Kolbe,	Apotheker.	30. November 1876			
57.	Schwarz, Karl.	Schlossermeister.	6. Februar 1882			
58.	Auft,	desgl.	16. April 1860			8. Bezirk.
59.	Erbus, L.	Oeconom.	21. März 1881			
60.	Gebhardt,	Fischermeister.	1. April 1863			
61.	Noah,	Glasermeister.	7. Juli 1880			
62.	Hartnuß,	Factor.	19. April 1875			
63.	Retz, Adolf.	Seilermeister.	22. Mai 1882			
64.	Weber, Otto.	Bäckermeister.	7. Juli 1879			
65.	Söller,	Orgelbaumeister.	11. Februar 1871			
66.	Bernstein,	Seilermeister.	19. Juni 1866			9. Bezirk.
67.	Seidler, Ferd.	Fabrikaufseher.	3. März 1879			
68.	Haase,	Gärtner und Oeconom.	1. Juni 1860			
69.	Jänicke, Aug.	Tischlermeister.	15. December 1879			

Nr.	Name.	Stand.	Gewählt am	Dauer der Wahlperiode Jahre.	Ende der Wahlperiode.	Bemerkungen.
70.	Ohms,	Bäckermeister.	31. Mai 1875			
71.	Zintzh,	desgl.	9. Januar 1867			
72.	Apel,	Lohgerbermeister.	22. December 1863			10. Bezirk.
73.	Fräutzel,	Stellmachermeister.	26. Mai 1868			
74.	Hoefer,	Hausbesitzer.	5. Juni 1872			
75.	Beyer, Ernst,	Kaufmann.	7. Februar 1881			
76.	Lampe,	Tischlermeister.	20. November 1866			
77.	Fritsche,	Lohgerbereibesitzer.	23. Mai 1881			
78.	Mohs,	Schmiedemeister.	3. August 1863			
79.	Friebel,	Rentier.	7. Mai 1860			11. Bezirk.
80.	Haedicke,	Klempnermeister.	27. December 1877			
81.	Niemann,	Rentier.	3. August 1863			
82.	Pitschke,	Sattlermeister.	8. Juni 1864			
83.	Robitsch,	Custos.	21. Februar 1876			
84.	Schulze,	Böttchermeister.	16. April 1860			
85.	Schlüter,	Sattlermeister.	12. August 1879			
86.	Möbus,	Kohlenhändler.	14. November 1881			
87.	Baach,	Pfefferküchler.	1. Juni 1860			12. Bezirk.
88.	Friedrich,	Rentier.	"			
89.	Hille,	Kaufmann.	"			
90.	Keiling, Gust.	Rentier.	21. Februar 1881			
91.	Müller,	Brauereibesitzer.	26. Mai 1869			
92.	Schnee,	Rentier.	24. September 1872			
93.	Stephan,	Zimmermeister.	14. Februar 1871			
94.	Billing,	Kaufmann.	5. September 1881			
95.	Böge,	Schneidermeister.	29. September 1869			13. Bezirk.
96.	Lange,	Rentier.	5. October 1881			
97.	Kreßmann,	Buchbindermeister.	9. Februar 1880			
98.	Kleinschmidt sen.	Rentier.	1. Juni 1860			
99.	Baproth,	Kaufmann.	20. October 1873			
100.	Schlüter,	Tapezierer.	27. Februar 1872			
101.	Walter,	Goldarbeiter.	24. März 1863			
102.	Wittstod,	Bildhauer.	11. März 1878			
103.	Emanuel,	Bäckermeister.	26. August 1879			
104.	Leonhardt,	Bauunternehmer.	4. Juni 1877			14. Bezirk.
105.	Müller,	Kunstgärtner.	14. Januar 1878			
106.	Reiche, Ferd.,	Haus- und Thonschlemmereibesitzer.	3. April 1882			
107.	Schultze,	Kaufmann.	4. Juni 1877			
108.	Schultze, Paul,	Brauereibesitzer.	28. März 1878			
109.	Thiemann,	Bauunternehmer.	28. Juni 1881			15. Bezirk.
110.	Bockel,	Glasermeister.	"			
111.	Bege, Moritz,	Kaufmann.	16. December 1872			
112.	Krause Aug.	Rentier.	28. Juni 1881			
113.	Brandt,	Kaufmann u. Bäckermstr.	"			
114.	Buschmann,	Maurermeister.	"			
115.	Bege, Wilhelm,	Rentier.	12. September 1881			
116.	Wille, Louis,	Bauunternehmer.	"			

6. Curatorium der Brumhard-Stiftung.

Nr.	Name.	Stand.	Gewählt am	Dauer der Wahlperiode Jahre.	Ende der Wahlperiode.	Bemerkungen.
1.	Rothe,	Reg.-Präs. und Stadtrath a. D.	—			auf unbestimmte Zeit.
2.	Demuth,	Rentier, Stadtverordnet.	10. Januar 1881.			"
3.	Bethcke,	Frau Banquier.	"			"

Nr.	Name.	Stand.	Gewählt am	Dauer der Wahlperiode Jahre.	Ende der Wahlperiode.	Bemerkungen.
		7. Curatorium des Gymnasiums.				
1.	Staude,	1. Bürgermeister.	—		—	Borfißender.
2.	vacat.	2. Bürgermeister.	—		—	ftellvertr. Vorfißender.
3.	Dr. Hüllmann,	Sanitätsrath.	20. April 1868		auf unbestimmte Zeit.	} Stadtverordnete.
4.	Göding,	Justizrath.	21. October 1878		"	
5.	Dr. Rosemann,	Gymnasialdirect., Prof.			"	ftändiges Mitglied.
6.	Jubel,	Stadtrath.	30. März 1880	6	4. Mai 1886.	
7.	Dr. Kril,	Professor.	13. Juli 1881	6	16. Juli 1887.	
		8. Schulcommission.				
1.	Staude,	1. Bürgermeister.	—		—	Vorfißender.
2.	Hilbenhagen,	Stadtrath.	—		—	ftellvertr. Vorfißender.
3.	Dr. Schrader,	Stadtverordneter.	9. December 1878	6	31. December 1884.	
4.	Dr. Hüllmann,	bedgl.	13. Januar 1880	6	31. December 1885.	
5.	Göding,	Stadtverordneter.	8. Januar 1881	6	31. December 1886.	
6.	Demuth,	Stadtverordneter.	10. Januar 1881	6		
7.	Wächtler,	Oberbiaconus.	13. Januar 1882	6	31. December 1887.	
8.	Caran,	Oberprediger.	16. Januar 1882	6	"	
9.	Förster,	Oberpfarrer Sup. Lic.	—		"	Kreisschulinspector.
10.	Scharlach,	Direc. b. Bürgerschulen.	—		"	} ständige Mitglieder.
11.	Marschner,	Rector der Volksschulen.	—		"	
12.	Jubel,	Stadtrath.	—		—	Ehrenmitglied.
		9. Schulcommission für die katholische Schule.				
1.	Staude,	1. Bürgermeister.	—		—	Vorfißender.
2.	Dr. Hüllmann,	Stadtverordneter.	—		—	Deput. b. Stadtverord.-Versammlung.
3.	Woler,	Pfarrer.	—		—	ftändiges Mitglied.
4.	Marschner,	Rector.	13. Januar 1879	6	31. December 1884	
5.	Grohmann,	Rentier.	"	6	"	
6.	Baumgartel,	Instrumentenmacher.	"	6	"	
		10. Curatorium der gewerblichen Zeichenschule.				
1.	Staude,	1. Bürgermeister.	—		—	Vorfißender.
2.	Dr. Plettner,	Gewerbeschul-Dir. z. D.	—		—	
3.	Kilburger,	Bauinspector.	31. Mai 1875		auf unbestimmte Zeit.	
		11. Curatorium der Fortbildungsschule.				
1.	Hilbenhagen,	Stadtrath.	—		—	Vorfißender.
2.	Dr. Schrader,	Realschul-Director.	10. Januar 1881		auf unbestimmte Zeit.	} Stadtverordnete.
3.	Dr. Opel,	Gymnasialoberl., Prof.	"		"	
4.	Lwowski,	Fabrikbesitzer.	"		"	} Bürger.
5.	Kuhnt,	Maurermeister.	"		"	
6.	Zander,	Maler.	"		"	
7.	Dr. Knoblauch,	Geh. Reg.-Rath u. Prof.	"		"	} Mitglieder b. Vereins für Bollswohl. }
8.	Dr. Richter,	Gymnasialoberlehrer.	"		"	
		12. Commission für die Gebäudesteuer-Veranlagung.				
1.	Helm,	Stadtrath.			—	Von b. Kgl. Regierung als Ausführungs-Commiss. berufen.
2.	Kyriß,	Zimmermeister.	12. Januar 1880	3	31. December 1882.	
3.	Pfaul,	bedgl.	"	3	"	
4.	Spettreuter,	Maurermeister.	"	3	"	
5.	Kuhnt,	bedgl.	"	3	"	Stellvertreter.

Nr.	Name.	Stand.	Gewählt am	Dauer der Wahlperiode Jahre.	Ende der Wahlperiode	Bemerkungen.

13. Commission zur Einschätzung der klassificirten Einkommensteuer.

Nr.	Name.	Stand.	Gewählt am	Dauer	Ende der Wahlperiode	Bemerkungen.
1.	Staude,	1. Bürgermeister.	—	—	—	Vorsitzender.
2.	Jentsch,	Fabrikbesitzer.	16. Januar 1882	Steuer- jahr.	31. März 1883.	Mitglieder aus der Gemeinde-Vertretung.
3.	Dr. Knoblauch,	Geh. Reg.-Rath u. Prof.	"	"	"	
4.	Sache,	Kaufmann.	"	"	"	
5.	Preßler,	Stärkefabrikant.	"	"	"	Stellvertreter.
6.	Werther,	Stadt- und Commerzien-Rath.	"	"	"	
7.	Dryander,	Justizrath.	"	"	"	Mitglieder aus der Zahl der Steuerpflichtigen.
8.	Klinkhardt,	Kaufmann.	"	"	"	
9.	Degenkolbe,	Rentier.	"	"	"	
10.	Keil,	desgl.	"	"	"	
11.	Heinrichshofen,	Glasermeister.	"	"	"	
12.	Demuth,	Rentier.	"	"	"	Stellvertreter.
13.	Ernst,	Fabrikbesitzer.	"	"	"	

14. Commission zur Einschätzung der Klassensteuer.

Nr.	Name.	Stand.	Gewählt am	Dauer	Ende der Wahlperiode	Bemerkungen.
1.	Staude,	1. Bürgermeister.	—	—		Vorsitzender.
2.	Elste,	Auctions-Commissarius.	2. December 1881	1		1. Bezirk.
3.	Friedrich,	Rentier.	"	1		
4.	Keil,	desgl.	"	1		
5.	Kramer,	Fabrikant.	"	1		
6.	Lüderitz,	Kaufmann.	"	1		
7.	Neumann,	Rentier.	"	1		
8.	Pistorius,	Rechnungsrath.	"	1		
9.	Pommer,	Klempnermeister.	"	1		
10.	Reiling,	Rentier.	"	1		
11.	Schmidt,	Tischlermeister.	"	1		
12.	Thiemann,	Zimmermeister.	"	1		
13.	Weiland,	Lehrer.	"	1		
14.	Baumgartel,	Instrumentenmacher.	"	1		2. Bezirk.
15.	Bode,	Kaufmann.	"	1		
16.	Brügert,	Zimmermeister.	"	1		
17.	Camnitius,	Rentier.	"	1		
18.	Doenitz,	Kaufmann.	"	1		
19.	Ehrhardt,	Maler.	"	1		
20.	Glaeser,	Restaurateur.	"	1		
21.	Hoffmann,	Oeconom.	"	1		
22.	Rausch,	Wagenfabrikant.	"	1		
23.	Stabe,	Kaufmann.	"	1		
24.	Tornau,	Büchsenmachermeister.	"	1		
25.	Wernicke jun.,	Bäckermeister.	"	1		
26.	Arndt,	Getreidehändler.	"	1		3. Bezirk.
27.	Giseke,	Kaufmann.	"	1		
28.	Hammer,	desgl.	"	1		
29.	Robert,	Seifenfabrikant.	"	1		
30.	Lutze,	Inspector.	"	1		
31.	Ohlepp,	Schlossermeister.	"	1		
32.	Schramm,	Mehlhändler.	"	1		
33.	Seebe,	Restaurateur.	"	1		
34.	Senff,	Rentier.	"	1		
35.	Unbekannt,	Mechanikus.	"	1		
36.	Wiefert,	Maler.	"	1		
37.	Zabel,	Zimmermeister.	"	1		
38.	Berger,	Strohhutfabrikant.	"	1		4. Bezirk.
39.	Friedrich,	Schneidermeister.	"	1		
40.	Gubisch,	Stellmachermeister.	"	1		

Nr.	Name.	Stand.	Gewählt am	Dauer der Wahlperiode. Jahre.	Ende der Wahlperiode.	Bemerkungen.
41.	Haase,	Stärkefabrikant.	2. December 1981	1		
42.	Karras,	Buchdruckereibesitzer.	„	1		
43.	Krauspe,	Kanzleirath.	„	1		
44.	Küpp,	Rentier.	„	1		
45.	Nebert,	Stärkefabrikant.	„	1		
46.	Ohms,	Bäckermeister.	„	1		
47.	Pfaul,	Zimmermeister.	„	1		
48.	Schraepler,	Fischermeister.	„	1		
49.	Wächter,	Rentier.	„	1		

15. Klassensteuer-Reklamations-Commission.

Nr.	Name.	Stand.	Gewählt am	Dauer der Wahlperiode. Jahre.	Ende der Wahlperiode.	Bemerkungen.
1.	Staude,	1. Bürgermeister.	—			Vorsitzender.
2.	Bobardt,	Factor.	16. Januar 1882	Steuerjahr.	31. März 1883.	
3.	Feldmann,	Rentier.	„	„	„	
4.	Matthesius jun.,	Lohgerbermeister.	„	„	„	
5.	Löbeling,	Buchbindermeister.	„	„	„	Mitglieder.
6.	Knrih,	Zimmermeister.	„	„	„	
7.	Ebert,	Kaufmann.	„	„	„	
8.	Hädicke,	Schneidermeister.	„	„	„	
9.	Koven,	Kanzleirath.	„	„	„	
10.	Fränzel,	Stellmachermeister.	„	„	„	Stellvertret.

16. Commission zur Veranlagung der Grund- und Miethssteuer.

Nr.	Name.	Stand.	Gewählt am	Dauer der Wahlperiode. Jahre.	Ende der Wahlperiode.	Bemerkungen.
1.	Staude,	1. Bürgermeister.	—		—	Vorsitzender.
2.	Helm,	Stadtrath.			—	Stellvertreter.
3.	Klinde,	Kaufmann.	8. August 1874	unbestimmt.	—	
4.	Referstein,	Baumeister.	„	„	—	
5.	Lutze,	Ackerenbesitzer.	15. April 1879	„	—	
6.	Preßler,	Stärkefabrikant.	8. August 1874	„	—	
7.	Schlinck,	Rentier.	7. April 1879	„	—	
8.	Wagner,	desgl.	1. September 1874	„	—	
9.	Jabel,	Zimmermeister.	23. November 1877	„	—	
10.	Brügert,	desgl.	„	„	—	

17. Grund- und Miethssteuer-Reklamations-Commission.

Nr.	Name.	Stand.	Gewählt am	Dauer der Wahlperiode. Jahre.	Ende der Wahlperiode.	Bemerkungen.
1.	Schliedmann,	Justizrath.	16. Januar 1882	Steuerjahr.	31. März 1883.	Vorsitzender.
2.	Hartmann,	Director.	„	„	„	Stellvertreter.
3.	Kraule,	Glasermeister.	„	„	„	
4.	Referstein,	Baumeister.	„	„	„	
5.	Colla,	Kaufmann.	„	„	„	
6.	Klinkhardt,	desgl.	„	„	„	
7.	Krauspe,	Kanzleirath.	„	„	„	

18. Kämmerei-Commission.

Nr.	Name.	Stand.	Gewählt am	Dauer der Wahlperiode. Jahre.	Ende der Wahlperiode.	Bemerkungen.
1.	Staude,	1. Bürgermeister.	—		—	Vorsitzender.
2.	Bethke,	Stadtverordneter.	16. Januar 1882	1	31 December 1882.	
3.	Demuth,	desgl.	„	1	„	
4.	Göding,	desgl.	„	1	„	

Nr.	Name.	Stand.	Gewählt am	Dauer der Wahlperiode Jahre.	Ende der Wahlperiode.	Bemerkungen.
		19. Deposital-Commission.				
1.	Staube,	1. Bürgermeister.	—		—	Vorsitzender.
2.	Jordan,	Stadtrath.				Stellvertreter.
3.	Sachß,	Stadtverordneter.	16. Januar 1882	1	31. December 1882	
4.	Klinkhardt,	desgl.	"	1		
5.	Hildenhagen,	Deposital-Kassen-Rend.	—		—	
		20. Curatorium der Sparkasse.				
1.	Zernial,	Stadtrath.	—		—	Vorsitzender.
2.	Dryander,	desgl.				Stellvertreter.
3.	Kulisch,	Dir. d. Holl. Bankvereins.	13. Januar 1879		auf unbestimmte Zeit.	
4.	Jentsch,	Fabrikbesitzer.	13. Januar 1857		"	
5.	Göding,	Justizrath.	10. Januar 1881		"	
6.	Klinkhardt,	Kaufmann.	18. Juli 1881		"	
		21. Curatorium der Gasanstalt.				
1.	Helm,	Stadtrath.	—		—	Vorsitzender.
2.	Lamprecht,	desgl.				Stellvertreter.
3.	Lohausen,	Stadtbaurath.				
4.	Lwowski,	Fabrikbesitzer.	12. Januar 1880	3	31. December 1882.	scheiden aus, sobald sie aufhören Stadt verordnete zu sein.
5.	Tehne,	Fabrikbesitzer.	10. Januar 1881	3	31. December 1883.	
6.	Agritz,	Zimmermeister.		3	"	
7.	Wegelin,	Fabrikbesitzer.	16. Januar 1882	2	"	Ersatz für Dr. Schrader.
		22. Curatorium des Wasserwerks.				
1.	Helm,	Stadtrath.	—		—	Vorsitzender.
2.	Lohausen,	Stadtbaurath.				Stellvertreter.
3.	Dr. Schrader,	Stadtverordneter.	10. Januar 1881	3	31. December 1883.	
4.	Dr. Hüllmann,	desgl.	"	3	"	
5.	Dr. Knoblauch,	desgl.	"	3	"	
6.	Lwowski,	desgl.	"	3	"	
7.	Wegelin,	desgl.	16. Januar 1882	2	"	
		23. Curatorium des Richamtes.				
1.	Werther,	Stadtrath.	—		—	Vorsitzender.
2.	Helm,	desgl.	—		—	Stellvertreter.
3.	Dr. Schrader,	Stadtverordneter.	—		auf unbestimmte Zeit.	
4.	Colla,	desgl.	—		"	
		24. Curatorium für die Verwaltung des Tageblatts.				
1.	Jordan,	Stadtrath.			—	Vorsitzender.
2.	Dr. Opel,	Stadtverordneter.	16. Januar 1882	1	31. December 1882.	
3.	Weinad,	desgl.	"	1	"	
4.	Hartmann,	desgl.	"	1	"	
		25. Deputirte zu den monatlichen Kassenrevisionen.				
1.	Demuth,	Stadtverordneter.	16. Januar 1882	1	31. December 1882.	In Behinderungsfällen vertreten sich die Deputirten gegenseitig. Bei der Kämmerei- und Arbeitsanstaltskasse. b k.Armen- u. Schullkasse. Institutenkasse. Richamt.
2.	Jentsch,	desgl.	"	1	"	
3.	Klinkhardt,	desgl.	"	1	"	
4.	Colla,	desgl.	"	1	"	

Nr.	Name.	Stand.	Gewählt am	Dauer der Wahlperiode Jahr.	Ende der Stadtperiode.	Bemerkungen.
	26. Deputirte zu den außerordentlichen Kassen-Revisionen.					
1.	Weinack,	Stadtverordneter.	16. Januar 1882	1	31. December 1882.	
2.	Sachs,	desgl.		1	"	
	27. Baucommission.					
1.	Jordan,	Stadtrath.	—	—	—	Vorsitzender.
2.	Lohausen,	Stadtbaurath.	—	—	—	Stellvertreter.
3.	Helm,	Stadtrath.	—	—	—	
4.	Nebelung,	Stadtbaumeister.	—	—	—	Ein von der Stadtverord neten-Versammlung zu wählendes Mitglied fehlt in Folge Ausscheidens des Stadtverord. Friedrich.
5.	Fiebiger,	Stadtverordneter.	16. Januar 1882	1	31. December 1882.	
6.	Görlitz,	desgl.	"	1	"	
7.	Lutze,	desgl.	"	1	"	
8.	Kilburger,	desgl.	"	1	"	
9.	Schulze,	desgl.	"	1	"	
10.	Steinhauf,	desgl.	"	1	"	
	28. Trottoir-Commission.					
1.	Helm,	Stadtrath.	—	—	—	Vorsitzender.
2.	Werner,	Rentier.	16. Januar 1882	1	31. December 1882.	
3.	Reil,	desgl.	"	1	"	
4.	Walter,	desgl.	"	1	"	
5.	Camnitius,	desgl.	"	1	"	
6.	Wächter,	Kaufmann.	"	1	"	
7.	Nebelung,	Stadtbaumeister.	—	—	—	} Ständige Mitglieder.
8.	Weise,	Polizei-Inspector.	—	—	—	
	29. Verschönerungs-Commission.					
1.	Jubel,	Stadtrath.	—	—	—	Vorsitzender.
2.	Lohausen,	Stadtbaurath.	—	—	—	Stellvertreter.
3.	Dr. Knoblauch,	Stadtverordneter.	16. Januar 1882	1	31. December 1882.	
4.	Roth,	desgl.	"	1	"	
5.	Dehne,	desgl.	"	1	"	
6.	Dr. Müller,	desgl.	"	1	"	
7.	Simon,	desgl.	"	1	"	
	30. Deputation für die Verwaltung der Rittergüter Beesen u. Ammendorf.					
1.	Lamprecht,	Stadtrath.	—	—	—	Vorsitzender.
2.	Lohausen,	Stadtbaurath.	—	—	—	Stellvertreter.
3.	Fiebiger,	Stadtverordneter.	16. Januar 1882	3	31. December 1884.	
4.	Roth,	desgl.	"	3	"	
5.	Steinhauf,	desgl.	"	3	"	
	31. Deputation zur Verwaltung der städtischen Familienhäuser.					
1.	v. Polly,	Stadtrath.	—	—	—	Vorsitzender.
2.	Hildenhagen,	desgl.	—	—	—	Stellvertreter.
3.	Gruneberg,	Oeconom.	16. Januar 1882	1	31. December 1882.	Ein Mitglied fehlt in Folge Ausscheidens des Stadtverord. Friedrich.
4.	Hildebrandt,	Maurermeister.	"	1	"	

Nr.	Name.	Stand.	Gewählt am	Dauer der Wahl-periode. Jahre.	Ende der Wahlperiode.	Bemerkungen.
	**82. Deputation zur Verwaltung der Straßenbesprengung.**					
1.	v. Holly,	Stadtrath.	—		—	Vorsitzender.
2.	Gruneberg,	Stadtverordneter.	16. Januar 1882	1	31. December 1882.	
3.	Dr. Hüllmann,	desgl.	„	1	„	
4.	Simon,	desgl.	„	1	„	
5.	Dr. Müller,	desgl.	„	1	„	
	83. Feuer-Commission.					
1.	v. Holly,	Stadtrath.	—		—	Vorsitzender.
2.	Helm,	desgl.	—		—	Stellvertreter.
3.	Gabel,	Zimmermeister.	—		—	Feuerdirector.
4.	Stengel,	Architect.	—		—	ad 3 – 7 vom Magistrat ernannt.
5.	Bander,	Dachdeckermeister.	—		—	
6.	Nebelung,	Stadtbaumeister.	—		—	
7.	Weise,	Polizei-Inspector.	—		—	
8.	Senft,	Rentier.	12. Januar 1880	3	31. December 1882.	
9.	Robert,	Seifenfabrikant.	„	3	„	
10.	Camnitius,	Rentier.	16. Januar 1882	3	31. December 1884.	
11.	Pommer,	Klempnermeister.	„	3	„	
12.	Rietzschmann,	Mechanikus.	„	3	„	
	84. Sanitäts-Commission.					
1.	Staude,	1. Bürgermeister.	—		—	Vorsitzender
2.	Dr. ...hmer,	Geh. Med.-Rath. Prof.	—		auf unbestimmte Zeit.	
3.	Dr. Delbrück,	Geh. Sanitätsrath.	—		„	
4.	Dr. Weber,	Geh. Med.-Rath. Prof.	—		„	
5.	Dr. Hüllmann,	Sanitätsrath.	„		„	
6.	Dr. Müller,	Naturforscher.	„		„	
7.	Kuritz,	Zimmermeister.	„		„	
8.	Dr. Kohlschütter,	Professor.	„		„	
9.	Dr. Reger,	Stabarzt.	„		„	
	85. Deputation für das Einquartierungs- und Vorspann-Wesen.					
1.	v. Holly,	Stadtrath.	—		—	Vorsitzender.
2.	Helm,	desgl.	—		—	Stellvertreter.
3.	Gruneberg,	Stadtverordneter.	12. Januar 1880	3	31. December 1882.	
4.	Roth,	desgl.	„	3	„	
5.	Degenkolbe,	desgl.	16. Januar 1882	1	„	Ersatz für Werner.
	86. Ersatz-Commission für den Aushebungs-Bezirk der Stadt Halle.					
1.	Landwehrbez.-Command.		—		—	J. B. Stadt- und Polizeirath von Holly.
2.	Staude,	1. Bürgermstr. als Landrath des Stadtkreises.	„		„	
3.	Preßler,	Stärkefabrikant.	10. Januar 1881	3	31 December 1883.	ad 3–6 Mitglieder.
4.	Werner,	Rentier.	„	3	„	
5.	Roth,	Rittergutsbesitzer.	16. Januar 1882	2	„	
6.	Dehne,	Fabrikbesitzer.	„	2	„	
7.	Jenßich L.,	Fabrikbesitzer.	10. Januar 1881	3	„	ad 7 – 10 Stellvertreter.
8.	Lutze C.,	Stärkefabrikant.	„	3	„	
9.	Klinkhardt,	Kaufmann.	3. Mai 1881	3	„	
10.	Rietzschmann,	Kaufmann.	16. Januar 1882	2	„	

Nr.	Name.	Stand.	Gewählt am	Dauer der Wahlperiode. Jahre.	Ende der Wahlperiode.	Bemerkungen.
			87. Agrar-Commission.			
1.	Gruneberg,	Stadtverordneter.	10. Januar 1881		auf unbestimmte Zeit.	
2.	Dehne,	desgl.	„		„	
3.	Dr. Freytag,	desgl.	„		„	
4.	Roth,	desgl.	„		„	
			88. Finanz-Commission.			
1.	Bethke,	Stadtverordneter.	10. Januar 1882	1	31. December 1882.	Vorsitzender.
2.	Apelt,	desgl.	„	1	„	
3.	Colla,	desgl.	„	1	„	
4.	Demuth,	desgl.	„	1	„	
5.	Ernst,	desgl.	„	1	„	
6.	Klinkhardt,	desgl.	„	1	„	
7.	Sachs,	desgl.	„	1	„	
8.	Tombo,	desgl.	„	1	„	
9.	Weinack,	desgl.	„	1	„	
			89. Geschäftsordnungs-Commission der Stadtverordneten-Versammlung.			
1.	Bethke,	Stadtverordneter.	10. Januar 1881			Fungiren so lange sie Stadtverordnete sind. Außerdem gehören die Mitglieder des Bureaus der Geschäfts-Ordnungs-Commission an.
2.	Fiebiger,	desgl.	„			
3.	Schulze,	desgl.	„			